Für Audrey Stout,
die sich um die Ungeborenen und ihre Mütter kümmert
und auch meine Mutter betreute, bevor diese 1981 ihrem
Krebsleiden erlag. Deine Werke der Liebe werden bei dem
Gott unvergessen sein, der jeden Becher kalten Wassers
belohnt, der um seinetwillen dargereicht wurde.

Dank

an meinen geschätzten Freund Rod Morris, der als Herausgeber des ursprünglichen Buches viele nützliche Verbesserungsvorschläge eingebracht hat. Ich danke außerdem Cathy Ramey, die in hervorragender Weise mein ursprüngliches Manuskript gestrafft und die Ausgabe von 2012 überarbeitet hat. Ein weiterer Dank geht an Stephanie Anderson, Kathy Norquist und Julia Stager, die 2012 bei der Revision behilflich waren, und an Bonnie Hiestand. Sie tippte einige der abschließenden Veränderungen ab, die ich im ausgedruckten Text der Erstfassung vorgenommen hatte. Ich danke auch Brian Smith, Brent Rooney, Kristina Coulter, Cimberly Brock und Brian Thomasson für ihre Hilfe bei dem ursprünglichen Projekt und Doug Gabbert für seine Ermutigungen. Darüber hinaus danke ich meiner Frau Nanci, Ron Norquist, Janet Albers, Linda Jeffries und Sharon Misenhimer. Ich schätze euch alle sehr wegen eurer wertvollen Partnerschaft. Einen großen Dank verdienen auch Gayle Atteberry, Larry Gadbaugh und Alice Gray, die mir nach Erstellung des ersten Entwurfs viele neue Einsichten vermittelten. Schließlich gilt mein herzlicher Dank Rick Brown und seinen tüchtigen Leuten im Verlag Hendrickson Publishers dafür, dass sie meine Revision von 2012 mit allen Erweiterungen und Aktualisierungen herausgebracht haben.

Inhalt

Vorwort des Übersetzers 9

Einführung des Autors in die überarbeitete Ausgabe 10

Teil I: Die Grundlagen 11

Kapitel 1
Warum reden wir über Abtreibung? 11

Kapitel 2
Für die Frau oder für das Kind? 18

Teil II: Das Kind 24

Kapitel 3
Sind Ungeborene wirklich menschliche Wesen? 24

Kapitel 4
Worin besteht der Unterschied zwischen
Ei, Samenzelle, Embryo und Fötus? 38

Kapitel 5
Ist ein ungeborenes Kind Teil des mütterlichen Körpers? 46

Kapitel 6
Was verraten uns die Bilder? 54

Kapitel 7
Was macht ein menschliches Leben »bedeutungsvoll«? 70

Teil III: Die Frau 83

Kapitel 8
Ist Abtreibung wirklich ein Frauenrechts-Thema? 83

Kapitel 9
Haben wir das Recht, mit unseren Körpern
zu machen, was wir wollen? 102

Kapitel 10
Schließt unser »Recht auf Privatsphäre«
das Recht auf Abtreibung ein? 112

Kapitel 11
Beeinträchtigen Abtreibungen die physische
und mentale Gesundheit der Frau? 120

Kapitel 12
Ist Abtreibung richtig, wenn die Schwangerschaft
eine Gefahr für das Leben der Mutter darstellt? 139

Kapitel 13
Ist Abtreibung richtig, wenn die Schwangerschaft durch
Vergewaltigung oder Inzest hervorgerufen wurde?   145

Teil IV: Andere wichtige Themen   151
Kapitel 14
Verursachen Verhütungspillen Abtreibungen?   151
Kapitel 15
Was ist mit behinderten und unerwünschten Kindern?   163
Kapitel 16
Verhindert Abtreibung Kindesmisshandlungen?   176
Kapitel 17
Kann man persönlich gegen Abtreibung sein und doch
für das Selbstbestimmungsrecht der Frau eintreten?   182
Kapitel 18
Was ist über Adoption zu sagen?   185

Teil V: Geistliche Aspekte und Möglichkeiten   194
Kapitel 19
Wird Gott Abtreibungen vergeben?   194
Kapitel 20
Pro-Life-Anliegen: Lenken sie vom eigentlichen
christlichen Auftrag ab oder gehören sie dazu?   202
Kapitel 21
Wie kann ich Ungeborenen und ihren Müttern helfen?   213

Anhänge   224
Anhang 1
Abtreibung in der Bibel und in der Kirchengeschichte   224
Anhang 2
Bibelstellen, die das Thema
»menschliches Leben« aufgreifen   236
Anhang 3
Tipps, um über die Botschaft von Pro-Life
ins Gespräch zu kommen   243
Über den Autor   250
Hinweis auf Organisationen und Einrichtungen
im deutschsprachigen Raum   252
Abkürzungen   253

Vorwort des Übersetzers

In diesem Buch werden Sie sehr häufig die Ausdrücke *Pro-Life* und *Pro-Choice* finden.

Mit Pro-Life (für das Leben) ist die Zusammenfassung vieler amerikanischer Organisationen, Werke und Bewegungen gemeint, die sich für das Leben und gegen die Abtreibung ungeborener Kinder einsetzen.

Mit Pro-Choice (für die Entscheidungsmöglichkeit) sind alle Organisationen und Einrichtungen gemeint, die in den USA der Abtreibung das Wort reden, unter anderem auch, weil das ein Milliarden-Dollar-Markt ist.

Eine deutsche Übertragung wäre in jedem Fall falsch, weil ähnliche Organisationen hierzulande zum großen Teil anders heißen und vieles nicht auf unsere Verhältnisse übertragbar ist.

Ein zweiter Grund ist der, dass englische Begriffe meistens kürzer sind als deutsche. Weil die Ausdrücke *Pro-Life* und *Pro-Choice* in diesem Buch häufig vorkommen, ist es daher sicher ein großer Vorteil, sie aus stilistischen Gründen beizubehalten.

Wenn Sie *pro-life* oder *pro-choice* (also mit kleingeschriebenem »pro«) lesen, geht es in der Regel nicht um die Organisationen an sich, sondern um die Inhalte, für die sie und die darin Engagierten stehen.

Obwohl ganz amerikanisch, wird dieses Buch ebenso für uns eine Fülle von Argumentationshilfen bieten und – wie ich hoffe – auch die schläfrige Christenheit in Deutschland wachrufen.

Hermann Grabe

Einführung des Autors in die überarbeitete Ausgabe

Why Pro-Life?, die englischsprachige Ausgabe dieses Buches, wurde erstmals 2004 veröffentlicht. Nach dem Verkauf von 300 000 Exemplaren im englischsprachigen Raum und nach der Übersetzung in achtzehn Sprachen war ich über die weitreichende Wirkung sehr überrascht. Wir haben viele, das Herz erwärmende Geschichten darüber gehört, wie dieses Buch Menschenleben berührt hat.

Weil die technische Entwicklung rasant voranschreitet, Statistiken in die Jahre kommen und neue Erkenntnisse, Geschichten und Diskussionen entstehen, wurde es Zeit für eine sorgfältige Aktualisierung und Überarbeitung.

Dies schreibe ich im Jahr 2012. Mithilfe anderer – besonders meiner wissenschaftlichen Assistentin Cathy Ramey – habe ich jeden Satz dieses Buches geprüft und gegebenenfalls überarbeitet bzw. auf den neuesten Stand gebracht. Kaum ein Absatz des Originals blieb unbearbeitet, und manches neue Material musste hinzugefügt werden.

Ich freue mich sagen zu dürfen, dass die erweiterte und verbesserte Version des Buches gegenüber der ersten Auflage 2004 noch gewonnen hat, obwohl auch diese wertvoll war. Leser, die bereits damals zu diesem Buch gegriffen haben, werden diesmal mehr zum Nachdenken und Anwenden finden.

Möge dieses Buch, das nun auch in einer deutschen Ausgabe erscheint, weiterhin und in größerem Maßstab den Zielen dienen, für die es ursprünglich geschrieben wurde!

Randy Alcorn

Teil I: Die Grundlagen

Kapitel 1
Warum reden wir über Abtreibung?

Vor Jahren sprach ein Vertreter der inzwischen umbenannten National Abortion Rights Action League[1] in einer nahe gelegenen High School über den Nutzen der Möglichkeit, abtreiben zu können. Ein Schüler fragte den Lehrer, ob ich kommen dürfe, um die Pro-Life-Position zu vertreten. Als ich eine Woche später eintraf, informierte mich der Pro-Choice-Aktivist darüber, dass sich die Schüler mit dreiundzwanzig zu eins für die Pro-Choice-Ansicht entschieden hätten.

Ich präsentierte die Sache im Sinne der Humanität und des Rechts der Ungeborenen, wobei ich ihnen Bilder zeigte, die von der Gebärmutter aufgenommen worden waren. Damit demonstrierte ich die Entwicklung der Ungeborenen in den frühesten Stadien, in denen Abtreibungen durchgeführt werden. (Das ist heute sehr viel einfacher, weil man per Ultraschall deutlich zeigen kann, was noch vor einigen Jahrzehnten – als man noch nicht in den Leib der Mütter sehen konnte – von den Verfechtern der Abtreibung bestritten wurde.)

Nach dem Unterricht sagte mir der Lehrer: »Wenn wir wieder abstimmen würden, käme etwas anderes heraus. Das Denken wurde verändert.« Dann fügte er mit einer gewissen Traurigkeit in seinen Augen noch etwas Bemerkenswertes hinzu: »Sie müssen wissen, dass ich heute zum ersten Mal die Argumente der Pro-Life-Leute kennengelernt habe.«

---

[1] A. d. Ü.: Svw. »Nationale Aktionsliga für das Recht auf Abtreibung«.

Unsere Schulen rühmen sich, objektiv zu sein und eine ausgewogene, sowie an Fakten orientierte Ausbildung zu bieten. Doch hier stand ein 55 Jahre alter Gemeinschaftskundelehrer, *der noch nie etwas von Pro-Life gehört hatte.* Er hatte die Pro-Choice-Ansicht (wonach jeder das Recht auf Abtreibung hat) ungeprüft übernommen, und seine Schüler hatten das Gleiche getan – bis sie die Wahrheit sahen und ihr zuhörten.

Der überraschende Trend

Noch vor Kurzem schien es, als würden die jungen Leute in moralischem Relativismus und in der vom Toleranzgedanken getriebenen postmodernen Kultur versinken. Es hatte den Anschein, als würden sie am Ende alle einheitlich für Pro-Choice stimmen. Aber dann passierte etwas. Heute sind in den USA erstaunlicherweise mehr junge Leute gegen die Abtreibung als ihre Eltern.

Eine 2003 von Gallup bei Teenagern durchgeführte Untersuchung fand heraus, dass 72 Prozent glaubten, Abtreibung sei moralisch verwerflich. Nur 19 Prozent glaubten, Abtreibung solle unter allen Umständen legalisiert werden, verglichen mit 26 Prozent der Erwachsenen. Ungefähr 32 Prozent der Teenies meinten im Vergleich zu 17 Prozent der Erwachsenen, man dürfe die Abtreibung niemals erlauben.[2]

Das wurde durch eine nachfolgende landesweite Erhebung in den USA unterstrichen und durch die Tatsache bestätigt, dass Teenager in den letzten Jahren in großer Zahl am nationalen »Marsch für das Leben« teilnahmen.

---

2   »Gallup: 72 % of Teens Say Abortion Wrong« (A. d. Ü.: »72 % der Jugendlichen sagen, Abtreibung ist falsch«), WorldNetDaily, 24. November 2003; http://www.wnd.com/?s=gallup+teens+say+abortion+ (abgerufen am 19. 9. 2014).

Etwa 2010 aktualisierte Gallup seine Untersuchung und titelte: »Die neue Normalität hinsichtlich der Abtreibung: Amerika ist mehrheitlich für Pro-Life«[3]. Und 2011 zeigte die Untersuchung von Gallup, dass eine deutliche Mehrheit der US-Amerikaner wünscht, dass die meisten oder gar alle Abtreibungen für illegal erklärt werden: 61 Prozent sind dieser Meinung, nur 37 Prozent vertreten die gegenteilige Ansicht.[4]

Für Jugendliche konzipierte Websites wie *The Advocate*[5] und Organisationen für jugendliche Aktivisten haben davon berichtet, dass bei Teenagern und jungen Erwachsenen der Widerstand gegen die Abtreibung deutlich angewachsen ist.[6] Sie haben auch sehr wirksam die Öffentlichkeit über die Gefahren aufgeklärt, die mit der Abtreibung verbunden sind.[7] Modern aufgemachte Websites erreichen junge Frauen und ermutigen sie, sich für das Leben zu entscheiden.[8] Viele junge Leute lehnen es ab, die in ihrem Kulturkreis verbreitete Verteidigung der Abtreibung zu akzeptieren.

In *Pro-Life* will ich sachliche, aber auch einfühlsame Gründe darstellen, die die Pro-Life-Bewegung beschreiben und die Berechtigung ihrer Anliegen nachweisen, damit Menschen von ihrer bisherigen Haltung (pro-choice) zu einer lebensbejahenden Perspektive (pro-life) gelangen.

3   Lydia Saad, »The New Normal on Abortion: Americans More ›Pro-Life‹«, Gallup Politics, 14. Mai 2010; http://www.gallup.com/poll/128036/New-Normal-Abortion-Americans-Pro-Life.aspx (abgerufen am 19. 9. 2014).
4   Steven Ertelt, »Gallup Poll: Americans Want All or Most Abortions Illegal«, LifeNews, 23. Mai 2011; http://www.lifenews.com/2011/05/23/gallup-poll-americans-want-all-or-most-abortions-illegal/ (abgerufen am 19. 9. 2014).
5   *The Advocate*, Live Action; http://liveaction.org (abgerufen am 19. 9. 2014).
6   David Schmidt, »Polling Data: America's Youth Becoming Pro-Life«, Blog auf der Website von Live Action, 15. Mai 2010; http://liveaction.org/blog/polling-data-americas-youth-becoming-pro-life/ (abgerufen am 19. 9. 2014).
7   Live Action, »The Mona Lisa Project«, http://liveaction.org/monalisa (abgerufen am 19. 9. 2014).
8   Siehe z. B. http://www.standupgirl.com (abgerufen am 19. 9. 2014).

Abtreibung ist der häufigste chirurgische Eingriff bei Frauen in den USA. Das Guttmacher Institute, ein Umfrage-Institut der Abtreibungsindustrie, berichtet, dass vier von zehn Schwangerschaften mit einer Abtreibung enden.[9] Jedes Jahr gibt es in den USA ungefähr 1,21 Millionen gemeldete Abtreibungen, wobei sich die Zahl seit 2000 um acht Prozent verringert hat.[10]

Tatsächlich bleibt bis zu einem gewissen Grad keine Familie von Abtreibung und deren Auswirkungen unberührt.

Es geht in dieser Angelegenheit um außerordentlich viel. Wenn die Haltung von Pro-Choice richtig ist, dann ist die Freiheit, sich für die Abtreibung zu entscheiden, ein grundlegendes bürgerliches Recht. Stimmt aber die Haltung von Pro-Life, dann werden durch die 3315 ärztlichen Abtreibungen *täglich* mehr Menschen getötet, als bei der Zerstörung des World Trade Center am 11. September 2001 umkamen. Dabei haben wir die Abtreibungen mithilfe chemischer Mittel, die etwa bei der Verhütung eingesetzt werden, noch gar nicht mitgezählt.

Eine neuerliche Gallup-Umfrage zeigte, dass 27 Prozent der Amerikaner starke Pro-Choice-Befürworter sind, während 22 Prozent genauso überzeugt aufseiten von Pro-Life stehen. Zusammengezählt bedeutet dies, dass 49 Prozent der US-Bürger eine feste Meinung über Abtreibung haben, entweder dafür oder dagegen.[11] Die übrigen 51 Prozent

---

9   Guttmacher Institute, »Facts on Induced Abortion in the United States«, August 2011; http://guttmacherinstitute.org/pubs/fb_induced_abortion.html (abgerufen am 19.9.2014).

10   Ebenda.

11   Lydia Saad, »Americans Still Split along ›Pro-Choice‹, ›Pro-Life‹ Lines«, Gallup Politics, 23. Mai 2011; http://www.gallup.com/poll/147734/Americans-Split-Along-Pro-Choice-Pro-Life-Lines.aspx (abgerufen am 19.9.2014).

haben keine feste Ansicht. Immerhin glauben von diesen »Unsicheren« die meisten, Abtreibung sei »moralisch verwerflich«, und 39 Prozent von ihnen befürworten Einschränkungen (außer in wenigen ausgewählten Fällen). Somit schätzt die Mehrheit der US-Amerikaner immer noch das Leben und kann in ihrer Haltung in Bezug auf Abtreibung beeinflusst werden.

Eine christliche Perspektive

Einige christliche Leser mögen denken: »Dieses Buch ist nichts für uns – wir kennen keine Abtreibungen. Das machen nur Leute, die keinerlei Beziehung zur Kirche oder zum Glauben haben.« In Wahrheit aber bezeichnen sich 43 Prozent der Frauen, die abgetrieben haben, als Protestanten, und 27 Prozent weisen sich als Katholiken aus. Somit erfolgen zwei Drittel der Abtreibungen in den USA an Frauen, die einen christlichen Hintergrund haben. Eine von fünf Abtreibungen – also jährlich eine Viertelmillion – wird an Frauen ausgeführt, die sich als wiedergeboren bzw. evangelikale Christen bezeichnen.[12]

Viele jüngere und ältere Frauen, die sich zur Kirche halten, haben abgetrieben. Viele regelmäßige Kirchgänger unter den Männern machten diese Frauen schwanger und zwangen bzw. ermutigten sie zur Abtreibung, oder sie waren sich zumindest mit der Betroffenen hinsichtlich der Abtreibungsabsicht einig.

Abtreibung ist kein Thema, über das die Kirche mit der Welt reden muss. Es ist vielmehr ein Thema, das sie zuerst

---

12 Rachel K. Jones, Lawrence B. Finer und Susheela Singh, »Characteristics of U.S. Abortion Patients, 2008«, Guttmacher Institute, Mai 2010; http://www.guttmacher.org/pubs/US-Abortion-Patients.pdf (abgerufen am 19. 9. 2014).

einmal in den eigenen Reihen aufgreifen muss, bevor sie sich an die Welt wenden kann.

Obwohl ich ein Christ bin, werde ich im Hauptteil dieses Buches nicht viele Argumente aus der Bibel heranziehen. (Das habe ich an anderer Stelle getan,[13] und ich werde auch im Anhang dieses Buches mit der Bibel argumentieren.) Was ich hier präsentiere, beruht auf medizinischer Wissenschaft und auf vertrauenswürdigen psychologischen Studien. Diese Quellen sollten jedem wahrheitsliebenden Agnostiker oder Atheisten genauso glaubwürdig erscheinen wie einem Christen.

Ich halte sehr viel von den Rechten der Frau und empfinde große Hochachtung für meine Frau und meine Töchter, die wir zur Selbstachtung und zu einer dankbaren Haltung gegenüber Gott erzogen haben, der sie als weibliche Wesen schuf. Ich möchte auch nicht die Schmerzen kleinreden, die Frauen im Entscheidungsprozess für oder gegen eine Abtreibung durchlitten haben. Niemand versteht das Leid so wie Jesus Christus, der voller Gnade und Wahrheit ist. In Kapitel 19 ist von Gottes Vergebung die Rede, die ich genauso wie jeder andere nötig habe.

Dieses Buch bietet Fakten und Logik, durchmischt mit Gnade und Mitgefühl. Nur das kann uns helfen, unsere Denkmuster und Überzeugungen auf Wahrheit zu gründen.

Meine Bitte an die Leser

Falls Sie für Abtreibungen sind und gerade das vorliegende Buch mit dem Titel *Pro-Life* lesen, dann freut es mich für Sie. Ich hoffe, dass es Unvoreingenommenheit bedeutet. Falls

---

13 Randy Alcorn, *ProLife Answers to ProChoice Arguments*, Sisters, OR: Multnomah, 2000.

sich die Pro-Life-Seite als so sinnlos und irrational erweist, wie Ihnen vielleicht in der Vergangenheit beigebracht wurde – nun, dann mag sie einfach der Verachtung preisgegeben werden, die sie verdient. Wenn sie sich aber als vernünftig erweist, möchte ich Sie ermutigen, Ihre Position zu überdenken.

Sollten Sie zu den 50 Prozent Unentschiedenen mit wechselnden Empfindungen gehören, dann bitte ich Sie, dass Sie dieses Buch zu einem Begleiter auf Ihrer Suche nach Wahrheit werden lassen. Die Ansichten der Pro-Choice-Leute können Sie überall vernehmen; Sie brauchen nur den Fernseher anzuschalten oder in die Zeitung zu blicken. Wenn Sie sich aber nicht genauer über andere Standpunkte informieren als die meisten Leute, dann ist dieses Buch vielleicht die einzige Möglichkeit, die Haltung von Pro-Life kennenzulernen.

Sind Sie aber für Pro-Life, dann bitte ich Sie ebenfalls, über Ihre Einstellung nachzudenken. Es reicht nicht zu sagen: »Ich weiß, dass ich auf der richtigen Seite bin, aber mir ist nicht klar, warum.« Wir sollten unsere Ansichten auf Beweise gründen. Wenn wir an irgendeinem Punkt falsch denken, sollten wir um alles in der Welt unsere Meinung ändern. Liegen wir aber richtig, dann müssen wir lernen, wie wir andere Leute auf intelligente und freundliche Weise informieren können.

Eins ist sicher: Wenn Abtreibung wirklich Kinder umbringt und Frauen Leid zufügt, dann steht zu viel auf dem Spiel, um still zu bleiben und nichts zu tun.

Kapitel 2
Für die Frau oder für das Kind?

Meine Frau und ich engagieren uns in der Pro-Life-Arbeit, weil uns die Frauen, die abtreibungsbedingt schwer in Mitleidenschaft gezogen worden sind, leidtun. 1981 öffneten wir unser Haus für ein schwangeres Mädchen, das noch im Teenageralter war. Ich arbeitete in der Leitung eines der ersten Schwangerschaftszentren an der US-amerikanischen Westküste mit. Wir hatten das Ziel, bedürftigen, desorientierten und verzweifelten schwangeren Frauen zu helfen und ihnen Alternativen zur Abtreibung anzubieten.

Nach einiger Zeit wirkte ich bei der Aufklärungsarbeit von Pro-Life mit, bei entsprechenden politischen Aktionen und friedlichen, gewaltlosen Protesten außerhalb von Abtreibungskliniken. Manche Pro-Life-Aktionen richten ihr Augenmerk mehr auf die Rettung ungeborener Kinder, andere mehr auf die Hilfen für schwangere Frauen. Ich meine, dass beide Bemühungen lebensnotwendig sind und mit den Zielen von Pro-Life völlig im Einklang stehen.

Eine Bewegung, die Sie vielleicht nicht kennen

Unzählige Mythen ranken sich um die Pro-Life-Bewegung. Ein Beispiel ist die oft wiederholte Aussage: »Pro-Life-Leute kümmern sich gar nicht um schwangere Frauen oder um Kinder, wenn sie geboren sind.« Eine Fernsehreporterin kam bei einer Pro-Life-Aktion vor laufender Kamera auf mich zu und bat mich um eine Erwiderung gegen diese Anklage. Ich sagte: »Nun, meine Frau und ich öffneten unser Haus für ein schwangeres Mädchen und kamen für ihre Kosten auf, während sie bei uns wohnte. Wir unterstützten sie, als sie sich entschieden hatte, ihr Kind zur Adoption freizugeben. Und weil Sie danach fragen – wir spenden einen wesentlichen Anteil unseres Einkommens, um armen Frauen und Kindern zu helfen.«

Dann stellte ich ihr meinen Freund, einen Pastor, vor, der mit seiner Frau neben mir stand. Er hatte neunzehn Kinder adoptiert, darunter mehrere mit Downsyndrom oder anderweitigen Behinderungen. Die Reporterin signalisierte dem Kameramann, er solle aufhören zu filmen. Ich fragte sie, ob sie meinen Freund interviewen wollte. Sie schüttelte den Kopf und ging davon, um jemanden zu suchen, der ihren Stereotypen über die Pro-Life-Leute entsprach und der Behauptung, dass wir uns nicht um die Kinder kümmern, wenn sie geboren sind.

Die Wahrheit ist, dass Tausende von Pro-Life-Organisationen überall in den USA und weltweit kostenlose Schwangerschaftstests, Ultraschalluntersuchungen und Beratungen durchführen. Außerdem kümmern sie sich um Selbsthilfegruppen und bieten Kurse in Kinderfürsorge an. Sie beraten im Umgang mit Geld, sorgen für Babysitter, Hygieneartikel, Kinderkleidung und Unterkünfte. Hinzu kommen Zehntausende von Gemeindemitarbeitern, die Zeit und Geld aufwenden sowie Lebensmittel bereitstellen und sogar Häuser sanieren bzw. noch vieles andere tun, um in Not geratene Schwangere, alleinerziehende Mütter und einkommensschwache Familien zu unterstützen. Zahllose Pro-Life-Leute adoptieren Kinder, öffnen ihre Häuser und stellen sich zur Verfügung, um Kindern zu helfen, nachdem sie geboren sind. Zusammenfassend sei gesagt: Ich bin davon überzeugt, dass diese Bemühungen tatsächlich die bei Weitem größte freiwillige Basisbewegung repräsentieren, die es in der neueren Geschichte der weltweiten christlichen Gemeinde gibt.

Während jene, die Abtreibungen anbieten, die Frauen dafür bezahlen lassen, bieten alle, die Alternativen zur Abtreibung aufzeigen, ihre Hilfen kostenlos aus Liebe und fast unter Ausschluss der Öffentlichkeit an. Im Gegensatz zu manchen verzerrten Darstellungen sind diese Leute nicht nur für die Geburt, sondern tatsächlich für das Leben. Es geht ihnen um das Kind und um die Mutter, und beiden helfen sie vor und nach der Geburt des Kindes.

Unsere nationale Schizophrenie

Trotz der Spaltung zwischen denen, die sich als »Pro-Choice« und »Pro-Life« bezeichnen, glauben weit mehr als zwei Drittel aller US-Amerikaner, dass Abtreibung »moralisch verwerflich«[14] ist. Einige Pro-Life-Befürworter halten es deshalb nicht mehr für notwendig, dafür einzutreten, dass Ungeborene Menschen sind oder dass Abtreibungen aufhören müssten. Stattdessen sollte das Hauptaugenmerk darauf gerichtet werden, Frauen zu der Erkenntnis zu bringen, dass Abtreibung nicht in ihrem Interesse liege. Ich stimme mit ihnen nachdrücklich darin überein, dass den Frauen geholfen werden muss.

Doch viele Frauen glauben immer noch, dass Abtreibung – so schlimm sie auch sein mag – das kleinere Übel und die bessere Alternative ist, als ein Baby zu bekommen, ein Kind aufzuziehen oder es zur Adoption freizugeben.[15]

---

14 Lydia Saad, »Americans Still Split along ›Pro-Choice‹, ›Pro-life‹ Lines«, Gallup Politics, 23. Mai 2011; http://www.gallup.com/poll/147734/Americans-Split-Along-Pro-Choice-Pro-Life-Lines.aspx (abgerufen am 19.9.2014).
Siehe auch »Gallup Finds Two-Thirds of Americans Believe Abortion Is Morally Wrong«, LifeSiteNews, 3. Juni 2003;
http://www.lifesite.net/ldn/2003/jun/03060308.html (abgerufen am 19.9.2014).

15 Paul Swope, »Abortion: A Failure to Communicate«, *First Things,* April 1998, S. 31-35.

Wir müssen zeigen, dass Männern und Frauen die Ansicht eingehämmert wurde, Abtreibung sei die beste Wahl. Die Alternativen dazu sind zwar herausfordernd, aber einzig die Abtreibung tötet eine unschuldige Person. Und eben weil das so ist, führt sie zu den bei Weitem negativsten Konsequenzen im Leben einer Frau.

Oftmals sind es die gleichen Leute, die einerseits glauben, Ungeborene seien Menschen und Abtreibung sei unmoralisch, andererseits aber selbst Abtreibungen vornehmen lassen und sie als legitim verteidigen. Damit beweisen sie, dass sie nicht glauben, Abtreibung sei genauso unmoralisch wie das Töten eines drei Monate oder auch eines nur drei Tage alten Menschen.

Umfragen beweisen ebenso, dass viele der gleichen Leute, die meinen, Abtreibung sei unmoralisch, der Ansicht sind, sie sollte legal bleiben. Das ist eigenartig. Immerhin glauben sie ganz sicher, dass Vergewaltigung, Menschenraub, Kindesmissbrauch und Mord unmoralisch sind, aber sie würden niemals argumentieren, dass Vergewaltigung und Mord legalisiert werden sollten. Das zeigt einen fundamentalen Unterschied zwischen dem, was sie in Bezug auf Vergewaltigung und Mord unter »unmoralisch« verstehen, und dem, was für sie hinsichtlich der Abtreibung »unmoralisch« ist.

Niemand, der ein ungeborenes Kind als vollwertigen Menschen bezeichnet, kann rational für die Legitimierung der Abtreibung eintreten, wenn er nicht auch die Tötung anderer menschlicher Wesen gutheißt. Immerhin kann jedes Argument für Abtreibung, das auf die Schwierigkeiten, den Stress und finanzielle Engpässe im Leben der Frau abzielt, genauso überzeugend auf ihr Kind im Alter von zwei Jahren oder im Teenageralter, auf ihren Ehemann oder ihre Eltern angewandt werden. In vielen Fällen kosten ältere Kinder *mehr* Geld und stellen *höhere* Anforderungen an die Mutter als ein Ungeborenes. Jeder erkennt sofort, dass solche Argumente unhaltbar sind, wenn es um die Tötung älterer Kinder geht. Warum trifft das dann nicht auf die Ungeborenen zu?

Viele Frauen sagen nach einer Abtreibung, sie hätten gar nicht gewusst, was sie in sich trugen. Einigen war unbewusst klar, dass sie ein Kind erwarteten, aber sie waren auf die entmenschlichende Pro-Choice-Rhetorik hereingefallen, die ein ungeborenes Baby nicht als solches bezeichnet, sondern es ein »Produkt der Empfängnis«, einen Embryo, einen Fötus oder manchmal auch entsprechend der alten unwissenschaftlichen Propaganda einen »Gewebeklumpen« nennt.

Wenn diese Frauen nach der Abtreibung ihren Irrtum entdecken, bedauern sie zutiefst, von den Abtreibungskliniken getäuscht worden zu sein, wo man ihnen etwas für wahr verkaufte, was nicht den Tatsachen entsprach. Sie halten das, was sie taten, für das Ergebnis einer vorübergehenden Unzurechnungsfähigkeit, in der sie gewöhnlich von wohlmeinenden, aber irregeleiteten Freunden oder Familienmitgliedern bestärkt wurden. Und sie wünschen, jemand hätte versucht, ihnen auszureden, was sie jetzt innerlich verfolgt. Eine Frau, die wegen ihrer Schuld und Scham weinte, sagte zu mir: »Ich hatte gebetet, dass wenigstens ein Mensch draußen vor der Klinik stehen möge, um mir von meiner Abtreibungsabsicht abzuraten. Aber da war niemand.«

Wir sollten schwangeren Frauen, die sich unter Druck gesetzt fühlen und zur Abtreibung gedrängt werden, mit Liebe und Fürsorge begegnen. Aber wir sollten auch solche Frauen liebevoll behandeln, die abgetrieben haben, und alles tun, was dazu beiträgt, das Trauma der Abtreibung zu überwinden.

Ein falsches Entweder-oder

Es liegt in niemandes Interesse, ein Kind zu töten. Nicht nur das Kind leidet, sondern auch die Mutter.

Gerade weil das Ungeborene ein Kind ist, sind die Folgen der Tötung so schwerwiegend. Die Identität des ersten Opfers, des Kindes, bedingt den Kummer des zweiten Opfers, der Mutter. Darum müssen wir unsere Betrachtung über die Abtreibung und deren Folgen damit beginnen, unseren Blick auf die wahre Identität des Ungeborenen zu richten.

Teil II: Das Kind

Kapitel 3
Sind Ungeborene wirklich menschliche Wesen?

Pro-Choice-Vertreter behaupteten früher übereinstimmend: »Es ist nicht sicher, wann menschliches Leben beginnt; das ist eine religiöse Frage, die wissenschaftlich nicht beantwortet werden kann.« Die meisten haben diese Meinung aufgegeben, weil sie schon seit Jahrzehnten durch wissenschaftliche Beweise widerlegt wird. Trotzdem, dieser überholte Glaube ist so tief in das allgemeine Bewusstsein der meisten US-Amerikaner eingedrungen, dass er weithin noch Geltung hat.

Im Laufe der Geschichte wurden die beiden Ausdrücke *Befruchtung* und *Empfängnis* als austauschbare Begriffe behandelt. Beide beziehen sich auf den Augenblick, wenn Ei und Samenzelle sich zu einer einzigen Zelle vereinigen. Befruchtung ist der *Prozess*, bei dem die Samenzelle in das Ei eindringt, während Empfängnis das *Ergebnis* beschreibt, wenn sich die 23 Chromosomen der Samenzelle mit den 23 Chromosomen der Eizelle vereinigen, sodass ein neues menschliches Leben mit einer ganz eigenen DNA entsteht – einzigartig und unverwechselbar.

Lange wurden politische Debatten über diese beiden Wörter geführt, eben weil der Sieg in Propagandaschlachten von semantischer Manipulation abhängt. Bereits 1963 und 1965 versuchten die Pro-Choice-Verfechter im damaligen US-Ministerium für Gesundheit, Erziehung und Wohlfahrt (HEW) und ein Ärzteverband (American College of

Obstetricians and Gynecologists[16] [ACOG]), den historisch gewachsenen großen Widerstand gegen die medizinische Tötung Ungeborener abzuschwächen oder beiseitezuschieben.

Umdeutung des Begriffs »Empfängnis«

Um die »therapeutische Abtreibung« (Beachten Sie, dass hier das Töten als *therapeutisch* bezeichnet wird!) voranzutreiben, musste das Wort »Empfängnis« umgedeutet werden. Statt das Wort auf den sehr schnell eintretenden Befruchtungsprozess zu beziehen (gewöhnlich innerhalb der ersten 24 Stunden, nachdem die Samenzelle die Eizelle durchdrungen hat), entschied man sich, mit »Empfängnis« einen Zeitpunkt zu benennen, an dem das Kind bereits sieben bis acht Tage alt ist.

Der bis dahin als »Nidation« oder »Einnistung« bezeichnete Prozess wurde fortan systematisch »Empfängnis« genannt, ohne dass man eine öffentliche Diskussion geführt hatte.

Indem man ein Wort, das eng mit dem Beginn des Lebens verbunden ist, nun benutzt, um einen mehrere Tage späteren Zeitpunkt zu beschreiben, verwirrten und desensibilisierten die ACOG-Vertreter nicht nur die Öffentlichkeit, sondern sogar die ärztlichen Kollegen.

---

16 A. d. H.: Laut Internet-Recherchen gibt es auch die Bezeichnung »American Congress of Obstetricians and Gynecologists«. Beide Namen können mit »Amerikanische Vereinigung der Geburtshelfer und Gynäkologen« wiedergegeben werden.

Websites von Planned Parenthood[17] versichern den Fragenden, dass notfallmäßige Empfängnisverhütung (die »Pille danach«) keine Abtreibung verursacht.

Ist es wahr, dass eine nachträgliche Empfängnisverhütung eine Abtreibung verursacht? …

Nein. Abtreibung beendet eine Schwangerschaft. Nachträgliche Empfängnisverhütung kann keine Schwangerschaft beenden. Sie wirkt, bevor eine Schwangerschaft beginnt. Schwangerschaft beginnt mit der Einnistung des sich entwickelnden Eis in der Gebärmutter der betreffenden Frau.[18]

Die Wahrheit ist, dass nachträgliche Verhütungsmittel zwar nicht *immer* eine Abtreibung bewirken, es jedoch manchmal so ist. Aber durch die Behauptung, eine Schwangerschaft beginne mit der Einnistung, überzeugt man die Leute, dass der Tod eines bereits empfangenen Kindes keine Abtreibung ist.

Aufgrund solcher Definitionen haben sogar einige Pro-Life-Befürworter die charakteristischen Vorgänge der Empfängnis und der Einnistung durcheinandergebracht. Darum werde ich im gesamten Buch die Begriffe »Befruchtung« und »Empfängnis« auf medizingeschichtlich akkurate Weise benutzen, indem ich sie auf den frühesten Prozess und den Anfang menschlichen Lebens beziehe.

---

17 A. d. Ü.: Svw. »Geplante Elternschaft«. Damit ist hier und in den weiteren Ausführungen des Buches eine US-amerikanische Organisation gemeint, die u. a. in dem Bereich Familienplanung aktiv ist und in ihren Kliniken auch Abtreibungen durchführen lässt.
18 Planned Parenthood, Q&A with Dr. Cullins (A. d. H.: svw. »Fragen und Antworten mit Dr. Cullins«); http://www.plannedparenthood.org/health-topics/ask-dr-cullins/cullins-ec-5360.htm (abgerufen am 19. 9. 2014).

Was sagt die Wissenschaft?

Dr. Alfred M. Bongiovanni, seinerzeit Professor für Geburtshilfe an der University of Pennsylvania, sagte: »Ich habe schon zu Anfang meiner medizinischen Ausbildung gelernt, dass menschliches Leben mit der Empfängnis beginnt ... menschliches Leben besteht vom Zeitpunkt der Empfängnis an ... jede Unterbrechung – egal, zu welchem Entwicklungszeitpunkt – bedeutet die Beendigung menschlichen Lebens.«

Schon 1981 sprach Professor Bongiovanni vor einem Unterausschuss des US-Kongresses über die frühen Stufen der kindlichen Entwicklung im Mutterleib. Damals sagte er: »Ich bin genauso wenig bereit festzustellen, dass in diesen frühen Stadien ein menschliches Wesen unvollständig ist, wie ich behaupten würde, vor den einschneidenden Auswirkungen der Pubertät sei ein Kind ... kein Mensch. In jedem Stadium handelt es sich um ein menschliches Leben.«[19]

Dr. Jérôme Lejeune, damals Genetik-Professor an der Universität Paris Descartes, stellte fest: »Wenn die Befruchtung stattgefunden hat, ist ein neues menschliches Wesen entstanden.« Er sagte, dies »ist keine Frage des Geschmacks oder der Weltsicht. Jedes Individuum hat einen ganz besonderen Anfang, die Empfängnis.«[20]

Prof. Micheline Matthews-Roth von der Harvard University Medical School sagte: »Es ist wissenschaftlich korrekt zu sagen, dass das individuelle menschliche Leben mit der Empfängnis beginnt.«

Der Augenblick der Erschaffung einer jeden Person ist der Augenblick der Empfängnis. Vor diesem Augenblick

---

19 Subcommittee on Separation of Powers to Senate Judiciary Committee S-158, Report, 97th Congress, 1st Session, 1981.
20 Ebenda.

existierte das Individuum (mit seiner einzigartigen DNA) nicht, von dem Moment der Empfängnis an existiert es.

Es geht nicht um Fragen, sondern um Tatsachen

Das glauben nicht nur die Pro-Life-Leute. Der Besitzer der größten Abtreibungsklinik in Oregon bestätigte unter Eid: »*Natürlich* beginnt das menschliche Leben mit der Empfängnis.« Das preisgekrönte säkulare Buch *From Conception to Birth* dokumentiert den Beginn des Lebens des Kindes mit seiner Empfängnis und seiner Entwicklung bis zur Geburt. Dies ist auch in anderen Büchern und auf entsprechenden DVDs der Fall.[21]

Wie deutlich sind die Beweise für den Anfang des menschlichen Lebens mit der Empfängnis? Es gibt zahlreiche historische Autoritäten[22] – und zwar so viele, dass die Generalversammlung des Repräsentantenhauses von Missouri 2003 mit überwältigender Mehrheit einer Gesetzesvorlage zustimmte, die besagte: Die Generalversammlung des Repräsentantenhauses »dieses Staates stellt Folgendes fest: (1) Das Leben eines jeden Menschen beginnt mit seiner Empfängnis. (2) Ungeborene Kinder haben ein schützenswertes Recht auf Leben, Gesundheit und Wohlergehen … Der Ausdruck ›ungeborene Kinder‹ oder ›ungeborenes Kind‹ soll jedes ungeborene Kind (oder alle ungeborenen Kinder) oder Abkömmlinge von Menschen einschließen, angefangen mit der Empfängnis bis hin

---

21 Alexander Tsiaras, *From Conception to Birth: A Life Unfolds*, New York: Doubleday, 2002. Sehen Sie sich auch das entsprechende Video an: »Conception to Birth – Visualized«, 2010; http://www.ted.com/talks/alexander_tsiaras_conception_to_birth_visualized.html (abgerufen am 19. 9. 2014).

22 »Life Begins at Fertilization«, Dezember 2011; https://www.princeton.edu/~prolife/articles/embryoquotes2.html (abgerufen am 19. 9. 2014).

zur Geburt, und zwar auf jeder Stufe ihrer biologischen Entwicklung.«[23]

Dass das Leben beginnt, wenn sich Ei und Samenzelle zu einer einzigen Zelle vereinigen (die man *Zygote*[24] nennt), ist eine Tatsache, an die wir uns immer wieder erinnern müssen. Warum? Weil in dem Musterprozess *Roe v. Wade* der Oberste Gerichtshof der USA sich dafür entschied, die überwältigenden wissenschaftlichen Beweise zu ignorieren oder ihnen bewusst zuwiderzuhandeln. Denn dort beschloss man, ein Gesetz zu erlassen, das dem Ziel der damaligen US-amerikanischen Bevölkerungskommission zuarbeitete, die die Fruchtbarkeit und Geburtenrate in den Vereinigten Staaten senken wollte. In dem Streit zwischen Wissenschaft und Politik suchte die Regierung bei der Organisation Planned Parenthood nach Richtlinien, bevor sie begann, deren Bevölkerungs-Kontrollpolitik in die Praxis umzusetzen. Diese Kontrollpolitik wird in dem sogenannten »Jaffe-Memorandum« dargestellt.[25]

Trotz der im Prozess *Roe v. Wade* verkörperten historischen Irreführung bestätigt die Wissenschaft weiterhin, was sie schon lange bekräftigt hat: Das Leben beginnt mit der Befruchtung oder Empfängnis. Beide Begriffe bezeichnen den gleichen Anfangspunkt.[26]

---

23 *Missouri Revised Statutes*, Kapitel »Laws in Force and Construction of Statutes«, Paragraf 1.205, 28. August 2003; http://www.moga.mo.gov/statutes/C000-099/0001000205.htm (abgerufen am 19.9.2014).

24 Der Begriff leitet sich von einem griechischen Wort ab, das »vereint« oder »Joch« bedeutet.

25 Frederick S. Jaffe (Vice President of Planned Parenthood – World Population), »Memorandum to Bernard Berelson (President, Population Council) found in ›Activities Relevant to the Study of Population Policy for the U.S.‹« (11. März 1969), *A Family Planning Perspectives Special Supplement*, New York: Planned Parenthood – World Population, 1970, zitiert von der US Coalition for Life; http://uscl.info/edoc/doc.php?doc_id=49&action=inline (abgerufen am 19.9.2014).

26 The Association of Pro-Life Physicians, »When Does Life Begin?«; http://prolifephysicians.org/app/?p=62 (abgerufen am 19.9.2014).

Was sagt die Verfassung?

Der Vierzehnte Zusatzartikel der US-Verfassung besagt, dass der Staat keiner Person ohne ordentliches Gerichtsverfahren das Leben nehmen darf. Als das geschrieben wurde, galt das Wort »Mensch« als Synonym für »Person« und hätte genauso gut benutzt werden können. Der Oberste Gerichtshof der USA räumte im Prozess *Roe v. Wade* Folgendes ein: »Wenn die Ansicht, ein Ungeborenes sei eine Person, bestätigt wird, muss der Fall für den Beschwerdeführer [den Abtreibungs-vertreter] selbstverständlich zusammenbrechen, weil dann das Lebensrecht für den Fötus aufgrund des Vierzehnten Zusatzartikels ausdrücklich garantiert ist.«[27]

Um dieses Problem zu lösen, gab das Gericht die historische Bedeutung des Begriffs »Personalität« auf. In den folgenden Jahren nahmen Pro-Choice-Aktivisten eine Reihe von subjektiven und künstlichen Unterscheidungen vor, um zwischen *Menschen* und *Personen* zu differenzieren. Zum Teil kommt dies daher, dass die Pro-Choice-Bewegung in die Ecke gedrängt wurde, weil es eine wissenschaftliche Tatsache ist, dass das menschliche Leben mit der Empfängnis beginnt. Die neuere Strategie ist folgende: »Okay, dies ist menschliches Leben, aber es ist noch keine wirkliche Person.«

Eine andere Wortwahl verändert nicht die Realität. Das bei der Personalität ansetzende Konzept ist als ethische Richtschnur in Sachen Abtreibung heute im Grunde wertlos. Die einzig objektiven Fragen, die wir stellen können, sind:

»Handelt es sich um einen Menschen, stammt das Wesen von menschlichen Wesen ab?«

---

27 *Roe v. Wade*, 410 U.S. (1973).

»Ist es ein genetisch einmaliges Individuum?«

»Lebt und wächst es?«

Wenn die Antworten »Ja« lauten, handelt es sich in der Tat nicht um ein »Es«, sondern um einen »Er« oder eine »Sie«, um eine lebende Person, die Rechte besitzt und gesetzlichen Schutz verdient.

Was ein Pro-Abtreibungs-Ethiker sagt

Beachten Sie sorgfältig diese Worte, die ein Vater in Bezug auf seinen Sohn sagt:

Auf meinem Schreibtisch liegen mehrere Bilder meines Sohnes Eli. Auf dem einen tanzt er fröhlich am Strand des Golfes von Mexiko; die kühle Ozeanbrise zerzaust seine Haarsträhnen. Auf dem zweiten versucht er, auf dem Rasen im Garten seines Großvaters zu sitzen, und müht sich, die Schwierigkeit zu meistern, aus eigener Kraft aufrecht zu sitzen. Auf dem dritten ist er nur einige Wochen alt und klammert sich ganz fest an die Arme, die ihn halten. Dabei hat er immer noch die winzige Mütze auf, damit er nicht auskühlt. Er trug sie schon, als er aus dem Krankenhaus heimkam. Trotz all dieser bemerkenswerten Veränderungen, die diese Bilder festhalten, bleibt er unmissverständlich der gleiche kleine Junge.

In der obersten Schublade meines Schreibtisches bewahre ich ein weiteres Bild von Eli auf. Dieses Bild wurde am 7. September 1993 aufgenommen – 24 Wochen vor seiner Geburt. Das Ultraschallbild ist verschwommen, aber es offenbart ganz deutlich einen kleinen, leicht nach hinten geneigten Kopf und einen erhobenen und gebeugten Arm, dessen Hand zurück auf das Gesicht weist, wobei der Daumen in Richtung Mund zeigt. Es besteht für mich kein Zweifel, dass auch dieses Bild den gleichen kleinen Jungen in einem sehr frühen Stadium seiner physischen Entwicklung zeigt. Und es besteht nicht die geringste Frage darüber, was die Position, die ich in diesem Buch vertrete, mit sich bringt: Es wäre moralisch erlaubt gewesen, sein Leben an diesem Punkt zu beenden.[28]

Komplex und menschlich

Das gerade befruchtete Ei enthält eine schwindelerregende Menge an genetischer Information. Sie reicht aus, um das Wachstum des Individuums und seine Entwicklung während der gesamten Lebenszeit zu steuern. Ein einziger DNA-Faden aus einer menschlichen Zelle enthält so viel Informationen wie eine Bibliothek mit 1000 Bänden.[29] Heute wissen wir, dass das menschliche Genom bis zu drei Milliarden Basenpaare der DNA enthält, die die Wesensmerkmale jeder einzelnen Zelle beeinflussen.[30]

Die Zellen eines neuen Individuums teilen und vervielfältigen sich ungeheuer schnell, was sich in einem phänomenalen Größenwachstum äußert. Wachstum gibt es, weil Leben vorhanden ist. Lange bevor eine Frau weiß, dass

28 David Boonin, *A Defense of Abortion*, New York: Cambridge University Press, 2003, xiii-xiv, zitiert in: Lita Cosner, »When Does the Unborn Baby Feel Pain?«, 22. Juli 2010; http://creation.com/unborn-baby-fetal-pain-abortion (abgerufen am 19. 9. 2014).

29 R. Houwink, *Data: Mirrors of Science*, New York: American Elsevier, 1970, S. 104-190.

30 Die mit den Großbuchstaben A, C, T und G abgekürzten Nukleinbasen Adenin, Cytosin, Thymin und Guanin gehören zur molekularen Grundstruktur der gesamten DNA, wobei Variationen in der Anordnung der Basen zu Zellspezialisierung und Gewebedifferenzierung führen. URL: http://www.ornl.gov/sci/techresources/Human_Genome/faq/faqs1.shtml (abgerufen am 19. 9. 2014).

sie schwanger ist, befindet sich in ihr ein lebendiges, wachsendes menschliches Wesen.

Fünf bis neun Tage dauert es, bis sich die neue Person in die Gebärmutterwand eingräbt, um dort Sicherheit und Nahrung zu finden. Mit wissenschaftlichen Methoden kann jetzt schon das Geschlecht festgestellt werden. Ab dem 14. Tag produziert das Kind ein Hormon, durch das der mütterliche Menstruationszyklus unterdrückt wird. Noch zwei weitere Wochen wird es dauern, bis eindeutig menschliche Formen zu unterscheiden sind, und drei weitere, bis sie deutlich erkennbar werden. Und immer handelt es sich dabei um ein vollwertiges menschliches Wesen.

Bei der Empfängnis sieht das Ungeborene für uns nicht wie ein Mensch aus, weil wir uns Menschen nach dem beurteilen, was wir gewöhnlich zu sehen bekommen. Trotzdem ist es im objektiven wissenschaftlichen Sinn bis ins Letzte genauso ein Mensch wie jedes ältere Kind oder wie ein Erwachsener. Ja, *es sieht auch so aus, wie ein menschliches Wesen auf dieser Entwicklungsstufe aussehen muss.*

18 Tage nach der Empfängnis bildet sich das Herz, und die Augen beginnen sich zu entwickeln. Um den 21. Tag pumpt das Herz Blut durch den Körper. Mit dem 28. Tag beginnen Arme und Beine des Ungeborenen zu sprießen. Nach 30 Tagen hat es ein Gehirn und ist zehntausendmal so groß wie zu Beginn.

Um den 35. Tag nehmen Mund, Ohren und Nase Gestalt an. Ab dem 40. Tag kann man die Gehirnströme des ungeborenen Kindes messen. Und der Herzschlag, der schon drei Wochen vorher begann, kann mit einem Ultraschallstethoskop festgestellt werden. Um den 42. Tag bildet sich sein Skelett, und das Gehirn beginnt, die Bewegungen der Muskeln und Organe zu steuern.

Einerlei, wie es aussieht – es ist ein Kind und nichts anderes. Abtreibung beendet das Leben eines Kindes. Die frühesten Methoden, eine Abtreibung zu verursachen (u. a. Mifepriston [RU-486] und sonstige Abtreibungspillen), würden einem menschlichen Leben genauso ein Ende bereiten, wie dies der Fall ist, wenn man einer Person im Alter von acht Tagen, einem Jahr oder zwanzig Jahren das Leben nimmt.

Das Drama des Lebens

Lennart Nilsson, der schwedische Pionier der Gebärmutterfotografie, ist wegen seiner klassischen Foto-Essays im Magazin *Life* und wegen des Buches *Ein Kind entsteht*[31] weithin bekannt. In dem Artikel »Drama of Life before Birth«[32], der in *Life* erschien, sagte er von einem Ungeborenen 45 Tage nach der Empfängnis (bevor viele Frauen wissen, dass sie schwanger sind): »Obwohl der Embryo jetzt nur knapp ein Gramm wiegt, hat er alle inneren Organe eines Erwachsenen in unterschiedlichen Entwicklungsstadien. Er hat schon einen kleinen Mund mit Lippen, eine frühe Zunge und Knospen für zwanzig Milchzähne. Seine … Fortpflanzungsorgane haben angefangen zu wachsen.«[33]

Nach acht Wochen sind Hände und Füße schon beinahe vollkommen ausgebildet. Mit neun Wochen wird ein Kind seine Finger um Gegenstände biegen. Die Fingernägel bilden sich, und das Kind saugt an seinem Daumen. Ein neunwöchiges Baby hat bereits einen Purzelbaum, einen Rückwärtssalto und einen Scherenschlag fertiggebracht.[34]

31 A. d. H.: *Ein Kind entsteht*, München: Mosaik-Verlag, 1990.
32 A. d. Ü.: Svw. »Drama des Lebens vor der Geburt«.
33 Lennart Nilsson, »Drama of Life before Birth«, *Life,* 30. April 1965.
34 »The Facts of Life«, Norcross, GA: Human Development Resource Council, S. 2.

Das Ungeborene reagiert auf Reize und kann wahrscheinlich schon Schmerz empfinden.[35] Doch Abtreibungen von Kindern in diesem Stadium werden »Frühabtreibungen« genannt.

Nach zehn Wochen schluckt das Kind. Außerdem runzelt es die Stirn. Mit elf Wochen uriniert es und zeigt ein breites Spektrum von Gesichtsausdrücken. Es lächelt sogar.[36] Mit zwölf Wochen tritt das Kind, dreht die Füße, krümmt und spreizt die Zehen, macht eine Faust, bewegt die Daumen, beugt die Handgelenke und öffnet den Mund.[37]

All dies geschieht im ersten Trimester, also in den ersten drei Lebensmonaten. In den verbleibenden sechs Monaten im Mutterleib entwickelt sich nichts Neues. Auch von den Körperfunktionen her ist bereits alles vorhanden. Das völlig intakte Kind wächst und entfaltet sich – wenn es nicht sein Leben durch Abtreibung verliert oder dadurch, dass es zu einer Fehlgeburt kommt.

Es ist eine unbestreitbare wissenschaftliche Tatsache, dass ausnahmslos jede ärztliche Abtreibung ein schlagendes Herz und bereits messbare Hirnstromaktivität beendet.

Wie nennen wir es, wenn eine Person keinen Herzschlag mehr hat und keine Gehirnströme mehr messbar sind? Tod.

Wie würden wir es nennen, wenn Herzschlag und Gehirnströme vorhanden sind? Leben.

Jede Abtreibung beendet menschliches Leben. Das ist eine einfache, wissenschaftlich sichere Tatsache.

35 Vincent J. Collins, »Fetal Pain and Abortion: The Medical Evidence«, *Studies in Law and Medicine*, Chicago: Americans United for Life, 1984, S. 6-7.
36 Siehe »The War over Fetal Rights«, *Newsweek*, 9. Juni 2003, S. 40-47.
37 Dies sind weithin bekannte wissenschaftliche Tatsachen. Siehe z. B. Landrum Shettles und David Rorvik, *Rites of Life*, Grand Rapids: Zondervan, 1983, S. 41-66.

Scott Klusendorf vom Life Training Institute weist darauf hin, dass es nur vier Unterschiede zwischen einem Ungeborenen und einem Neugeborenen gibt. Man kann sie sich leicht mithilfe des Akronyms AUGE merken.[38] Ich möchte sie kurz nennen:

A: Abhängigkeit
U: Umgebung
G: Größe
E: Entwicklung

A: Abhängigkeit. Bestimmt unsere Abhängigkeit von anderen, wer wir sind? Ist jemand, der an der Alzheimerkrankheit oder an Nierenversagen leidet, im Vergleich zu einem Gesunden ein minderwertiger Mensch? (Bin ich als insulinpflichtiger Diabetiker heute – ca. 30 Jahre nach dem Ausbruch dieser Krankheit – kein vollwertiger Mensch mehr?)

Ein drei Monate altes Kind ist viel kleiner und viel weniger entwickelt als ein zehnjähriges Kind und genauso unfähig, für sich selbst zu sorgen, wie ein Ungeborenes.

U: Umgebung. Entscheidet die Frage, ob Sie sich in einem Haus befinden oder ob Sie draußen sind, über Ihren Wert als Person? Nimmt es einem Kind etwas von seinem Menschsein, wenn es im Leib seiner Mutter ist?

---

38 Justin Taylor, »Sticker Shock«, *World*, 17. Januar 2004, S. 43; A. d. H.: Vgl. auch die Ausführungen auf der entsprechenden Website: http://prolifetraining.com/resources/five-minute-1/ (abgerufen am 19. 9. 2014).

G: Größe. Bestimmt Ihre Größe darüber, wer Sie sind?

E: Entwicklung. Haben Zwanzigjährige mehr Menschenwürde, weil sie mehr wissen und größere Fähigkeiten haben als Zehnjährige?

Die Frage ist nicht, wie alt, wie groß oder wie schlau die Ungeborenen sind. Es geht auch nicht darum, inwieweit sie in die Lebensplanung anderer Menschen passen, sondern darum, *wer* sie sind.

Die Antwort liegt auf der Hand: Sie sind menschliche Wesen.

Kapitel 4
Worin besteht der Unterschied
zwischen Ei, Samenzelle, Embryo und Fötus?

Zwei Jahre, bevor die Abtreibung in den USA legalisiert wurde, belehrte ein Pro-Choice-Verfechter die Krankenschwestern in einem bekannten Fachblatt: »Durch öffentliche Konditionierung, durch den Sprachgebrauch, durch Planungen und Gesetze kann man das Konzept von Abtreibung vom Gedanken des Mordens trennen.«[39]

Im gleichen Jahr wurde in den Schulungseinheiten bei einem Symposium in Los Angeles Folgendes hinzugefügt: »Wenn Sie sagen: ›Wir saugen das Baby heraus‹, können Sie leicht ein Trauma erzeugen oder verstärken. Sagen Sie stattdessen: ›Wir entleeren den Uterus‹, oder einfach: ›Wir kratzen die Schleimhaut des Uterus weg.‹ Aber niemals dürfen Sie sagen: ›Wir kratzen das Baby heraus.‹«[40]

Mit Sprache kann man Gedanken nicht nur *ausdrücken*, sondern sie *prägt* Gedanken. Die Wortwahl beeinflusst die Bereitschaft, eine Idee anzunehmen. Dazu gehören sogar solche Ideen, die – geradeheraus vorgestellt – als undenkbar erscheinen.

Wörter, die den Blick auf die Schwangerschaft und die Gebärmutter (den Uterus) richten, lenken von der Person ab, die dort lebt. Aber einerlei, was wir sagen, »die Beendigung einer Schwangerschaft« bleibt, was sie ist: Man nimmt einem Menschen das Leben, man tötet ein Baby.

---

39   Leonide M. Tanner, Hrsg., »Developing Professional Parameters: Nursing and Social Work Roles in the Care of the Induced Abortion Patient«, *Clinical Obstetrics and Gynecology* 14 (Dezember 1971), S. 1271.

40   Paul Marx, *The Death Peddlers: War on the Unborn*, Collegeville, MN: St. John's University Press, 1971, S. 321 (A. d. H.: svw. *Die mit dem Tod hausieren. Krieg gegen die Ungeborenen*).

Eine Pro-Life-Feministin sagte: »Wir von Pro-Life haben nichts gegen die Beendigung einer Schwangerschaft. Schwangerschaften sollen ja nur eine kurze Zeit andauern. Wir möchten sie gern nach etwa neun Monaten beenden. Wogegen wir sind, ist das Töten von Kindern.«[41]

Was bedeutet »Fötus«?

Wie die Begriffe *Kleinkind* und *Teenager* beziehen sich die Bezeichnungen *Embryo* und *Fötus* nicht auf Tiere, sondern nur auf Menschen. Sie benennen besondere Entwicklungsstufen. *Fötus* ist ein lateinisches Wort, das abwechselnd mit »Leibesfrucht« oder »Sprössling« übersetzt wird.

Es ist wissenschaftlich ungenau zu sagen, ein menschlicher Embryo oder Fötus sei kein menschliches Wesen, nur weil sich beide noch in einem früheren Entwicklungsstadium befinden als ein Kleinkind. Genauso gut müsste man sagen: »Ein Kleinkind ist kein Mensch, weil es sich noch nicht im Teenageralter befindet.«

Ich habe fünf Enkelkinder, die in einem Zeitraum von acht Jahren geboren wurden. Sind die älteren menschlicher, weil sie größer sind? Wenn das stimmte, wären Erwachsene »mehr« und Kinder »weniger Menschen«. Wird man immer »mehr Mensch«, je größer man wird? Wenn das zuträfe, wären Erwachsene »mehr Menschen« als Kinder und kräftig gebaute Fußballspieler mehr als leichtgewichtige Jockeys.

Etwas Nichtmenschliches wird nicht dadurch zum Menschen, dass es älter und größer wird. Mensch ist man von Anfang an.

---

41 Vgl. *Feminists for Life Debate Handbook*, Kansas City, MO: Feminists for Life of America, n. d., S. 3.

Ist eine Eizelle oder eine Samenzelle eine Person?

Carl Sagan spottete einmal über Abtreibungsgegner, indem er fragte: »Warum ist es kein Mord, wenn Samen- oder Eizellen zerstört werden?«[42] Wie jeder Wissenschaftler wissen sollte, besteht zwischen Samenzellen und unbefruchteten Eizellen einerseits und befruchteten Eizellen oder menschlichen Zygoten andererseits ein fundamentaler Unterschied.

Genetisch bedingt bleiben Haar- oder Herzzellen wie Ei- und Samenzellen, was sie sind. Wenn aber Ei- und Samenzelle vereinigt sind, beginnt ein neues, dynamisches und genetisch einmaliges menschliches Leben. Ja, ein befruchtetes Ei ist *ein eben empfangenes menschliches Wesen.* Es ist eine Person mit einem eigenen Leben, die sich auf dem Weg zu einer rasend schnellen, selbst gesteuerten Entwicklung befindet.

Vom Augenblick der Befruchtung an enthält die einzelne Zelle die gesamte genetische »Blaupause« des Kindes in all ihrer Komplexität. Dadurch wird jedes Detail der menschlichen Entwicklung bestimmt, einschließlich des Geschlechts des Kindes, seiner Augen-, Haut- und Haarfarbe sowie seiner Größe.[43] Nimmt man eine einzelne Zelle von der gerade befruchteten Zygote und legt sie neben eine Schimpansenzelle, so wird »ein Genetiker die menschliche Zelle leicht erkennen. Schon in diesem Stadium wird eindrucksvoll deutlich, dass sie menschlichen Ursprungs ist.«[44]

---

42 Carl Sagan und Ann Druyan, »Abortion: Is It Possible to Be ›Pro-life‹ and ›Pro-Choice‹?«, *Parade*, 22. April 1990, S. 4.

43 *The First Nine Months*, Colorado Springs: Focus on the Family, 2008, S. 7.

44 *Preview of a Birth*, Norcross, GA: Human Development Resource Center, 1991, S. 4.

Die Macht der Bezeichnungen

»Empfängnisprodukt« oder »EP« ist eine der gewöhnlichen Entpersonalisierungen des ungeborenen Kindes. In Wirklichkeit sind das Kleinkind, der Zehnjährige und der Erwachsene alle »Empfängnisprodukte« – nicht mehr und nicht weniger als ein Fötus. Wie das »Empfängnisprodukt« bei Pferden immer ein Pferd ist, so gilt auch für den Menschen: Bei der Empfängnis entsteht stets menschliches Leben.

Sie und ich, wir sind beide *genauso* »Empfängnisprodukte« wie ein eben empfangenes Kind. Natürlich *nennen* wir uns nicht »EPs«, weil wir uns wechselseitig als Menschen betrachten. Doch das Menschsein eines Ungeborenen hängt nicht mehr von der Wahrnehmung eines anderen ab, als dies bei der Wahrnehmung eines Sklaven durch einen Plantagenbesitzer der Fall ist, nämlich überhaupt nicht (was auch für die Wahrnehmung eines Juden durch einen Nazi gilt).

Die Debatte über embryonale Stammzellen ist ein Beispiel für die Macht der Semantik. Stammzellen sind vielseitige Vorläuferzellen, aus denen eine Reihe verschiedener Gewebe und Organe entsteht. Als hervorragendes Ausgangsmaterial für die biochemische Forschung kann man sie aus akzeptablem menschlichem Gewebe gewinnen, wie etwa von einwilligenden Erwachsenen, aus Nabelschnurblut und aus der Plazenta.[45] Aber viele Wissenschaftler wollen unbedingt Stammzellen aus dem Gewebe menschlicher Embryonen gewinnen, die bei diesem Verfahren ihr Leben lassen müssen. Das hat schwerwiegende Auswirkungen darauf, wie wir das menschliche Leben betrachten und ob es geopfert werden darf, damit andere menschliche Wesen leben können.[46]

---

45 Scott Klusendorf, *The Case* for *Life: Equipping Christians to Engage the Culture*, Westchester, IL: Crossway, 2009.

46 Siehe Scott Klusendorf, »Harvesting the Unborn: The Ethics of Embryo Stem Cell Research«, Stand to Reason.

Zahlreiche medizinische und wissenschaftliche Organisationen benutzen bei ihren Untersuchungen fötale Stammzellen. Dazu gehören die American Cancer Society[47], der MacMillan Cancer Support[48], die Juvenile Diabetes Foundation[49] und viele andere.[50]

Trübung der semantischen Gewässer

Mitarbeiter der National Institutes of Health (NIH) stellten fest, dass die Öffentlichkeit sich über die »menschliche Stammzellenforschung« aufregte, weil bei den Versuchen menschliche Embryonen vernichtet wurden. Die Lösung? Haben sie die Ethik ihres Tuns überdacht? Nein. In den NIH wählte man nur einen anderen Ausdruck für genau dieselbe Sache – »pluripotente[51] Stammzellenforschung an Menschen«. Den neuen Ausdruck nutzt man, um die Tatsache zu verbergen, dass weiterhin menschliche Embryonen für die Untersuchungen verbraucht werden.[52] Statt eine unethische Tätigkeit zu beenden, wurde sie nur umbenannt.

Indem man die Kontroverse über die Vernichtung menschlichen Lebens vermeidet, beeinflusst man nicht nur die Sprache, sondern erzeugt auch auf andere Weise Abstand. Die NIH-Website betont, dass die bei ihren Untersuchungen benutzten embryonalen Stammzellen »*in vitro* befruchtet wurden – in einer *In-vitro*-Befruchtungsklinik … Sie

---

47 A.d.H.: Svw. »Amerikanische Krebsgesellschaft«.

48 A.d.H.: Svw. »MacMillan-Krebsfonds«.

49 A.d.H.: Svw. »Stiftung zur Behandlung und Prävention von Jugenddiabetes«.

50 »Who's Who – Stem Cell Organizations«, StemCellResources; http://www.stemcellresources.org (abgerufen am 19.9.2014).

51 A.d.Ü.: D.h. vielseitig nutzbar. Pluripotenz ist die Fähigkeit einer Körperzelle, sich zu verschiedenen Zelltypen zu differenzieren.

52 »Deadline Extended for Comment to NIH on Stem Cells Harvesting«, *Pro-life Infonet*, 31. Januar 2000.

stammen also nicht aus Eizellen, die im Körper einer Frau befruchtet wurden.«[53] Um der Kritik auszuweichen, lenkt man das Interesse auf einen Labor*prozess*.

Einerlei, wie ein menschlicher Embryo entsteht – durch einvernehmlichen Geschlechtsverkehr, Vergewaltigung, künstliche Befruchtung oder in der Petrischale – er ist und bleibt ein menschlicher Embryo im vollen Sinn dieses Wortes.

Ich kenne Leute, die durch künstliche Befruchtung oder auch durch Vergewaltigung gezeugt wurden. Dabei gehe ich mit größter Sicherheit davon aus, dass weder sie selbst ihr Menschsein je infrage stellen noch irgendjemand anders, der sie kennt.

Theodor Seuss Geisel, genannt Dr. Seuss, drückt das im Epilog seines ausgezeichneten Buches *Horton Hears a Who!* (sozusagen ein Pro-Life-Buch im besten Sinne des Wortes) folgendermaßen aus: »So lass das für alle und jeden eine Lektion sein: Eine Person ist eine Person – einerlei, wie klein sie ist.«[54]

Keine Zweifel

Sollte das Klonen von Menschen jemals gelingen, würde auch dadurch das Kontinuum des Lebens für eine Person mit dem Augenblick der Empfängnis beginnen.[55] Das würde nichts an ihrem menschlichen Status ändern. Es geht darum, dass das Kontinuum menschlichen Lebens *in Erscheinung tritt*, und nicht darum, auf welche Weise dieses zustande kam.

Der bekannte Geburtshelfer Thomas Hilgers, der sein ganzes Können dafür einsetzte, Frauen zu helfen und Leben

---

53 »What Are Embryonic Stem Cells?«, National Institutes of Health, Stem Cell Basics; http://stemcells.nih.gov/info/basics/basics3.asp (abgerufen am 19. 9. 2014).
54 Theodor S. Geisel, *Horton Hears a Who!*, New York: Random House, 1954, S. 47.
55 S. Noggle u. a., *Nature* 478 (2011), S. 70-75.

zu retten, sagte: »Kein individueller, lebendiger Körper kann zu einer Person ›werden‹, wenn er nicht bereits Personalität besitzt. Kein lebendiges Wesen kann etwas anderes werden, als was es grundsätzlich schon ist.«[56]

Seit Jahrzehnten beobachte ich die wechselnden Vorgehensweisen der Pro-Choice-Verfechter. Es ist interessant festzustellen, dass heute einige Abtreibungsärzte zugeben, was bei Abtreibungen geschieht, und zwar sowohl am Anfang einer Schwangerschaft als auch später.

In den Jahren 2011 und 2012 bekämpften Pro-Choice-Aktivisten alle Versuche, die »Personalität« ungeborener Kinder gesetzlich festlegen zu lassen, denn dann hätte man auch auf sie – wie auf *alle* menschlichen Wesen – die »Bill of Rights«[57] anwenden müssen.

Ihr Widerstand basiert auf der Tatsache, dass »einige [die Verhütung betreffende] Methoden – wenigstens teilweise – in solch einer Weise wirken, dass sie die Gebärmutter für die Einnistung eines befruchteten Eis untauglich machen können«, wie Dr. Deborah Gilboa, eine Hausärztin aus Pittsburgh, sagt. »Dies könnte bedeuten, dass einige Eizellen befruchtet sind und dann von Frauen abgestoßen werden, die ein orales Kontrazeptivum (›die Pille‹) einnehmen, eine ›Spirale‹ anwenden oder auf den ›Plan B‹, die ›Pille danach‹, zurückgreifen.«[58]

---

56 Thomas W. Hilgers, Dennis J. Horan und David Mall, Hrsg., *New Perspectives on Human Abortion*, Frederick, MD: University Publications of America/Aletheia Books, 1981, S. 351. Siehe NaPro Technology; http://www.naprotechnology.com/ (abgerufen am 19. 9. 2014).

57 A. d. Ü.: Zusatzartikel zur US-Verfassung mit Aussagen zu den Grundrechten (u. a. Recht auf Leben).

58 Stephanie Pappas, »Why Mississippi's ›Personhood‹ Law Could Outlaw Birth Control«, *Live Science*, 7. November 2011; http://www.livescience.com/16917-mississippi-personhood-birth-control.html (abgerufen am 19. 9. 2014).

Mit anderen Worten: Seit sie wissen, dass menschliches Leben mit der Empfängnis beginnt, fürchten einige Abtreibungsbefürworter jede gesetzliche Regelung, die die Menschenrechte auf alle menschlichen Wesen ausdehnt.

Dr. Warren Hern, von dem seit Langem bekannt ist, dass er sich auf Abtreibungen im zweiten und dritten Abschnitt der Schwangerschaft spezialisiert hat, beschreibt seine Arbeit so:

Ich begann mit einer Abtreibung bei einer jungen Frau, die in der 18. Schwangerschaftswoche (SSW) war … Dann führte ich die Zange in die Gebärmutter ein und erfasste damit den Kopf des Fötus, der immer noch lebte, weil man in diesem Schwangerschaftsstadium dem Fötus keine [tödliche] Spritze [vorab] gibt. Ich schloss die Zange, zerdrückte den Schädel des Fötus und zog die Zange heraus. Der nun tote Fötus glitt mehr oder weniger intakt nach draußen.[59]

Jene, die dagegen sind, dass man den Begriff »Person« gemäß der »Bill of Rights« definiert, hegen absolut keinen Zweifel daran, dass Abtreibung die Tötung eines Kindes bedeutet. Genauso wenig tut das Dr. Hern, der sein Leben der Abtreibung verschrieben hat und andere lehrt, wie man dabei vorgeht.

Oder meinen Sie wirklich, Sie wüssten etwas, was diese nicht wissen?

---

59 Warren M. Hern, »Did I Violate the Partial-Birth Abortion Ban?, A Doctor Ponders a New Era of Prosecution«, *Slate: Medical Examiner*, 22. Oktober 2003; http://www.slate.com/articles/health_and_science/medical_examiner/2003/10/did_i_violate_the_partialbirth_abortion_ban.html (abgerufen am 19.9.2014).

Kapitel 5
Ist ein ungeborenes Kind Teil des mütterlichen Körpers?

Wie viele andere hat auch der Philosoph Mortimer Adler behauptet, das Ungeborene sei »ein Teil des mütterlichen Körpers in dem gleichen Sinne, wie die Arme oder Beine eines Individuums Teile dieses lebenden Organismus sind. Die Entscheidung eines Individuums, sich einen Arm oder ein Bein amputieren zu lassen, ist dessen Privatangelegenheit.«[60]

Im Jahr 2003 befand das oberste Gericht von Connecticut, »dass der Fötus ein Teil des mütterlichen Körpers ist«. Zur gleichen Zeit, als das Mitteilungsblatt der American Medical Association diese Entscheidung bekannt gab, brachte es auch die Notiz, dass das höchste Gericht der USA seine Ansicht in einer entsprechenden Entscheidung mit folgender juristischer Begründung verkündete: »Einem Fötus sollte keine eigene, unabhängige Existenz zuerkannt werden.« Es erklärte dann jedoch: »Ein Fötus kann sowohl ein Teil seiner Mutter sein als auch eine eigene, individuelle Existenz besitzen.«[61]

Was gilt nun?

Richtig oder falsch?

Ein Körperteil wird durch den gemeinsamen genetischen Code definiert, den es mit dem übrigen Körper teilt. Alle Zellen der Mandeln, des Blinddarms, des Herzens oder der Lunge einer Mutter haben den gleichen genetischen Code.

---

60 Mortimer J. Adler, *Haves without Have-Nots: Essays for the 21st Century on Democracy and Socialism*, New York: Macmillan, 1991, S. 210.
61 Tanya Albert, »Fetus Determined to Be Part of Mother's Body«, *American Medical News*, 2.-9. Juni 2003.

Auch das ungeborene Kind hat einen genetischen Code, aber dieser ist deutlich unterschieden von dem seiner Mutter. Alle Zellen seines Körpers sind eindeutig die seinen und unterscheiden sich von den Zellen des Körpers seiner Mutter. Oft unterscheiden sich auch die Blutgruppen, und die Hälfte aller Ungeborenen hat ein anderes Geschlecht.

Um nicht als Fremdkörper durch die mütterlichen Antikörper abgestoßen zu werden, muss das neue menschliche Wesen vom sechsten Tag an ein spezielles Enzym erzeugen; sonst wird es zerstört.[62] Das Enzym Indolamin-2,3-Dioxygenase, abgekürzt IDO, unterdrückt die T-Zellen-Produktion der Mutter, sodass sich das embryonale Kind am siebten Tag mit dem Leib der Mutter verbinden kann, um ernährt zu werden.[63] Kann der Embryo kein IDO erzeugen, wird er sterben. Warum? Weil er einen eigenständigen und andersgearteten Körper im Innern seiner Mutter hat.

Ohne mit der Wimper zu zucken, argumentieren viele, dass nur ein Körper – und zwar derjenige der Frau – in eine Schwangerschaft involviert ist. Wenn das stimmte, sollte man die Körperteile dieser Frau betrachten: Sie hätte dann zwei Nasen, vier Beine, zwei verschiedene Fingerabdrücke, zwei Gehirne – und die Hälfte aller Schwangeren hätte dann auch männliche Geschlechtsorgane. Wenn es für eine Frau unmöglich ist, männliche Genitalien zu haben, dann *kann* der Junge, den sie in sich trägt, nicht Teil ihres Körpers sein.

---

62 Eine zusammenfassende grafische Darstellung dieses Prozesses findet sich unter: University of Pennsylvania, Perelman School of Medicine; http://www.med.upenn.edu/meded/public/berp/overview/BV_1.html?6 (abgerufen am 19. 9. 2014).

63 Y. Kudo u. a., »Indoleamine 2,3-Dioxygenase: Distribution and Function in the Developing Human Placenta«, *Journal of Reproductive Immunology* 61, Nr. 2 (2004), S. 87-98.

Getrennt und doch ebenbürtig

Aus einer chinesischen Zygote, die man einer Schwedin einpflanzt, wird immer nur ein Chinese und kein Schwede hervorgehen, weil seine Identität auf seinem genetischen Code beruht, nicht auf demjenigen des Körpers, in dem er sich befindet.

Wenn ein Kind stirbt, kann die Mutter am Leben bleiben. Oder die Mutter stirbt, und das Kind bleibt lebendig – was wiederum beweist, dass die zwei eigenständige Individuen sind.[64]

Bei vorgeburtlichen Operationen, wenn das Ungeborene noch durch die Nabelschnur mit der Mutter verbunden ist, wird es herausgenommen und bekommt Betäubungsmittel. Man operiert an ihm und setzt es dann wieder seiner Mutter ein.[65] (Der Grund weshalb solche Babys bei derartigen Operationen Narkose bekommen, hat weitreichende Konsequenzen in Bezug auf Abtreibungen – eben weil das ungeborene Kind Schmerzen empfindet.) Das Kind wird auch »Patient« genannt, es wird operiert und hat seinen eigenen Arztbericht, auf dem die Blutgruppe und andere Vitalparameter eingetragen sind.

Im Jahr 1999 wurde ein ungeborenes Kind mit Namen Samuel Armas wegen Spina bifida[66] operiert. Das Bild, das von ihm im Magazin *Life* veröffentlicht wurde, zog die Aufmerksamkeit vieler in der ganzen Welt auf sich. Als der Arzt

---

64 David Pallister, »British Ice Skater Gave Birth Two Days after Fatal Brain Haemorrhage«, *The Guardian*, 12. Januar 2009;
http://www.guardian.co.uk/society/2009/jan/13/ice-skater-soliman-birth (abgerufen am 19. 9. 2014); siehe auch »Brain-Dead Mother Gives Birth to Boy in Saudi Arabia«, Al Bawaba, 28. Juni 2011;
http://www.albawaba.com/brain-dead-mother-gives-birth-boy-s-arabia-380588 (abgerufen am 19. 9. 2014).

65 Michael Harrison, MD, »Minimally Invasive Fetoscopic Surgery«, 9. März 2009, http://www.youtube.com/watch?v=7mDXqGTToUo (abgerufen am 19. 9. 2014).

66 A. d. Ü.: D. h. Spaltbildung der Wirbelsäule.

den Schnitt wieder verschloss, streckte Klein Samuel sein Händchen aus dem Leib der Mutter und ergriff den Finger des Arztes. Der Fotojournalist Michael Clancy bannte diesen erstaunlichen Akt auf den Film.[67] Clancy berichtete:

> Plötzlich streckte sich ein ganzer Arm aus der Öffnung, zog sich aber wieder zurück. Nur eine kleine Hand war zu sehen. Der Arzt fasste hin und hob das Händchen an. Das reagierte und drückte den Finger des Arztes. Als wollte er die Kraft des Kleinen testen, schüttelte der Arzt die kleine Faust. Samuel hielt fest. Ich machte das Bild! Wow![68]

Samuel Armas wurde in den Leib seiner Mutter zurückgepackt und kam fast vier Monate später zur Welt. Was löste es bei Clancy aus, als er sah, wie Samuel nach dem Finger des Arztes griff? In diesem Augenblick wurde aus einem Pro-Choice-Befürworter ein Pro-Life-Vertreter. Er sagte es so: »Ich war noch zwei Stunden nach der Operation völlig schockiert … Ich weiß jetzt, dass Abtreibung falsch ist – sie ist absolut falsch.«[69]

Glaubt irgendjemand im Ernst, dass dieser Schmerz empfindende, nach einem Finger greifende Patient nur ein Anhängsel des mütterlichen Körpers war? Kann man glaubhaft argumentieren, es wäre legal gewesen, ihn zu irgendeinem Zeitpunkt in den vier Monaten vor seiner Geburt

---

67 Michael Clancy, *Hand of Hope, The Story behind the Picture*, über Createspace veröffentlicht, 2011, ISBN 1463755724.
68 Siehe Michael Clancy, »The Story behind the Picture«; http://michaelclancy.com/?page_id=94 (abgerufen am 19. 9. 2014).
69 Vgl. Chuck Colson, »Life-and-Death Decisions: Praying for the Supremes«, *BreakPoint*, 25. April 2000; http://www.breakpoint.org/commentaries/4409-life-and-death-decisions (abgerufen am 19. 9. 2014).

umzubringen, nachdem man ihn der Mutter wieder-
eingesetzt hatte?

Wir alle wissen es besser

Wenn in der Medical University of South Carolina bei einer
Schwangeren durch Urinproben der Gebrauch von Kokain
festgestellt wird, kann sie wegen der Weitergabe von Drogen an Minderjährige verhaftet werden. Genauso in Illinois:
Wenn dort eine Schwangere illegale Drogen nimmt, kann sie
wegen »der Weitergabe verbotener Substanzen an Minderjährige« strafrechtlich verfolgt werden. Dass der Gebrauch
dieser Drogen während der Schwangerschaft als Verbrechen
angesehen wird, zeigt, dass man die Ungeborenen implizit
als Personen mit eigenen Rechten betrachtet, die es verdienen, sogar vor der eigenen Mutter geschützt zu werden.

Welche Ironie liegt darin, dass dieselbe Frau, die strafrechtlich verfolgt und inhaftiert wird, weil sie ihr Kind in
Gefahr gebracht hat, *völlig frei ist, einen Arzt zu engagieren,
der ebendieses Kind abtreibt*! In den USA ist es heute verboten, seinem noch nicht geborenen Kind Schaden zuzufügen, aber es ist völlig legal, es umzubringen!

Jedes Geschäft, in dem Alkohol verkauft wird, muss in
Oregon ein Schild mit folgender Aufschrift aushängen:

**Schwangerschaft und Alkohol
gehören nicht zusammen!**
Der Genuss alkoholischer Getränke
(auch von alkoholhaltiger Bowle und
Bier) während der Schwangerschaft
kann Geburtsschäden verursachen.

Ich werde nie vergessen, wie ich das erste Mal dieses Schild in einem Restaurant hängen sah. Mir klappte der Unterkiefer herunter. Jahrelang hatte ich in Oregon öffentlich den unpopulären Standpunkt vertreten, Ungeborene seien wirklich Kinder, und wir sollten sie beschützen. Und dieses Schild, das ganz deutlich ein Baby in seiner Mutter zeigt, warnt Frauen davor, ihrem Kind Schaden zuzufügen.

Aber wenn Alkohol trinkende Mütter ihren ungeborenen Kindern schaden, was geschieht dann bei der Abtreibung?

Sicher im Gefängnis

Im Jahr 2000 beschloss das US-Repräsentantenhaus einstimmig, die Todesstrafe an schwangeren Frauen erst nach der Entbindung zu vollstrecken.

Laut Gesetz, das mit einem Votum von 417 zu 0 verabschiedet wurde, darf keine staatliche oder föderale Autorität, einschließlich des Militärs, »die Todesstrafe an einer Frau vollziehen, die ein ›Kind im Uterus‹ hat … ›Kind im Uterus‹ bedeutet: Es ist in allen Phasen der Entwicklung ein Mitglied der Spezies Homo sapiens, das im Mutterleib ausgetragen wird.«[70]

Der vielsagendste Aspekt dieses Votums ist, dass kein einziger Abgeordneter dem widersprochen hat. Alle – sogar die vielen Pro-Choice-Verfechter – *wussten zweifelsfrei*, dass ungeborene Babys nicht ein Körperteil ihrer Mütter sind. Sie wussten, dass *ungeborene Babys Rechte haben, die unabhängig von den Rechten der Mütter bestehen*, und dass sie

---

70 The Innocent Child Protection Act (HR 4888), 12. Juli 2000. Siehe National Right to Life, Presseveröffentlichung, »U.S. House Passes Ban on State Execution of ›Child in Utero‹«, 25. Juli 2000; http://www.nrlc.org/archive/news/2000/NRL08/inutero.html (abgerufen am 19. 9. 2014).

gesetzlichen Schutz verdienen – ungeachtet dessen, was ihre Mütter getan haben.

Wenn es um die mütterlichen Mandeln, ihr Herz oder ihre Nieren geht, ist nie ein Exekutionsaufschub beantragt oder gesetzlich verankert worden. Die Gesetzgeber intervenierten nie zugunsten irgendeines Körperteils dieser Frauen, sondern nur zugunsten der unschuldigen menschlichen Wesen, die als eigenständige Individuen im Mutterleib heranwachsen.

Haben nun aber die über 3000 ungeborenen Babys, die jeden Tag durch Abtreibung getötet werden, weniger Schutz verdient als die Kinder, zu deren Schutz der US-Kongress[71] intervenierte?

Erkennen Sie die Ironie? Nach dem Gesetz sind in den USA die einzigen zweifelsfrei sicheren Ungeborenen solche, deren Mütter in den Todeszellen einsitzen!

Viele Bundesstaaten der USA haben Gesetze gegen das Töten menschlicher Föten erlassen. Sie bezeichnen es als Mord, wenn irgendjemand mit Ausnahme der Mutter einem ungeborenen Kind das Leben nimmt. Diese Gesetze bestätigen ausdrücklich, dass dieses Kind ein menschliches Wesen ist. Im Jahr 2004 wurde durch den US-Kongress der »Unborn Victims of Violence Act«[72] verabschiedet. Das betreffende Gesetz bestätigt, dass jemand, der »absichtlich ein ungeborenes Kind tötet oder mit dem entsprechenden Tötungsvorsatz gegen ein solches Kind vorgeht ... bestraft werden [sollte] ... weil er absichtlich ein menschliches Wesen getötet bzw. mit der diesbezüglichen Absicht gehandelt hat.«[73]

---

71 A.d.H.: Im politischen System der USA besteht der Kongress aus dem Repräsentantenhaus und dem Senat.

72 A.d.H.: Svw. Gesetz zum Schutz von ungeborenen Gewaltopfern.

73 Das Gesetz (mit der Bezeichnung HR 1997) wurde vom Senat in namentlicher Abstimmung (61 Jastimmen, 38 Neinstimmen) am 25. März 2004 verabschiedet.

Sehen Sie sich doch einmal die bizarren Konsequenzen dieser Doppelmoral an. Wenn eine Frau sich zur Abtreibung entschließt, ihr Baby aber auf dem Weg zur Abtreibungsklinik *in utero*[74] getötet wird, wird derjenige, der das Kind getötet hat, als Mörder bestraft werden. Wenn dieser Mord aber nicht geschieht, kann man eine Stunde später einen Arzt dafür bezahlen, dass er auf legale Weise *genau dasselbe Kind* tötet (noch dazu auf eine Weise, die sehr wahrscheinlich grausamer ist).

Worin besteht für das Kind der Unterschied im Blick darauf, wer es tötet? Welcher Trost liegt darin, dass es auf legale und nicht auf illegale Weise umgebracht wurde?

Eine Lehrstunde bei Louise Brown

Innerhalb von etwas zu sein, ist nicht dasselbe, wie Teil desselben zu sein. (Ein Auto ist kein Teil der Garage, weil man es dort geparkt hat.) Louise Brown, das erste »Retortenbaby«, wurde 1978 empfangen, als sich die väterliche Samenzelle in einer Petrischale mit dem mütterlichen Ei vereinigte. Wurde sie zum Teil des Körpers ihrer Mutter, als man sie in deren Gebärmutter einsetzte? Nein. Genauso wenig, wie sie ein Teil der Petrischale war, als sie darin lebte!

Menschliche Wesen sollten nicht nach dem Ort beurteilt werden, wo sie wohnen. Die Natur eines Kindes verändert sich nicht auf magische Weise, wenn es aus der Gebärmutter in den Kreißsaal wechselt.

---

74 A. d. H.: D. h. in der Gebärmutter.

Kapitel 6
Was verraten uns die Bilder?

Das schwerste Manko eines Ungeborenen war bisher, dass der Mutterleib kein Fenster hat. Sein Schicksal lag in den Händen von solchen, die es nicht sehen konnten. Das aber hat sich in den letzten Jahren radikal geändert.

In den Jahren 2002 und 2003 widmeten die Nachrichtenmagazine *Time* und *Newsweek* ihre Titelgeschichten den atemberaubenden Ultraschallbildern von Ungeborenen.[75] *Newsweek* fragte auf seiner Titelseite: »Sollte ein Fötus Rechte erhalten? Wie die Wissenschaft die Debatte verändert«. Fast zehn Jahre später meldete *Newsweek*, dass diese Frage ein heiß umkämpftes Thema bleibe.[76]

Aber für jeden, der hinschauen will, verfliegen alle Argumente, wenn er das ungeborene Kind sieht.

Die Macht des Ultraschalls

Rebekah Nancarrow ließ bei Planned Parenthood für 80 Dollar eine Ultraschalluntersuchung durchführen. Ihr wurde aber verweigert, die Ergebnisse anzuschauen. Es hieß nur: »Das wird es Ihnen nur noch schwerer machen.« In einer christlichen Schwangerschaftsberatungsstelle machte man eine kostenlose Ultraschalluntersuchung und erlaubte ihr zuzuschauen. Sie sagte: »Hätte ich nicht das Ultraschallbild gesehen, würde ich abgetrieben haben. Aber gerade dieses Bild machte mir 100-prozentig klar, dass dies etwas

---

75 Madeline Nash, »Inside the Womb«, *Time*, 11. November 2002, S. 68-77; Debra Rosenberg, »The War over Fetal Rights«, *Newsweek*, 9. Juni 2003, S. 40-51.
76 Sarah Kliff, »The Prenatal Problem«, *Newsweek*, 18. Januar 2010.

Lebendiges in mir war, kein Gewebeklumpen oder kein Kloß.«[77]

Thomas Glessner, Rechtsanwalt und zugleich Autor von *The Emerging Brave New World*,[78] schrieb: »Bevor es die Ultraschalltechnik gab, berichteten Schwangerschafts-Beratungsstellen, dass sich 20 bis 30 Prozent der dort untersuchten und beratenen ›abtreibungsbereiten‹ Frauen entschieden, ihre Schwangerschaft fortzusetzen. Nachdem diese Beratungsstellen anfingen, Ultraschallgeräte zu verwenden, wollten 80 bis 90 Prozent ihr Kind behalten.«[79] Neuere Untersuchungen ergaben, dass zwischen 60 und 98 Prozent der Frauen ihr Kind behalten wollten, nachdem sie es im Ultraschallgerät gesehen hatten.[80]

Audrey Stout, eine Krankenschwester, berichtete mir von einer Ultraschalluntersuchung, die sie durchgeführt hatte. Das betreffende Baby »öffnete und schloss seinen Mund, hatte einen Schluckauf, lag zurückgelehnt wie auf einem Liegestuhl und streckte die kleinen Beinchen. Es hielt sogar die Hände hoch, sodass seine Mama die Finger zählen konnte. Die Mutter zeigte sich sichtlich berührt.«

Als Audrey die Untersuchung abgeschlossen hatte, fragte sie die Frau, was sie nun vorhätte. »Sie antwortete:

77 R. Albert Mohler jun., »First Person: Who's Afraid of the Fetus?«, Baptist Press, 14. 2. 2005; http://www.bpnews.net/20144/firstperson-whos-afraid-of-the-fetus (abgerufen am 19. 9. 2014).

78 Thomas Glessner, *The Emerging Brave New World*, Crane, MO: Anomalos Publishing, 2008.

79 Jennifer Kabbany, »Abortion vs. Ultrasound«, *Washington Times*, 29. Oktober 2003.

80 Family Research Council Ultrasound Policy, Jeanne Monahan, »Why Ultrasounds Are Important«, Juli 2010; http://downloads.frc.org/EF/EF10G59.pdf (abgerufen am 19. 9. 2014). Diese Ausführungen beruhen auf den Ergebnissen der Studie »Patient Characteristics and Attitudes about Viewing an Ultrasound in a Pregnancy Resource Center: Chicago (a) and Boston (b) Studies«, Z. Harry Piotrowski u. a., American Public Health Association, 132. Jahresversammlung, Washington, DC, 9. November 2004.

›Ich werde mein Baby behalten.‹« Audrey fragte sie, ob das Ultraschallbild sie beeinflusst hätte; sie antwortete: »›Und wie! Ich kam ja gerade her, um mir die Schwangerschaft bestätigen zu lassen, damit ich eine Abtreibung durchführen lassen konnte.‹«[81]

Tausende von Geschichten wie diese kommen aus Schwangerschaftszentren, die jetzt mit Ultraschall arbeiten. Diverse Websites haben erstaunliche Bilder ins Internet gestellt; einige zeigen deutlich, wie das Ungeborene lächelt, gähnt, sich streckt oder schläft.

Keine Tricks, nur die reine Wahrheit

Jetzt würde ich sehr empfehlen, einige Minuten lang 3-D-Bilder im Internet anzusehen. Mithilfe einer Suchmaschine (Google usw.) lassen sich zahlreiche Aufnahmen finden, wenn man z. B. »3-D-Bilder Ultraschall« eingibt. Google hat keine Verbindung zur Pro-Life-Bewegung, sondern ist lediglich eine neutrale Suchmaschine. Obwohl diese Websites also nicht mit Pro-Life in Verbindung stehen, hätten diese Fotos ausreichend Kraft, die Abtreibungsdebatte augenblicklich zu beenden, wenn unsere Gesellschaft folgerichtig nachdenken könnte. (Videos von Ungeborenen in unterschiedlichen Entwicklungsstadien kann man unter http://www.ehd.org[82] anschauen.)

Ich werde niemals vergessen, wie ich einer Abtreibungsbefürworterin, einer intelligenten Frau mit Hochschulabschluss, Ultraschallbilder eines acht Wochen alten ungeborenen Kindes zeigte. Sie blickte mich offensichtlich voller Abscheu an und fragte mich: »Glauben Sie wirklich,

---

81 Audrey Stout (Marietta, GA), E-Mail an Randy Alcorn, 12. Februar 2000.
82 A. d. H.: Abgerufen am 19. 9. 2014.

Sie könnten irgendjemanden mit solchen *Trickfotos* hinters Licht führen?«

Das geschah, bevor es die 3-D-Ultraschallbilder gab, aber ich sagte ihr, sie möge sich doch die Lehrbücher der Harvard University Medical School oder das Magazine *Life*[83] bzw. Nilssons *A Child Is Born*[84] ansehen. Überall würde sie die gleichen Fotos finden. Sie wollte das nicht hören, und die Ursache war offensichtlich. Im Grunde sagte sie: »Das ist offensichtlich ein Kind, und weil ich nicht glauben will, dass bei einer Abtreibung ein Kind getötet wird, lehne ich es ab, dies als ein wirkliches Foto anzusehen.«

Diese Leugnung hält sich trotz der sprunghaften Zunahme des Einsatzes der 3-D/4-D-Technik. Als ich einige Ultraschallfotos auf meinem Blog und auf der Facebook-Seite veröffentlichte, schrieb jemand in einem Kommentar, er vermute, dass diese Bilder »digital nachbearbeitet« worden seien. Und warum? Weil sie genau das zeigten, was sie waren – Bilder von wirklichen Kindern!

Im März 2011 sagte Kellie Copeland als Repräsentantin von NARAL Pro-Choice America[85] vor der Legislative des Bundesstaates Ohio aus. Sie gab in Bezug auf die von Pro-Life vorgelegten Ultraschallbilder zu Protokoll: »Ich meine, das ist Schwindel.« Als man völlig unbearbeitete Filme von ungeborenen Kindern im Mutterleib zeigte, bezeichnete sie diese als einen »Zirkus« und einen politischen Trick,

83 *Life*, August 1990.
84 Lennart Nilsson, *A Child Is Born*, New York: Delacorte Press, 1977 (deutsche Ausgabe: *Ein Kind entsteht*, München: Mosaik-Verlag, 1990).
85 Abkürzung für »National Abortion Rights Action League« (A. d. Ü.: »Nationale Aktionsliga für das Recht auf Abtreibung«). A. d. H.: Während »Pro-Choice« alle Abtreibungsbefürworter charakterisiert, erscheint der Begriff hier als Namenszusatz einer einflussreichen, mehrfach umbenannten Vereinigung, in der sich viele Abtreibungslobbyisten engagieren.

der das anhörende Komitee für Pro-Life einnehmen sollte.[86]

Pro-Choice-Verfechter spotten oft über Pro-Life-Befürworter. Aber wer verwirft die Wirklichkeit, um in der Ablehnung verharren zu können? Lügen Ultraschallbilder? Oder belügen uns jene Leute, um uns zu überzeugen, dass ein wissenschaftlicher Beweis nicht wirklich sagt, was jeder objektiv denkende Mensch sehen kann? Und dieser Beweis stellt fest, dass wirkliche *Babys* im Mutterleib sind und dass Abtreibung demzufolge Babys tötet.

Was die Reste verraten

Der Film *The Gift of Choice* behauptet, das Ungeborene trüge »das Potenzial in sich, künftig eine Person zu werden«. Aber jeder, der es wagt, auf das zu schauen, was bei einer Abtreibung übrig bleibt, der sieht kleine, aber vollkommen ausgebildete Körperteile – Arme, Beine, Hände und Füße, Rümpfe und Köpfe. Die physischen Überreste beweisen nicht das Ende eines *potenziellen* Lebens, sondern eines tatsächlichen Lebens. Wenn Sie es nicht glauben, untersuchen Sie das, was bei einer Abtreibung übrig bleibt![87]

Gehen Sie ins Internet und schauen Sie sich Ausschnitte aus Interviews an, die nicht für die Öffentlichkeit bestimmt waren und in denen Mitarbeiter von Abtreibungskliniken zu Wort kommen. Sie geben zu, dass es ein »Baby« ist, das

---

86 »Ultrasound Images Used in Ohio Abortion Hearing«, Christian Broadcasting Network News, 3. März 2011; http://www.cbn.com/cbnnews/us/2011/March/ Ultrasound-Images-Used-in-Ohio-Abortion-Hearing/ (abgerufen am 19.9.2014).
87 Fotos, die die Wahrheit in Bezug auf Abtreibung dokumentieren, finden Sie auf der Website des Center for Bio-Ethical Reform; http://www.abortionno.org/ (abgerufen am 19.9.2014); ebenso: The Abortion Truth; http://www.abortiontruth.com/pictures.html (abgerufen am 19.9.2014).

bei jeder Abtreibung stirbt.[88] Wenn Sie den Anblick nicht ertragen können, fragen Sie sich selbst, warum nicht. Ginge es nur um etwas Gewebe statt um ein zerfetztes Kind, würde es Ihnen nicht schwerfallen, genauer hinzuschauen, oder?

In seinem Handbuch *Abortion Practice*[89] sagt Dr. Warren Hern: »Eine lange, gebogene Schere ist mitunter nötig, um dem Fötus den Kopf abzuschneiden oder ihm die Glieder abzutrennen.«[90] Man muss einen Kopf haben, um geköpft werden zu können, und Körperteile, wenn sie ausgerissen werden sollen. Fleisch- oder Gewebeklumpen kann man weder köpfen noch ihnen die Glieder abtrennen. Anders verhält es sich bei menschlichen Wesen.

Warum werden die gleichen Leute, die zu Hauptsendezeiten Filme mit blutigen Morden und grausigen Autopsien anschauen, so aufgebracht, wenn sie Fotos von Abtreibungen zu sehen bekommen? Die Pro-Choice-Aktivistin und Autorin Naomi Wolf meinte, als sie über Bilder von abgetriebenen Kindern sprach:

Für viele Pro-Choice-Vertreter sind diese Bilder nichts als abscheuliche Propaganda. Um ehrlich zu sein: Es gibt unter uns die Ansicht, dass die Abscheulichkeit solcher Bilder zu den Pro-Life-Vertretern passt … Sie zeigt uns, wie gefährlich die Vorstellungen solcher Leute sind, die die Welt in einen schauerlichen und bedrückenden Ort

---

88 »Planned Parenthood Admits Infanticide«, 11. März 2009; http://www.youtube.
    com/watch?v=4ubrw80RbEQ&feature=related (abgerufen am 19.9.2014);
    ebenso: The Mona Lisa Project auf der Website von Live Action; http://liveaction.
    org/media/download-live-action-videos (abgerufen am 19.9.2014);
    siehe auch »180« (The Movie). Dies ist ein Film, der 2011 von Ray Comfort ge-
    dreht wurde. URL: http://www.youtube.com/watch?v=7y2KsU_dhwI (abgerufen
    am 19.9.2014).

89 A. d. Ü.: Svw. *Abtreibungspraxis*.

90 Warren Hern, »Operative Procedures and Technique«, in: *Abortion Practice*,
    Boulder, CO: Alpenglo Graphics, 1990, S. 154.

verwandeln würden, gäbe man ihnen nur halbwegs die Möglichkeit dazu. »Leute wie wir« betrachten solch ein Material als die Pornografie der Pro-Life-Leute. Aber Feminismus in Reinform basiert nur auf dem, was wirklich wahr ist ... Während Bilder vom gewaltsamen Tod eines Fötus für Pro-Life-Leute in ihrer politischen Polemik großartig wirken mögen, so sind die Bilder an sich ganz unpolemisch: Sie stellen biologische Fakten dar. Und wir wissen das.[91]

Sehen Sie es selbst an!

Ich mag es überhaupt nicht, aber immer mal wieder zwinge ich mich dazu, solche Bilder anzuschauen, um mich der schrecklichen Wahrheit zu vergewissern, dass *Abtreibung Kinder tötet*.

Sollten Sie sich in dieser Angelegenheit nicht selbst eine Meinung bilden, indem Sie sowohl Ultraschallfotos und -videos als auch Abtreibungsmitschnitte ansehen? Dies ist z. B. möglich unter: http://www.abortionno.org.

Ein Online-Video zeigt Ausschnitte von Abtreibungen in den ersten 12 Schwangerschaftswochen. Das Gezeigte ist schrecklich und macht mich krank und wütend. Aber genauso geht es da zu. Deshalb empfehle ich jeder Frau, diese unbearbeiteten Aufnahmen aufmerksam anzusehen, denn sie zeigen genau das, was bei jeder Abtreibung passiert.[92]

Ich möchte jeden Leser – ob Mann oder Frau – bitten, auf eine Website zu gehen, die von jungen Abtreibungsgegnern

---

91 Naomi Wolf, »Our Bodies, Our Souls«, *The New Republic*, 16. Oktober 1995.
92 The Center for Bio-Ethical Reform; http://www.abortionno.org (abgerufen am 19. 9. 2014).

gestaltet wurde: http://www.abort73.com[93]. Klicken Sie auf dieser Website einfach auf die Videos, um sich die jeweiligen erschütternden Dokumente anzusehen.

Wenn Sie sich unter keinen Umständen dazu durchringen können, solche sichtbaren Beweise (wie in dem zweiminütigen Video) anzusehen, sollten Sie sich die Fünf-Minuten-Version der Aufnahme einer Abtreibung anschauen, wo die fraglichen Teile verpixelt worden sind, sodass man sie nicht erkennen kann.

Falls Sie wirklich die Pro-Choice-Position vertreten und ein ehrlicher Mensch sind, dann *müssen* Sie ebenfalls die Abtreibungsfotos und -videos ansehen. Nur dann können Sie etwas verteidigen, was Sie mit eigenen Augen *gesehen* haben.

Zensierte Beweise

Ich war zu einer Fernsehsendung eingeladen, in der Pro-Choice- und Pro-Life-Vertreter über Abtreibung diskutierten. Nachdem wir einige Minuten gesprochen hatten, versuchte ein Pro-Life-Vertreter, seinen Standpunkt mit einem Bild von einem abgetriebenen Baby zu verdeutlichen. Sobald er das tat, stöhnten einige hörbar auf, andere fuchtelten mit den Armen, und der Pro-Choice-Aktivist neben mir rief laut: »O nein, lasst ihn das bloß nicht zeigen!«

Die Kameras wurden schnell weggeschwenkt, und es entstanden für einen Augenblick Panik und Verwirrung im Studio. Die Person, die das Foto eines abgetriebenen Babys zeigen wollte, wurde ermahnt und nachdrücklich darauf hingewiesen, dass so etwas unter keinen Umständen erlaubt sei.

---

93   A. d. H.: Abgerufen am 30. 9. 2014.

Wäre das Thema nicht so ernst, hätte man mit Humor darauf reagiert. In welcher anderen Debatte wäre das Zeigen eines Fotos von dem gerade verhandelten Thema verboten?

Das Bild von dem abgetriebenen Baby war nicht schrecklicher als Bilder von Holocaust-Opfern, die in unzähligen Dokumentarsendungen gezeigt werden. Und es war genauso authentisch. Es zeigte nur, was Abtreibung ist und was von dem Ungeborenen hinterher übrig bleibt.

Ich erhielt den Anruf eines Universitätsprofessors, der eingeladen war, an einer Debatte teilzunehmen, in der er für die Pro-Life-Argumentation vorgesehen war, während ein Kollege die Pro-Choice-Position einnehmen sollte. Die einzige Bedingung war: »Keine Seite darf Bilder zeigen.«

Das schien dem Professor, der mich anrief, ziemlich fair zu sein. Er hatte sich bisher zu dem Thema noch nicht öffentlich geäußert. »Immerhin«, so sagte er, »beide Seiten müssen sich an die gleichen Regeln halten.«

Meine Frage war: »Welche Bilder würden denn die Pro-Choice-Vertreter zeigen wollen?«

Stellen Sie sich eine Debatte darüber vor, ob der Holocaust tatsächlich stattgefunden hat. Nehmen Sie weiter an, dass im Sinne der Fairness sowohl denen, die ihn als historische Tatsache akzeptieren, als auch den Leugnern des Holocaust die gleiche Regel auferlegt würde: »Keine Seite darf Bilder zeigen.« Das Ergebnis? Eine Seite würde ihrer eindrucksvollsten Beweise beraubt, während der anderen Seite erspart bliebe, Bilder erklären zu müssen, die ihre Argumente als total unsinnig erweisen würden.

Wie unverständlich es auch scheinen mag – jeder, der an Abtreibungsdebatten teilgenommen hat, weiß, dass immer die Anweisung dazugehört, man dürfe keine Bilder von abgetriebenen Babys zeigen. (Mir wurde sogar schon gesagt, ich dürfte keine Bilder von ungeborenen Kindern in der Gebärmutter zeigen.) Offensichtlich sollen die Leute nicht mit Tatsachen belastet werden, die ihre Entscheidungen beeinflussen könnten!

Ich musste so freundlich wie möglich sagen: »Sie sind also ›pro-choice‹ in puncto Abtreibung, aber Sie sind ›anti-choice‹[94], wenn es darum geht, dass ich Beweise gegen die Abtreibung liefere?«

Möge die Wahrheit für sich selbst sprechen

Pro-Life-Vertreter laden ihre Gegner ein, ihre besten Beweise zu präsentieren und ihre Sache so überzeugend wie möglich darzustellen. Wir bitten nur, dasselbe tun zu dürfen. Wenn bei einer Debatte eine Seite darauf besteht, dass die andere Seite ihre entscheidenden Beweise nicht präsentieren darf, was verrät das über die Schwäche ihrer Position? Warum darf man nicht alle Beweise auf den Tisch legen, um die Leute dann selbst entscheiden zu lassen?

Wenn der Fötus nur ein »Gewebeklumpen« ist, in Ordnung – dann sollte man den Leuten diesen Gewebeklumpen zeigen. Man muss sie doch wie Erwachsene behandeln und sie entscheiden lassen, was sie glauben wollen. Aus Sicht derer, die für Abtreibung sind, *kann es doch nicht schaden, diese Bilder anzuschauen,* wenn es keine Babys sind!?

Wird die Wahrheit nicht immer nur die Position bekräftigen, die wahr ist?

Der Erfolg der Pro-Choice-Position hängt davon ab, die Öffentlichkeit davon zu überzeugen, dass Abtreibung keine Kinder umbringt. Die Bilder sind eine schreckliche

---

94   A. d. H.: D. h. gegen die Entscheidungsmöglichkeit.

Herausforderung gegenüber dieser Überzeugung und stellen eine ernste Bedrohung für die Debatte dar. Warum? Weil die Fotos bei objektiver Betrachtung die Pro-Choice-Argumente wie ein Kartenhaus zusammenfallen lassen.

Könnten Sie sich eine Debatte zwischen Walfängern und Tierrechts-Aktivisten vorstellen, bei der den Letzteren nicht erlaubt wird, Bilder von harpunierten Walen oder von Robben zu zeigen, die mit Keulen erschlagen wurden?

Stellen Sie sich vor, ich wollte eine Debatte über die Auswirkungen des Zigarettenrauchens durchführen und dann beiden Seiten verbieten, sichtbare Beweise zu präsentieren. Hätten Sie nicht Grund, meine Ernsthaftigkeit und Ehrlichkeit infrage zu stellen? (Und gäbe das nicht Anlass, mein Interesse an einer wirklichen Debatte zu bezweifeln und mich vielmehr für einen Vertreter der Tabakindustrie zu halten?)

Es ist eine bestürzende Wirklichkeit, dass diese Leugnung von Beweisen zu einem akzeptierten Teil der öffentlichen Debatte geworden ist (wodurch das Ganze zu einer Nicht-Debatte über die Abtreibung wird). Man lehnt es einfach ab, den Leuten zu sagen, was wirklich stimmt. Und noch irritierender ist es, dass sich diese Vorgehensweise schon vor Jahrzehnten in der Medizin verbreitet hat. Sehen Sie sich einmal diesen Ratschlag in einer Veröffentlichung für Geburtshelfer und Gynäkologen an, die landesweit verbreitet wird:

Ultraschalluntersuchungen in Verbindung mit einer geplanten Abtreibung können psychologische Schwierigkeiten hervorrufen. Wenn die Frau ein vergrößertes Bild des Embryos sieht, den sie in sich trägt, kann es der Frau Kummer bereiten, weil sie doch dabei ist abzutreiben, bemerkte Dr. Dorfman, die behandelnde Ärztin. Sie betonte, dass man den Bildschirm von der Patientin wegdrehen soll.[95]

Ein Magazin für Geburtshelfer und Gynäkologen lässt einen Arzt argumentieren, was die Aufgabe seines Berufsstandes sei: *Man müsse verhindern, dass die betreffende Frau die Wahrheit erkennt: Sie trägt ein Baby in sich!*

Das Recht darauf, unwissend zu bleiben

Als ein Befürworter von Pro-Life im Fernsehen abgetriebene Babys zeigte, waren die Leute außer sich vor Zorn.[96] An jenem Abend hörte ich, wie ein Reporter der *CBS Evening News* sagte, die Abtreibungsdebatte habe einen »neuen Tiefpunkt der Geschmacklosigkeit erreicht«. Eigenartigerweise regte sich niemand darüber auf, dass Babys umgebracht worden waren … nur darüber, dass jemand die Dreistigkeit hatte, *die Tatsache zu zeigen*, dass man sie getötet hatte.

Die zu stellende Frage *sollte nicht lauten*: »Warum zeigen Pro-Life-Leute solche Bilder?« (Die offensichtliche Antwort lautet: »… *weil die Wahrheit ans Licht kommen muss.*«) Die Frage *sollte vielmehr sein*: »Aus welchem Grund würde irgendjemand verteidigen, was auf diesen Bildern gezeigt wird?«

Man sollte sich über solche Bilder ungeborener Babys nicht deshalb aufregen, weil darauf so viel Blut zu sehen ist. Vielmehr sollte man erschüttert sein, weil sie beweisen,

---

95 »Negative Psychological Impact of Sonography in Abortion«, *ObGyn News*, 15.-28. Februar 1986.

96 Milagos Rivera-Sanchez und Paul H. Gates jun., »Abortion on the Air: Broadcasters and Indecent Political Advertising«, *Federal Communications Law Journal* 46, Nr. 2 (1993–1994); http://www.repository.law.indiana.edu/cgi/viewcontent.cgi?article=1014&context=fclj (abgerufen am 19.9.2014).

dass die Haltung der Pro-Life-Leute richtig ist: Bei einer Abtreibung sterben die Babys eines schauerlichen Todes.

Im Februar 2012 traten Joy Behar und Barbara Walters als Moderatorinnen in der populären Talkshow *The View* auf. Sie diskutierten über die Entscheidung eines Richters in Texas, ein Gesetz zu bestätigen, das forderte, Frauen sollten ein Ultraschallbild ansehen, bevor sie eine Abtreibung vornehmen lassen.

> Joy Behar: Das ist nach meiner Meinung sehr totalitär. Das sieht doch danach aus, als wenn man jemanden mit etwas konfrontiert, wogegen man sich bereits entschieden hat und womit man nichts zu tun haben will.
>
> Barbara Walters: Meine Ansicht ist folgende: Man wird gezwungen, über eine Abtreibung auch nur nachzudenken, und darüber, dass man ein Kind aufgeben soll, das doch offensichtlich unerwünscht ist … Das ist doch eine so schwerwiegende Entscheidung, die mit so viel Angst und Schuldgefühl verbunden ist angesichts dessen, was man vorhat.
>
> Und dann soll man noch hingehen und den Fötus betrachten und den Herzschlag hören, um noch stärkere Schuldgefühle zu empfinden – ich meine, das ist herzzerreißend.[97]

Bei Lichte besehen, bedeutet diese Einschätzung: Ein Arzt, von dem erwartet wird, dass er eine Frau über das wahre Wesen einer medizinischen Maßnahme informiert, handelt »totalitär« und »herzzerreißend«. Wirklich?

---

97 Scott Whitlock, »Barbara Walters: It's ›Heartbreaking‹ to Force Women to View an Ultrasound before an Abortion«, Media Research Center, 9. Februar 2012; http://www.mrc.org/node/39085 (abgerufen am 19. 9. 2014).

Gebärmutterfotos und Ultraschallaufnahmen sind nicht scheußlich, sondern wunderschön und faszinierend. Aber begrüßen Pro-Choice-Vertreter *solche* Bilder? Nein. Organisationen, die das Recht auf Abtreibung propagieren, bezeichnen Ultraschallbilder als »Waffen« in der Hand der Pro-Life-Bewegung.[98]

Die Pro-Choice-Soziologin Lynn Morgan beklagt, dass solche Bilder vom »Fötus besessene Amerikaner« hervorbrächten. In einer PBS-Diskussion behauptete ein Teilnehmer, solche Bilder spiegelten »eine ungesunde Voreingenommenheit für das Baby« wider. Beachten Sie die Terminologie – »das Baby«. Die Ultraschalltechnik entlarvt das uralte Pro-Choice-Argument: »Es ist kein Baby.« Und nun sagen die Leute: »Was reden Sie da? *Natürlich* ist es ein Baby – Sie brauchen doch nur *hinzusehen*!«

Man muss die Leugnung überwinden

Der Holocaust war so böse, dass Worte allein ihn nicht beschreiben können. Berichte von den Todeslagern der Nazis waren schon seit Langem in amerikanischen Zeitungen veröffentlicht worden; als man aber begann, Bilder von den ermordeten Menschen zu zeigen, wachte die amerikanische Öffentlichkeit endlich auf. Gäbe es nicht diese Bilder, würden noch heute die wenigsten US-Amerikaner den Holocaust in seiner ganzen Dimension verstehen oder auch nur daran glauben.

Ich besuchte einen Universitäts-Campus, auf dem Angehörige einer Pro-Life-Gruppe Bilder von abgetriebenen Kindern neben Darstellungen von Opfern der Nazi-

---

98 Adam Cohen, »The Next Abortion Battleground: Fetal Heartbeats«, *Time*, 17. Oktober 2011.

Todeslager, der »Killing Fields«[99], der amerikanischen Sklaverei und anderer Verbrechen der jüngeren Geschichte zeigten. Schilder mit Warnungen vor diesen deutlichen Fotos waren überall sichtbar aufgestellt, sodass alle, die hinschauten, dies aus freien Stücken taten. Ich beobachtete, wie diese Fotos sowohl Studenten als auch ihre Dozenten ganz schweigsam werden ließen – auch solche, die am liebsten nicht geglaubt hätten, was sie da zu sehen bekamen.

Der Bioethiker Gregg Cunningham sagte dazu:

> Unrecht, das man nicht sehen kann,
> erscheint unausweichlich bald als erträglich;
> aber Unrecht, das sichtbar gemacht wird,
> wird unausweichlich unerträglich.[100]

Es wird Zeit, sich klar zu entscheiden

Es gibt Menschen, die wissen, dass Abtreibung Kinder tötet. Sie haben ihr Herz jedoch dermaßen verhärtet, dass sie sich nie mehr ändern werden – einerlei, wie die Faktenlage aussieht. Aber ich glaube, dass die meisten der Unentschiedenen in Sachen Abtreibung – und das ist ungefähr die Hälfte aller US-Amerikaner – sich eindeutig positionieren würden, wenn sie sich zwingen könnten, diese Bilder anzuschauen.

Für Lynn Morgan ist die Art und Weise, in der Pro-Life-Aktivisten Bilder von Ungeborenen anwenden, unerhört. Sie schreibt: »Die Bilder können nur ein solches Publikum beeinflussen, das an eine Sichtweise biologischer Schöpfung glaubt, welche den mikroskopisch kleinen Ereignissen

---

99 A. d. H.: Stätten der Massenmorde, die von den Roten Khmer zwischen 1975 und 1979 in Kambodscha begangen wurden.
100 Canadian Centre for Bio-Ethical Reform, »The New Abortion Caravan«; http://www.unmaskingchoice.ca/caravan (abgerufen am 19. 9. 2014).

enorme Bedeutung beimisst, die in der Gebärmutter einer Schwangeren vor sich gehen.«[101]

Immerhin ist kein Kind zu der Zeit mikroskopisch klein, wenn vom Arzt eine Abtreibung vorgenommen wird. Pro-Choice-Leute wie Morgan verraten ihre eigene innere Furcht und ihren Abscheu, wenn sie bei Fotos von Kindern, die durch Abtreibung getötet wurden, zornig werden. Ob sie es zugeben oder nicht, sie werden beim Anblick von Abtreibungsbildern ärgerlich, weil sie *sehr wohl* begreifen, dass solche Fotos das Töten wirklicher Babys dokumentieren. Und sie geraten in Zorn, weil sich dabei zeigt, dass sie etwas verteidigen, was man nicht verteidigen darf – Kindestötung. Das ist eine schwer zu tragende Last, wobei Wut und Ärger Methoden sind, davon abzulenken. Außerdem versucht man damit, die Schuld anderen zuzuschieben. (Ein besserer Weg wäre, die Wahrheit anzuerkennen und die Haltung zu ändern.)

Lag die Lösung in Bezug auf den Holocaust darin, die abscheulichen Bilder zu verbannen, oder lag sie darin, das Morden zu beenden?

Wenn die Bilder, die das Töten von Kindern zeigen, derart schrecklich sind, dass im Grunde niemand sie anschauen will, sollte dann das, was darauf zu sehen ist, eigentlich nicht zu schrecklich sein, um es zu verteidigen?

Liegt die Lösung des Problems darin, die Bilder von toten Kindern zu beseitigen? Oder sollte man nicht besser das Umbringen dieser Babys beenden?

---

101 Lynn Marie Morgan, *Icons of Life: A Cultural History of Human Embryos*, Berkeley und Los Angeles: University of California Press, 2009, S. 221.

Kapitel 7
Was macht ein menschliches Leben »bedeutungsvoll«?

Dr. William Harrison, der in drei Jahrzehnten[102] mehr als 20 000 Abtreibungen durchgeführt hat, meinte einmal: »Die wirkliche Frage in der augenblicklichen Abtreibungsdebatte ist nicht, wann das Leben beginnt, sondern ab wann es ein moralisch bedeutungsvolles Leben ist.«[103] Aber wer bestimmt, welches Leben bedeutungsvoll ist und welches nicht? Die Antwort lautet immer, dass Leute, die Macht haben, darüber entscheiden, ob das Leben Schwächerer Bedeutung hat.

Ein doppelter Maßstab

Peter Singer, Ethikprofessor an der Universität Princeton, sagte: »Das Leben eines Fötus ist nicht mehr wert als das Leben eines nichtmenschlichen Lebewesens auf einem ähnlichen Stand der Rationalität, des Selbstbewusstseins, der Bewusstheit, der Fähigkeit zu fühlen usw.«[104] (Eltern, die dafür bezahlen, dass ihre Kinder bei Singer studieren können, sollten wissen, dass er auch an eine moralische Rechtfertigung zur Tötung alter Menschen glaubt.[105])

Der Abtreibungsarzt Jim Newhall aus Portland (Oregon) sagte: »Nicht jedem ist es bestimmt, geboren zu werden. Ich glaube, für ein Baby beginnt das Leben, wenn seine

---

102 Douglas Martin, »Dr. William Harrison, Defender of Abortion Rights, Dies at 75«, *New York Times*, 25. September 2010.

103 Mary Fischer, »A New Look at Life«, *Reader's Digest*, Oktober 2003, S. 95-103.

104 Peter Singer, *Practical Ethics*, New York: Cambridge University Press, 1979.

105 Peter Singer, FAQ [Frequently Asked Questions], Princeton University; http://www.princeton.edu/~psinger/faq.html (abgerufen am 19. 9. 2014); vgl. insbesondere Teil III (»The Sanctity of Human Life«).

Mutter es haben will.«[106] Werde ich also erst dann ein wirklicher Mensch, *wenn* – und *falls* – jemand anders mich wertschätzt?

Im Urteil des Prozesses *Roe v. Wade* von 1973 stellte der Oberste Gerichtshof der USA die Frage, ob die Ungeborenen »bedeutungsvolles« Leben besäßen. Aber *bedeutungsvoll für wen?* Betrachtet nicht jedes menschliche Wesen im Nachhinein auch sein eigenes Dasein im Mutterleib als bedeutungsvoll? Denn wenn es abgetrieben worden wäre, lebte es jetzt nicht mehr.

Lesen Sie in der Geschichte: Die Weißen entschieden, die Afroamerikaner seien »weniger Mensch« als sie. Männer entschieden, Frauen hätten weniger Rechte. Die Nazis entschieden, das Leben von Juden sei nicht von Bedeutung. Nun haben Erwachsene entschieden, kleine Menschen seien nicht bedeutungsvoll genug, um Rechte zu haben.

Personalität ist nicht etwas, was menschlichen Wesen von Professoren der US-amerikanischen Elite-Universitäten zuerkannt werden muss, die sich zum Ziel gesetzt haben, die Gesellschaft von »Unerwünschten« zu befreien. Personalität hat einen Wert in sich, der daher kommt, dass man ein Mensch ist. Nach der Bibel gehört das zu unserer Gottesebenbildlichkeit.

Lebensfähigkeit

Im Prozess *Roe versus Wade* definierte der Oberste Gerichtshof der USA »Lebensfähigkeit« als den Augenblick, in dem das Ungeborene »möglicherweise in der Lage wäre, außerhalb des Mutterleibes, wenn auch mit künstlicher Hilfe, zu

---

106 Jim Newhall, zitiert in: Maureen O'Hagan, »Cross Hairs to Bear«, *Willamette Week*, 3. Mai 1995.

überleben«[107]. Den entscheidenden Punkt, wann dies der Fall ist, sah man in der Entwicklung der kindlichen Lungen.

Aber warum macht man den Lebenswert von der Entwicklung der kindlichen Lungen abhängig? Warum sagt man nicht, das Kind würde in der vierten Woche zu einem Menschen, wenn das Herz zu schlagen anfängt? Oder in der sechsten Woche, in der die ersten Gehirnströme messbar sind? (Beides wäre genauso willkürlich, doch würden dadurch alle Abtreibungen unterbunden, die man jetzt ausführt.) Man könnte auch argumentieren, Personalität begänne, wenn das Ungeborene am Daumen lutscht oder auf Licht und Geräusche reagiert. Oder warum sagt man nicht, die Personalität finge an, wenn das Kind seine ersten Schritte macht oder aufs Töpfchen geht?

Lebensfähigkeit hängt nicht nur vom Kind ab, sondern auch von unserer medizinischen Technik, um Leben zu retten. Was wird geschehen, wenn wir in der Lage sind, das Leben schon nach der 15. Woche oder früher zu erhalten? Werden solche Kinder dann plötzlich Menschen und ihr Leben erhaltenswert? Können wir ernsthaft glauben, dass vor zwei Jahrzehnten in der 22. SSW geborene Kinder keine Menschen waren, jetzt aber wohl, weil wir über verbesserte Technik verfügen? Oder könnten wir annehmen, dass ein heute gerade noch nicht lebensfähiges Ungeborenes in der 19. SSW kein menschliches Wesen ist, in zehn Jahren aber wohl, weil dann die Krankenhäuser besser ausgestattet sein werden?

Hängt das, was uns ein Baby bedeutet und was es uns wert ist, davon ab, in welchem Krankenhaus oder Land es zur Welt kommt, weil manche Kliniken in der Lage sind,

---

107 *Roe v. Wade*, 410 U.S. 113 (1973), 38.

Kinder in der 20. SSW zu retten, und andere ein Kind erst in der 29. SSW retten können? Die technischen Möglichkeiten verändern sich, die Babys nicht. Ganz gewiss können wir nicht glauben, dass die Höhe des technischen Standards der Systeme, die zur Lebenserhaltung eingesetzt werden, darüber entscheidet, ob es wirklich um einen Menschen geht und wie viel er uns wert ist!

Im Februar 2012 entschied ein Richter am obersten Gericht von Alabama zugunsten einer Frau, die ihre Ärzte verklagte, durch Behandlungsfehler den Tod ihres Babys verschuldet zu haben, mit dem sie erst im dritten Monat schwanger war. Sein Standpunkt war, dass die im Prozess *Roe v. Wade* aufgestellten Normen für die Lebensfähigkeit wegen der seither erzielten medizinischen Errungenschaften – durch die erfolgte Rechtsprechung und die allgemeine Gesetzgebung gedeckt – aufgegeben werden sollten. Es hätte sich nämlich gezeigt, dass die Lebensfähigkeit eines Fötus von der Technik abhängt, die ihn überwacht.[108]

Doch nach wie vor gilt: Es gibt nur einen objektiven Beginn, nur einen Augenblick, an dem ein Mensch eben noch nicht war und nun existiert. Dieser Zeitpunkt ist die Empfängnis.

Was die Wissenschaft über »Bedeutsamkeit« sagt

Was macht die Bedeutsamkeit eines Lebens aus? Es ist eine wissenschaftliche Tatsache, dass in ungeborenen Babys Denkprozesse ablaufen. Die Nachrichtenagentur Associated Press berichtete von einer US-amerikanischen Studie, die

---

108 Fox News, »Alabama Court's Wrongful Death Ruling Used to Recommend Abandoning ›Roe‹ Viability Argument«, 20. Februar 2012;
http://www.foxnews.com/politics/2012/02/20/alabama-courts-wrongful-death-ruling-used-to-recommend-abandoning-viability/ (abgerufen am 19.9.2014).

zeigt, dass »Babys etwas über die Beschaffenheit ihrer Sprache lernen, bevor sie geboren werden«. Noch im Leib der Mutter »hören, verstehen, erlauschen und lernen die betreffenden Föten etwas, was den akustischen Aufbau des amerikanischen Englisch betrifft«[109].

Diese und weitere Tatsachen wurden in späteren Studien erhärtet,[110] sodass Experten für vorgeburtliche Entwicklung dringend dazu raten, die »Erziehung« schon mit der Empfängnis intensiv zu beginnen.[111]

Schon 1991 berichtete *Newsweek*: »Das Leben im Mutterleib stellt ein neues Ziel für die Erforschung der menschlichen Entwicklung dar; schon die ersten Erkenntnisse auf diesem Gebiet … haben überraschende Entdeckungen erlaubt.«[112] Der Artikel fährt dann fort: »Ohne jede Übertreibung kann der Fötus zu Recht als ein Wunderwerk bezeichnet werden, was Verständnis, Bewusstsein und Empfindungsvermögen betrifft.« Schon vor Jahrzehnten hatten Wissenschaftler Wahrnehmungsvermögen bereits im zweiten Drittel (Trimester) der Schwangerschaft festgestellt.[113] Die außerordentlichen Fähigkeiten eines vorgeburtlichen Kindes wurden bereits in wissenschaftlichen Studien hinreichend dokumentiert, die bis in die 1970er- und frühen 1980er-Jahre zurückgehen.

109 Associated Press, zitiert in: Christian Action Council's *Action Line*, März – April 1991.

110 »Babies' Language Learning Starts from the Womb«, *Science Daily*, 5. November 2009; aus: Birgit Mampe u. a., »Newborns' Cry Melody Is Shaped by Their Native Language«, *Current Biology*, 5. November 2009; http://www.cell.com/current-biology/abstract/S0960-9822%2809%2901824-7 (abgerufen am 1. 10. 2014).

111 David B. Chamberlain, »Introduction to Life before Birth«, *Birth Psychology*; http://birthpsychology.com/free-article/introduction-life-birth (abgerufen am 19. 9. 2014).

112 Sharon Begley, »Do You Hear What I Hear?«, *Newsweek*, Sonderausgabe, Sommer 1991, S. 12.

113 Ebenda.

Zu Beginn des zweiten Schwangerschaftsabschnittes bewegt das Baby seine Hand, um die Augen vor dem hellen Licht abzuschirmen, das durch den Leib der Mutter dringt. »Der Fötus reagiert auch auf Töne, deren Frequenzen so hoch und so niedrig sind, dass das Ohr eines Erwachsenen sie nicht wahrnehmen kann.«[114] Er hört laute Musik und bedeckt die Ohren bei lauten Geräuschen aus der Umwelt.

Neuere Forschungen zeigen, dass »das Gehirn des sich entwickelnden Embryos alle 20 bis 40 Minuten zwischen REM-Schlaf (in dem die Gehirnaktivität auf Bewusstsein hindeutet) und Non-REM-Schlaf (in dem das Gehirn ruht) wechselt«[115].

Können wir wirklich sagen, dass ein Ungeborenes fähig ist zu träumen, während es gleichzeitig außerstande sein soll zu denken?

Studien zeigen, dass am Ende des zweiten Trimesters »die neuronalen Schaltkreise des Gehirns genauso entwickelt sind wie bei einem Neugeborenen«[116].

Und doch ist es in den USA legal, ein Kind im zweiten Trimester (15. bis 27. SSW) zu töten – ein empfindungsfähiges, denkendes menschliches Wesen! (Natürlich ist es auch dann schon ein Kind, wenn seine Neuronalnetze noch *nicht* so weit entwickelt sind wie bei einem Neugeborenen.)

Es scheint undenkbar, dass jemand, der die gegenwärtige Legalität der Abtreibung im mittleren und letzten Trimester verteidigen könnte, sich über die Faktenlage der pränatalen

---

114 H. B. Valman und J. F. Pearson, »What the Fetus Feels«, *British Medical Journal* 280, Nr. 6209 (26. Januar 1980), S. 233-234.

115 »Baby's First Dreams: Sleep Cycles of the Fetus«, *Science Daily*, 14. April 2009; http://www.sciencedaily.com/releases/2009/04/090413185734.htm (abgerufen am 19. 9. 2014).

116 Sharon Begley, »Do You Hear What I Hear?«, a. a. O., S. 14.

Entwicklung im Klaren ist. Doch die Pro-Choice-Verfechter verteidigen eiskalt solche Abtreibungen.[117]

Selbst dort, wo die Abtreibungen mithilfe chemischer Mittel vorgenommen werden, ist der Tod genauso real und bedeutsam, auch wenn dem Ungeborenen vor dessen Denkfähigkeit das Leben genommen wird. Es geht um ein Kind, das – unterbliebe die Abtreibung – einen Namen bekommen und in eine Familie hineingeboren werden würde und dem ein ganzes Leben bevorstände, doch all das ist ihm nun verwehrt.

Ganz sicher kann man das Problem der Beendigung eines Lebens nicht dadurch lösen, dass man den entsprechenden Zeitpunkt vorverlegt. Vielmehr kann man es nur dadurch lösen, indem man das Leben überhaupt nicht beendet.

Eine mangelhafte Ethik

Professor Singer sagt: »Wenn wir ein schwerstbehindertes menschliches Kind mit einem nichtmenschlichen Lebewesen, wie etwa mit einem Hund oder Schwein, vergleichen, werden wir oft feststellen, dass die Tiere sowohl tatsächlich als auch potenziell höhere Fähigkeiten besitzen, was Verstand, Selbstwahrnehmung, Kommunikationsfähigkeit oder andere Dinge betrifft, die man vernünftigerweise für moralisch signifikant halten kann.«[118]

Er meint, der individuelle menschliche Wert sei durch die Nützlichkeit für andere bestimmt: »Wenn der Tod eines

---

117 In einem Kurzvideo mit dem Titel »The Truth about Abortion (Dilation and Extraction)« (A. d. H.: »Die Wahrheit über Abtreibung [Ausschabung und Absaugung/Vakuumaspiration]«) wird eine Methode der Spätabtreibung beschrieben, 10. Februar 2010; URL: http://www.youtube.com/watch?v=Q6rqYUFfeMc (abgerufen am 19.9.2014).

118 Peter Singer, »Sanctity of Life or Quality of Life«, Pediatrics, Juli 1983, S. 129.

behinderten Säuglings zur Geburt eines anderen Säuglings führt, der bessere Aussichten auf ein glückliches Leben hat, wird die Gesamtsumme des Glücks zunehmen, wenn der behinderte Säugling getötet wird. Der Verlust an Lebensglück für den ersten Säugling wird durch den Gewinn an Lebensglück für den zweiten mehr als aufgewogen. Wenn daher die Tötung eines hämophilen Säuglings keine nachteilige Wirkung auf andere hat, wäre es im Blick aufs Ganze richtig, ihn zu töten.«[119]

Als Singer in Princeton zu lehren begann, erhielt er Proteste von Angehörigen der Gruppe »Not Dead Yet«[120], die sich für die Rechte Behinderter einsetzt. Sie nahmen an Singers Büchern Anstoß, in denen steht, dass es rechtens sein solle, behinderte Säuglinge sowie geistig behinderte Kinder und Erwachsene zu töten.

Die Logik von Pro-Choice begann mit Abtreibung, doch sie hörte damit nicht auf. Hat man erst mit dem Töten Ungeborener angefangen, ist kein schwacher oder behinderter Mensch mehr sicher. Hat der Behinderte ein bedeutsames Leben? Wie sieht es mit den Alten aus? Wenn alle, die nicht denken können, kein Recht auf Leben haben, was ist dann mit denen, die nicht in der rechten Weise denken?

Dr. Charles Hartshorne von der University of Texas bestätigte Singers Ethik: »Natürlich ist ein Kleinkind nicht im vollen Sinn Mensch … Ich habe wenig Sympathie für den Gedanken, dass Kindestötung nur eine andere Form von Mord sei. Personen, die von ihren Lebensfunktionen

---

119 Sylvia Nasar, »Princeton's New Philosopher Draws a Stir«, *New York Times*, 10. 4. 1999; http://people.brandeis.edu/~teuber/singerdrawsastir.html (abgerufen am 22. 9. 2014); Auszug aus: Peter Singer, *Practical Ethics*, 2. Ausgabe, New York: Cambridge University Press, 1993.
120 A. d. H.: Svw. »Noch nicht tot« (US-amerikanische Organisation für unheilbar Kranke und Behinderte).

her bereits im vollen Wortsinn Personen sind, haben sogar bedeutendere Rechte als Kinder.«[121]

Ist noch irgendjemand sicher?

Der Ethikprofessor David Boonin argumentiert, Abtreibung sei »moralisch anfechtbar« und doch »moralisch erlaubt«. Sie sei erlaubt, wie er sagt, weil Abtreibung eventuell »insgesamt Glück« hervorrufen kann.[122] Wie Singer übersieht Boonin die Tatsache, dass dieselbe subjektive Glücksvorstellung (wenn man sie an Bequemlichkeit und daran misst, dass Stress oder finanzielle Nöte wegfallen) auch erreicht werden kann, wenn man nicht nur den Ungeborenen, sondern auch anderen Leuten das Leben nimmt. Wenn etwas erst einmal als moralisch erlaubt betrachtet wird, weil es anscheinend »Glück« hervorruft, dann gibt es nichts mehr, was ihm im Weg stehen darf.

Im Jahr 2012 verfassten zwei Ethiker einen Artikel für das *Journal of Medical Ethics*. Sie argumentierten, man solle Abtreibung auch bei Neugeborenen erlauben, indem man sie zu »Unpersonen« erklärt. Sie schrieben, dass »sich Umstände nach der Geburt ereignen können, die eine Abtreibung gerechtfertigt hätten. Was wir nachgeburtliche Abtreibung nennen, sollte erlaubt werden.« Die Autoren behaupten: »Sowohl Föten als auch Neugeborene sind gewiss menschliche Wesen und potenzielle Personen, doch beide nicht im Sinne eines ›Subjekts, das ein moralisches

---

121 Charles Hartshorne, »Concerning Abortion: An Attempt at a Rational View«, *Christian Century*, 21. Januar 1981, S. 42-45.
122 David Boonin, *A Defense of Abortion*, New York: Cambridge University Press, 2003, S. 5-9.

Recht auf Leben hat‹.«[123] Hinter den meisten Diskussionen darüber, was ein bedeutungsvolles Leben ist, steht eine Philosophie des Utilitarismus[124]. Nützen geistig oder körperlich behinderte Menschen den Gesunden und Einflussreichen, oder sind sie uns eine Last? Und wenn sie uns lästig sind, haben sie dann die Pflicht zu sterben?[125]

Wie eine Feministengruppe ausführte, ist künftig niemand sicher, wenn ungeborene Kinder nicht mehr sicher sind:

> Wenn wir irgendein lebendiges Mitglied der Spezies *Homo sapiens* nehmen und es außerhalb des Bereichs gesetzlichen Schutzes stellen, unterhöhlen wir den Schutz vor Diskriminierung für alle anderen ebenfalls. Die Basis für die Gleichbehandlung nach dem Gesetz liegt darin, dass es genügt, Mitglied dieser Spezies zu sein, um zu der menschlichen Gesellschaft zu gehören, wobei Rasse, Geschlecht, Behinderung, Alter, Entwicklungsstand, Abhängigkeitsverhältnis, Wohnort oder Besitzstand keine Rolle spielen.[126]

Wenn man erst einmal die Abtreibung als Mittel zur Verringerung der Anzahl von Kindern akzeptiert hat, wird dann

123 Zitiert in: Liz Klimas, »Ethicists Argue in Favor of ›After-birth Abortions‹ as Newborns Are ›Not Persons‹«, *The Blaze*, 27. Februar 2012; http://www.theblaze.com/stories/2012/02/27/ethicists-argue-in-favor-of-after-birth-abortions-as-newborns-are-not-persons/ (abgerufen am 22. 9. 2014).

124 A. d. Ü.: D. h. der Nützlichkeitsmoral.

125 Alberto Giubilini und Francesca Minerva, Abstract »After-birth Abortion: Why Should the Baby Live?«, *Journal of Medical Ethics*, http://jme.bmj.com/content/early/2012/03/01/medethics-2011-100411.full (abgerufen am 22. 9. 2014); ebenso: Wesley J. Smith, »The ›Duty to Die‹ Advances«, *Free Republic*, Oktober 2011; http://www.freerepublic.com/focus/f-news/2795716/posts (abgerufen am 22. 9. 2014).

126 Vgl. *Feminists for Life Debate Handbook*, Kansas City, MO: Feminists for Life of America, n. d., S. 9.

die Gesellschaft am Ende versucht sein, die Euthanasie als Mittel einzusetzen, um die Zahl der Alten zu begrenzen?[127] Wenn bereits 1984 der damalige Gouverneur von Colorado im Blick auf die Kosten für eine längere Lebenszeit den alten Menschen sagen durfte, sie hätten eine »Pflicht zu sterben«[128], was wird dann im Jahr 2024 geschehen, wenn eine relativ kleine Schar von Steuerzahlern (eine viel kleinere Schar aufgrund der Abtreibungen) verantwortlich sein wird für die medizinische Fürsorge einer riesigen Zahl von Rentnern? Wenn die Alten nicht von selbst gehen, wird die Gesellschaft dann beginnen, gewaltsam dafür zu sorgen?

Wer wird der Nächste sein?

Im Jahr 1985 gab C. Everett Koop, der damalige Leiter des staatlichen Gesundheitsdienstes in den USA, öffentlich seiner Furcht Ausdruck, dass am Ende die zwangsweise Euthanasie eingeführt werden könnte, weil die jüngere Generation nicht mehr bereit sei, die ältere hinreichend zu unterstützen. Einem Baby aus Bloomington (Indiana) mit Downsyndrom, weithin bekannt als »Baby Doe«, wurde von seinen Eltern eine lebensrettende Routine-Operation verweigert, obwohl sie wussten, dass ihr Kind dann sterben würde, was auch geschah. Koop sagte: »Ich fürchte, dass eines Tages auf jedes

---

127 In Bezug auf eine Behandlung der biblischen und ethischen Fragen, die mit der Euthanasie verbunden sind, siehe Randy Alcorn, »Euthanasia: Mercy or Murder?«, 1986/14. Januar 2010; http://www.epm.org/euthanas.html (abgerufen am 22.9.2014).

128 »Gov. Lamm Asserts Elderly, if Very Ill, Have ›Duty to Die‹«, 29. März 1984; http://www.nytimes.com/1984/03/29/us/gov-lamm-asserts-elderly-if-very-ill-have-duty-to-die.html (abgerufen am 22.9.2014). Beachten Sie, dass die Redaktion der *New York Times* am 23. November 1993 eine Anmerkung zu dem Zeitungsartikel von 1984 veröffentlicht hat, worin jene Worte zitiert werden, mit denen Lamm seine damalige Aussage klarstellt.

›Baby Doe‹ in Amerika zehntausend ›Oma Does‹ kommen werden.«[129]

Wenn die Mächtigen und Einflussreichen in der Gesellschaft den ganz Jungen ihre Rechte nehmen dürfen, wäre es dann eine Überraschung, wenn sie diese Rechte auch den ganz Alten und Kranken sowie den Schwachen streitig machen werden … weil sie »nutzlos« sind?

Wie verdreht ist die Gesellschaft, die für die Behinderten spezielle Parkplätze ausweist und dann aufhört, ihnen zu essen und zu trinken zu geben, wenn sie in einem Krankenhausbett liegen und nicht mehr produktiv sein können?

Die Abtreibungspraxis hat uns auf eine gefährliche Bahn gebracht. Entweder wir kommen wieder zu Verstand und kehren von diesem Weg ins Verderben um, oder wir gehen ihn bis zu seinem unausweichlichen Ende weiter. Dann wird aus uns eine Gesellschaft, in der die Mächtigen und Einflussreichen aus reinem Eigennutz bestimmen, welche Menschen leben dürfen und welche sterben müssen.

Der Biologe Dr. Leon Kass von der University of Chicago sagt im Blick darauf, in welche Richtung sich die moderne Wissenschaft und Medizin entwickelt: »Die Erosion unseres Menschenbildes ist für uns schon zu erkennen: Der Mensch ist nicht mehr das wunderbare und in Gottes Ebenbild geschaffene Wesen, ein Geschöpf mit Freiheit und Würde. Aber dessen können wir gewiss sein: Wenn wir so weit kommen, dass wir uns nur noch als Fleisch betrachten, dann werden wir zu Fleisch werden.«[130]

---

129 C. Everett Koop, *Action Line: Christian Action Council Newsletter* 9, Nr. 5 (12. Juli 1985), S. 3. A. d. H.: Die Anführungszeichen innerhalb des Zitats wurden eingefügt.

130 Zitiert in: George Will, *The Pursuit of Happiness and Other Sobering Thoughts*, New York: Harper Colophon, 1978, S. 62-63.

So sieht die Welt aus, die durch die Rhetorik der Ab-
treibungsrechts-Bewegung entstanden ist. Ist das die Welt,
in der nach Ihrem Willen Ihre Kinder und Enkel leben sollen?

Teil III: Die Frau

Kapitel 8
Ist Abtreibung wirklich ein Frauenrechts-Thema?

Kate Michelman, die frühere Präsidentin von NARAL, sagte: »Wir müssen die Leute daran erinnern, dass die Abtreibung der Garant … für das Recht der Frauen auf volle Teilhabe am sozialen und politischen Leben unserer Gesellschaft ist.«[131] Aber die weithin vergessene Wahrheit ist, dass die frühen Frauenrechtlerinnen den Abtreibungen sehr feindlich gegenüberstanden. Susan B. Anthony nannte Abtreibung von Ungeborenen »Kindesmord«[132].

Unschuldige menschliche Wesen umbringen zu können, wurde noch in keiner zivilisierten Gesellschaft als Menschenrecht angesehen. Eine schwangere Frau kann *durchaus* in vollem Maße am Leben in dieser Gesellschaft teilhaben. Und wenn sie es nicht kann, sollte man sich fragen: Besteht die Lösung nicht eher darin, dass man die Gesellschaft verändert, als dass man ihr erzählt, sie könne sich dadurch helfen, dass sie ihre Kinder umbringt?

Wie kann man den Frauen Gleichberechtigung ermöglichen, ohne ihnen die reproduktive Selbstbestimmung zu nehmen? Das fragt sich die Organisation Feminists for Life – eine Gruppe, die sowohl für Frauenrechte als auch für die Rechte der Ungeborenen kämpft. Die Antwortet darauf lautet so:

---

131 Kate Michelman, zitiert in: *New York Times*, 10. Mai 1988.
132 Susan B. Anthony in: *The Revolution*, 4(1):4, 8. Juli 1869. (A. d. H.: *The Revolution* war eine von ihr mitherausgegebene Zeitschrift der damaligen Frauenrechtsbewegung.)

Diese Frage geht von der Prämisse der männlichen Vorherrschaft während der vergangenen Jahrtausende aus – von der Behauptung, es sei naturbedingt, dass der Mann höher und die Frau niedriger stehe. Nun bietet man medizinische Technik als Lösung an, um Gleichheit herzustellen, aber dieser Ansatz geht von einer falschen Annahme aus … Es ist ein Angriff auf die Frauen, ihnen zu sagen, die Frauen müssten erst ihre biologischen Gegebenheiten ändern, um passend für die Gesellschaft zu werden.[133]

Schwangerschaft ist keine Krankheit

In ihrem Essay »Feminism: Bewitched by Abortion«[134] argumentiert die Umweltaktivistin Rosemary Bottcher, dass der Feminismus die Frauen degradiert habe, indem er sie für unfähig erklärte, mit dem Stress und den Schwierigkeiten der Schwangerschaft anders umgehen zu können, als zum Töten ihrer Kinder Zuflucht zu suchen.[135]

Trotz aller Zeugnisse der Menschheitsgeschichte, in denen die Schwangerschaft als normativer Stressfaktor angesehen wird, und trotz der reproduktiven Fähigkeit der Frau ziehen Pro-Choice-Verfechter und der Oberste Gerichtshof der USA es vor, Schwangerschaft als Krankheit zu betrachten. Wenn man Abtreibung legalisiert, unterstellt man, Schwangerschaft sei heutzutage dermaßen traumatisierend, dass sie ein ernst zu nehmendes Risiko für das Leben der Frau darstellt.

---

133 Vgl. *Feminists for Life Debate Handbook*, Kansas City, MO: Feminists for Life of America, n. d., S. 17.

134 A. d. Ü.: Svw. »Feminismus: Benebelt von der Abtreibung«.

135 Rosemary Bottcher, »Feminism: Bewitched by Abortion«, in: Dave Andrusko, Hrsg., *To Rescue the Future*, New York: Life Cycle Books, 1983.

Es entbrennen heiße Debatten darüber, ob die Gesundheitsfürsorge für Abtreibungen bezahlen soll und ob man Arbeitgeber, deren Gewissen ihnen eine Unterstützung von Abtreibungen verbietet, zwingen sollte, dies zu tun, indem sie für Gesundheitsprogramme zahlen müssen, die sich für Abtreibungen einsetzen.

Aber der erschreckendste Aspekt in dieser Diskussion ist der, dass man Abtreibung, also Kindstötung, behandelt, als sei sie dasselbe wie die operative Entfernung eines Tumors. Schwangerschaft ist keine Krankheit. Ein Kind ist kein Tumor. Abtreibung ist keine Gesundheitsfürsorge.

Riskante Entscheidung ohne vollständige Aufklärung

Es ist bemerkenswert, dass Abtreibung vom Gesetz besonders behandelt wird. Pro-Choice-Gruppen widerstehen beständig den Bemühungen, dass Abtreibungen wie alle chirurgischen Eingriffe behandelt werden, wenn es darum geht, die Patientin über den Eingriff und über die Risiken aufzuklären. Scheinbar glauben sie nicht, dass Frauen in der Lage sind, intelligente Entscheidungen zu fällen, wenn ihnen die Fakten präsentiert werden.

Den meisten Pro-Choice-Verfechtern erscheint schon die schlichte Forderung nach einer »Einverständniserklärung« als Bedrohung. Die Pro-Choice-Aktivistin und Bloggerin A. B. Stevens reagierte auf ein solches Gesetz, indem sie Folgendes schrieb: »Dieses Gerede von einer ›Einverständniserklärung‹ dient nur als fadenscheinig bemäntelter Versuch, die Frauen zu beschämen, die eine Abtreibung wünschen.«[136]

---

136 Angi Becker Stevens, »The Hypocrisy of ›Informed Consent‹ Abortion Laws«, RH Reality Check: Reproductive & Sexual Health and Justice – News, Analysis and Commentary, Blog vom 15. April 2011; http://www.rhrealitycheck.org/blog/2011/04/14/hypocrisy-informed-consent (abgerufen am 22. 9. 2014).

Dient die Abtreibung wirklich der Unterstützung und Stärkung von Frauen, oder geht es da um etwas anderes? Unterstellt man Frauen nicht das Schlimmste, wenn man sie für außerstande hält, die Ergebnisse von Studien zu hören, die das medizinische Risiko von Abtreibungen und die Tatsachen in Bezug auf die Entwicklung ihres ungeborenen Kindes betreffen?

Nachdem man diese Fakten den Frauen verschwiegen hat, werden diese eines Tages – vielleicht Monate oder Jahre nach einer Abtreibung – verstehen, was schon längst bekannt war. Warum scheint dies den Pro-Choice-Verfechtern einerlei zu sein? Sie werden sich über die Worte wundern, die ich von Frauen immer wieder gehört habe: »*Warum hat mir niemand die Wahrheit gesagt, als ich noch eine Wahlmöglichkeit hatte?*«

Abtreibung – ein Geschäft

Die Bilanz der Planned Parenthood Federation weist für 2009 – 2010 einen Gewinn von mehr als 1 Mrd. Dollar aus. Erstaunliche 46 Prozent davon stammen von den Steuerzahlern.[137] Pro-Choice-Gruppen geben selten zu, dass sie 460 Mio. Dollar an Steuergeldern erhalten haben. Dabei sind viele Steuerzahler aus moralischen Gründen gegen diese Praxis eingestellt, die sich zu einer regelrechten »Abtreibungsindustrie« ausgeweitet hat.

Die Pro-Life-Aktivistin Lila Rose und ihr Filmteam hielten bei mehreren Gelegenheiten mit der Kamera fest, wie sich die Leitung von Planned Parenthood für Zahlungen zu-

---

137 Planned Parenthood Federation of America, *Annual Report* 2009 – 2010, 30. Juni 2010, S. 6; http://issuu.com/actionfund/docs/ppfa_financials_2010_122711_web_vf?mode=window&viewMode=doublePage (abgerufen am 22. 9. 2014).

gunsten von Abtreibungen einsetzte.[138] In einem mit »versteckter Kamera« gefilmten Beitrag, der am 13. Januar 2011 von CBS und ABC News ausgestrahlt wurde, bot eine Beraterin von Planned Parenthood in New Jersey an, Kontakte ins Zwangsprostituiertenmilieu aufzubauen. Die Absicht war, an minderjährigen, nicht Englisch sprechenden Mädchen, die höchstwahrscheinlich gekidnappt waren, Abtreibungen vorzunehmen. Die Mitarbeiterin ging bei dem gestellten Beratungsgespräch davon aus, dass es sich um einen Zuhälter und einen seiner Kollegen handelte.[139]

Planned Parenthood gab allein im Jahr 2010 – als nur wenige Wahlen anstanden – mehr als 1 Mio. Dollar aus, um Pro-Choice-Kandidaten zu unterstützen. Im gleichen Jahr zahlte die Organisation über 600 000 Dollar an Interessenvertreter, um für die Abtreibungsindustrie zu werben.

Im April 2011, mitten in der Debatte über die Anhebung der gesetzlich festgelegten Schuldenobergrenze zur Gewährleistung der Handlungsfähigkeit der US-Regierung, schickte Planned Parenthood an alle führenden Medien einen Brief, in dem sie eindringlich davor warnte, darüber zu berichten, dass der Haushaltsnotstand aufgrund der Auseinandersetzungen um »die Abtreibungsfinanzierung« eingetreten sei. National Public Radio (NPR) veröffentlichte den Brief, in dem es u. a. heißt:

138 »Planned Parenthood Aids Pimp's Underage Sex Ring«, Blog von Live Action,
   1. Februar 2011;   http://liveaction.org/blog/planned-parenthood-aids-sex-ring-
   full-footage/ (abgerufen am 22. 9. 2014). Susan K. Livio, »Englewood Health
   Clinic Faces NJ Inquiry after Undercover Video«, NJ.com, 3. Februar 2011;
   http://www.nj.com/news/index.ssf/2011/02/englewood_health_clinic_faces.html
   (abgerufen am 22. 9. 2014).
139 Devlin Dwyer, »Abortion Activists Attempt to Discredit Planned Parenthood
   with Second Video«, ABC News, 4. Februar 2011;
   http://abcnews.go.com/Politics/activists-targeting-planned-parenthood-release-
   undercover-video/story?id=12831614 (abgerufen am 22. 9. 2014).

Mehrere Medien haben berichtet, dass es wegen der Debatte um die Finanzierung von Abtreibungen auf dem Capitol Hill zum Haushaltsnotstand gekommen sei. Dies ist völlig unzutreffend. Das Ganze ist lediglich ein politisches Gesprächsthema …

Es geht nicht um die Finanzierungsdebatte von Abtreibungen, sondern man debattiert über die Ankündigung, [Planned Parenthood] … von der Beteiligung an bestehenden landesweiten Programmen auszuschließen.[140]

Planned Parenthood gibt an, 90 Prozent der betreffenden Dienstleistungen hätten nichts mit Abtreibung zu tun, aber der entsprechende Jahresbericht zeigt, dass 329 445 Abtreibungen durchgeführt wurden. Das entspricht 91 Prozent der Dienstleistungen dieser Organisation.[141] Aufgrund dessen ist Planned Parenthood der weitaus größte Anbieter von Abtreibungen in den USA.

»Planned Parenthood macht sich neuerdings Skype zunutze, um Medikamente zur Einleitung von Schwangerschaftsabbrüchen zu verbreiten, und verlangt von allen Zweigorganisationen, dass sie bis 2013 Abtreibungsdienste anbieten. Das beweist die Absicht dieser Organisation, den Trend zu vermehrten Abtreibungen beizubehalten.«[142]

140 Frank James, »Planned Parenthood: Budget Fight about Us, Not Abortion Funding«, *NPR: It's All Politics*, NPR-Blog, 8. April 2011; http://www.npr.org/blogs/itsallpolitics/2011/04/08/135236230/planned-parenthood-budget-fight-about-us-not-abortion-money (abgerufen am 22. 9. 2014).

141 »New Planned Parenthood Annual Report Confirms Abortions Total 91 % of Pregnancy Services«, Blog von Live Action, 3. Januar 2012; http://liveaction.org/blog/new-planned-parenthood-annual-report-confirms-abortion-makes-up-91-of-pregnancy-related-services/ (abgerufen am 22. 9. 2014).

142 Charmaine Yoest, »Five Truths about Planned Parenthood«, *National Review*, 26. April 2011; http://www.nationalreview.com/articles/265590/five-truths-about-planned-parenthood-charmaine-yoest (abgerufen am 22. 9. 2014).

Serrin Foster, die Präsidentin der Feminists for Life, sagt, dass historisch gesehen Frauen die ersten Aktivisten gegen die Abtreibung waren. Sie schrieb: »Ich weiß, dass die frühen amerikanischen Feministinnen ohne Ausnahme die Abtreibung mit den denkbar schärfsten Worten verurteilten.«[143]

Frühe Pro-Life-Feministinnen

Susan B. Anthony setzte sich für die Rechte der Frauen ein, als Frauen noch nicht wählen durften. Sie sah in der Abtreibung ein Mittel, um sowohl Frauen als auch Kinder auszubeuten. Sie schrieb: »Ich verurteile das schreckliche Verbrechen des Kindesmordes … Es ist einerlei, worin das Motiv besteht – Liebe zur Bequemlichkeit oder das Verlangen, dem unschuldigen Ungeborenen Leiden zu ersparen: Die Frau, die eine solche Tat begeht, macht sich furchtbar schuldig.«[144] Ihre Zeitschrift, *The Revolution,* argumentierte: »Wenn eine Frau das Leben ihres ungeborenen Kindes zerstört, ist das ein Zeichen dafür, dass sie durch Erziehung oder Umstände auf schreckliche Weise irregeführt wurde.«[145]

Alice Paul war die Mitverfasserin der Originalversion des *Equal Rights Amendment* (ERA)[146] – eines Dokuments, das ein Meilenstein in der Geschichte des Feminismus war. Sie nannte Abtreibung die »ultimative Ausbeutung von Frauen«[147]. Abtreibungsverfechter versuchen jedoch an-

143 Serrin Foster, »The Feminist Case against Abortion«, *The Commonwealth* (13. September 1999); http://feministsforlife.org/-news/commonw.htm (abgerufen am 22. 9. 2014).
144 Susan B. Anthony, *The Revolution*, 8. Juli 1869, S. 4.
145 Mattie Brinkerhoff, *The Revolution*, 9. April 1868, S. 215-216.
146 A. d. Ü.: Zusatzartikel zur US-amerikanischen Verfassung, der die Gleichberechtigung der Frauen zum Inhalt hat.
147 Guy M. Condon, »You Say Choice, I Say Murder«, *Christianity Today*, 24. Juni 1991, S. 22; »Abortion and the Early Feminists«, BBC Ethics Guide; http://www.bbc.co.uk/ethics/abortion/mother/early.shtml (abgerufen am 22. 9. 2014).

haltend, Abtreibung als ein Grundrecht darzustellen, indem sie es mit dem ERA in Zusammenhang bringen.[148] Dass jene Frau, die das ERA überhaupt erst verfasst hat, gegen die legalisierte Abtreibung war, zeigt doch, wie unangemessen es ist, Frauenrechte mit dem Recht auf Tötung ungeborener Kinder zu verwechseln oder zusammenzubringen.

Die Gründerinnen von Planned Parenthood

Auf Anthony und Paul sowie andere Feministinnen, die gegen Abtreibung waren, folgten später Leute ganz anderer Art. Am bekanntesten war Margaret Sanger, die nicht nur Empfängnisverhütung, sondern auch Abtreibung als Mittel der Eugenik[149], des wirtschaftlichen Fortschritts und der sexuellen Befreiung propagierte.[150]

Margaret Sanger gab die Richtung an und war die erste Präsidentin von Planned Parenthood, dem weltgrößten Vorkämpfer in Sachen Abtreibung, der zugleich die meisten entsprechenden Kliniken betreibt. Die schockierende Wahrheit, die ich sorgfältig recherchiert habe, besteht darin, dass ihre Organisation die Abtreibung als eines derjenigen Mittel ansieht, mit denen man die Geburtenrate von Menschen kontrollieren kann, die man für geringwertiger hält.

---

148 »A Short History of E.R.A.«, *The Phyllis Schlafly Report*, Eagle Forum; http://www.eagleforum.org/psr/1986/sept86/psrsep86.html (abgerufen am 22.9.2014).

149 A.d.Ü.: Erbhygiene und Erbgesundheitslehre bzw. -forschung.

150 »Eugenik ohne Geburtenkontrolle scheint mir ein Haus zu sein, das auf Sand gebaut wird … Die Eugeniker wollten den Schwerpunkt hinsichtlich der Geburtenkontrolle verlagern: Statt ›Weniger Kinder für die Armen‹ sollte jetzt ›Mehr Kinder für die Reichen‹ das Motto sein. Wir haben darauf zurückgegriffen und versucht, die Vermehrung der Untauglichen aufzuhalten.« Dieses Zitat von Margaret Sanger findet sich in: Linda Gordon, *Woman's Body, Woman's Right*, New York: Grossman, 1976, S. 287, 278-279; oder siehe Michael Perry, »The History of Planned Parenthood«, *EWTN Global Catholic Network*; http://www.ewtn.com/library/Prolife/pphistry.txt (abgerufen am 22.9.2014).

Vor mir steht ein Bücherregal, in dem sich viele Originalschriften von Sanger und auch Exemplare ihres Magazins *Birth Control Review* befinden. Ich ermutige Leser, diese im Internet verfügbaren Schriften zu lesen, um hinter die Ansichten und Haltungen zu kommen, aus denen Planned Parenthood und die US-amerikanische Abtreibungsbewegung hervorgegangen sind.[151] (Einige Zitate in Pro-Life-Quellen, die Margaret Sanger zugeschrieben werden, stammen nicht von ihr, oder zumindest sind die Zitate ungenau. Weil ich diese Aussagen in den Originaldokumenten nicht finden konnte, kann ich nur vermuten, dass sie nicht authentisch sind. Die in diesem Buch verwendeten Zitate von Sanger und aus der Publikation *Birth Control Review* beschränken sich auf Belegstellen der in meinem Besitz befindlichen Originalausgaben.)

Margaret Sanger sprach von den Armen und Behinderten als von den »unheimlichen Mächten, die als Horden der Verantwortungslosigkeit und der Schwachsinnigkeit in Erscheinung treten«, wobei sie behauptete, dass deren Existenz einen »Angriff auf den Stamm der Intelligenz und der rassischen Gesundheit«[152] darstelle. Sie warnte vor »unkritischer Vermehrung« unter den weniger Tüchtigen, die später Wähler in die Welt setzen würden, »welche unsere Freiheiten zerstören könnten und darum imstande wären, zur weitreichendsten Gefahr für die Zukunft unserer Zivilisation zu werden«[153]. Sie nannte die weniger privilegierten Mitglieder unserer Gesellschaft »eine nutzlose Last an menschlichem Unrat«[154].

151 Margaret Sanger, »The Birth Control Review«; https://www.lifedynamics.com/library/#birthcontrol (abgerufen am 22.9.2014); https://www.lifedynamics.com/library/#books (abgerufen am 22.9.2014).
152 Margaret Sanger, *Pivot of Civilization*, New York: Brentano's, 1922, S. 176.
153 Ebenda, S. 177.
154 Ebenda, S. 112, 116.

In einem Kapitel, das sie mit »Die Grausamkeit der Barmherzigkeit« überschrieb, meinte Sanger, dass Gruppen, die sich für schwangere Frauen einsetzen und ihnen helfen, sich für ihr Kind zu entscheiden, »eindeutig schädlich für die Gemeinschaft und die Zukunft der Menschheit sind«[155]. Sie behauptete: »Die Mütterheime und Mütterzentren, die von Philanthropen privat unterhalten werden, entwickeln höchst »dysgenische«[156] Tendenzen bzw. haben es vielleicht bereits getan.«[157] Ihre Verwendung des Fachausdrucks *dysgenisch* zeigt deutlich, dass ihrer Meinung nach Bemühungen zur Unterstützung dieser Frauen der Lehre vom Überleben des Tüchtigsten zuwiderlaufe, denn Darwins Theorie zufolge sollen ja die Schwachen auf natürliche Weise wegen ihrer Minderwertigkeit »eliminiert« werden.

Dieser gleiche Geist durchzieht Sangers gesamtes Magazin *Birth Control Review*. Es finden sich darin zahlreiche entsprechende Artikel, wie z. B. »Das Rassenproblem in unserer Welt«, »Das Ziel: Die Verbesserung der Rasse« und »Eugenische Sterilisierung, eine dringende Notwendigkeit«[158]. Der letztgenannte Artikel wurde 1933 von Dr. Ernst Rüdin, einem führenden Vertreter der deutschen Eugenik-Bewegung, geschrieben. Diese Bewegung war eifrig bemüht, die Grundlagen für das Vorgehen der Nazis auf dem Gebiet der »Rassenhygiene« und der »ethnischen Säuberungen« zu legen.

---

155 Ebenda, S. 113.
156 A. d. H.: D. h. genetisch abweichend bzw. genetisch krankhaft.
157 Ebenda, S. 115.
158 Havelock Ellis, »The World's Racial Problem«, *Birth Control Review (BCR)*, Oktober 1920, S. 14-16; Theodore Russell Robie, »Toward Race Betterment«, *BCR*, April 1933, S. 93-95; Ernst Rüdin, »Eugenic Sterilization: An Urgent Need«, *BCR*, April 1933, S. 102-104.

Sanger, Planned Parenthood und Eugenik

Die internationale Eugenik-Bewegung, zu der Margaret Sanger ganz offensichtlich gehörte, pries öffentlich die Rassenpolitik der Nazis, mindestens bis 1938.[159] Sanger hielt die Begrüßungsrede bei einer internationalen Eugenik-Konferenz im Jahr 1925.[160]

Wie der Autor Marvin Olasky schreibt, wurde Margaret Sangers »Negro Project« (»Negerprojekt«) in den 1930er-Jahren »enthusiastisch begrüßt«, weil dies »die Anstrengungen zur Verbreitung von Verhütungsmitteln unter denen, die von den Eugenikern am meisten gefürchtet wurden, forcierte«[161]. Als sich herausstellte, dass der Einsatz von Verhütungsmitteln die afroamerikanische Bevölkerung und andere Zielgruppen nicht ausreichend dezimierte, wandten sich die Eugeniker der Abtreibung zu, um so die Ausbreitung unerwünschter Rassen und Volksgruppen in den Griff zu bekommen.[162]

Wer Schwachen und Unterprivilegierten helfe und zulasse, dass sie Nachkommen zeugen, begünstige nach Margaret Sangers Worten einen Rückschritt in der Evolution des Menschen: »Anstatt solche Stämme, die äußerst schädlich für die Zukunft der Menschheit und der Welt sind, zu reduzieren und zu deren Eliminierung beizutragen, tendiert eine solche Unterstützung dahin, ihnen in bedrohlichem Ausmaß zur Dominanz zu verhelfen.«[163]

Diese »Stämme« waren die Armen und Ungebildeten, von denen ein großer Teil zu ethnischen Minderheiten

---

159 Marvin Olasky, *Abortion Rites: A Social History of Abortion in America*, Wheaton, IL: Crossway, 1992, S. 256-257.

160 Ebenda, S. 258.

161 Ebenda, S. 259.

162 Ebenda, S. 259-263, 277; Margaret Sanger, *Pivot of Civilization*, a. a. O., S. 116-117.

163 Margaret Sanger, *Pivot of Civilization*, a. a. O., S. 116-117.

gehörte. Sanger war mehr daran interessiert, zur »Eliminierung« »solcher Stämme« (sprich: *ganzer Volksgruppen*) beizutragen, als ihnen tatsächlich zu helfen.

Dieser historische Rückblick hilft zu erklären, warum Planned Parenthood bis heute rein gar nichts tut, um Adoptionen zu unterstützen oder den Armen und Frauen aus Minderheiten zu helfen, die sich entschließen, ihren Kindern das Leben zu ermöglichen, statt sie umzubringen. Planned Parenthood hat sogar gesetzliche Maßnahmen zur Schließung von Schwangerschaftszentren eingeleitet, die den Frauen andere Entscheidungen als eine Abtreibung ermöglichten.

Obwohl ich sehr viel Material von Planned Parenthood gelesen habe, fand ich nie einen Widerruf des unverhohlenen Eugenismus von Sanger oder eine entsprechende Entschuldigung. Dies betrifft auch ihre Vorurteile gegenüber den Armen sowie geistig und körperlich Behinderten und ihren Rassismus. All das weist auf die Philosophie hin, die Planned Parenthood von Anfang an charakterisierte. Dass einige sehr bekannte Führungskräfte von Minderheiten für Planned Parenthood arbeiten, verändert weder etwas am Erbe noch an der grundsätzlichen Ausrichtung dieser Organisation.

Ich glaube nicht, dass die meisten, die Abtreibungsrechte unterstützen, Rassisten sind. Genauso wenig bin ich der Meinung, es gebe keine Rassisten unter den Verfechtern von Pro-Life. Ich glaube aber sehr wohl, dass – unabhängig von den Motiven – bei genauerem Hinsehen sowohl auf die Geschichte als auch auf die gegenwärtigen Strategien der Pro-Choice-Bewegung Folgendes deutlich wird: Die Abtreibung dient dem Anliegen der rassischen Gleichstellung der Minderheiten weit weniger als dem Credo der Überlegenheit der weißen Oberschicht.

Abtreibung und Frauenrechte heute

Eines der ersten Ziele, die Sanger verfolgte, war die »un-
begrenzte sexuelle Befriedigung ohne die Belastung durch
unerwünschte Kinder«[164].

Wegen des Holocaust geriet die Eugenik (die sich auch
der Abtreibung bediente) in Misskredit. Sangers Organisation ging in den Untergrund. Später tauchte sie als Planned
Parenthood Federation wieder auf.[165]

Der ehemalige Abtreibungsarzt Dr. Bernard Nathanson
bestätigte, dass er und seine Mitstreiter das Thema Abtreibungsrechte während der 1960er-Jahre bewusst zur
Sache der Frauen machten. So konnte man die Abtreibung
fördern, indem man sie nicht mehr als Einzelthema be-
trachtete, sondern sie zu den Errungenschaften des Frauen-
rechts erklärte.[166]

Eine Feministin argumentiert, dass der Versuch, den Feminismus mit der Abtreibung zu verknüpfen, in gewisser Hinsicht eine Form von »terroristischem Feminismus« sei. Nach
ihren Worten zwingt man dadurch die Feministin, »bereit« zu
sein, »für diejenige Sache zu töten, an die sie glaubt«[167].

In der Publikation *The American Feminist*, die von der
Organisation Feminists for Life herausgegeben wird, ist das
schöne Gesicht eines Kindes zu sehen. Die Autoren fragen: »Ist dies das Gesicht des Feindes?« Sie argumentieren,
dass sie auf eine zweihundertjährige feministische Pro-Life-

---

164 Margaret Sanger, »Why the Woman Rebel?«, *The Woman Rebel* 1, Nr. 1 (März 1914),
     S. 8, The Public Papers of Margaret Sanger, New York University;
     http://www.nyu.edu/projects/sanger/webedition/app/documents/show.
     php?sangerDoc=420037.xml (abgerufen am 22. 9. 2014).
165 Elasah Drogin, *Margaret Sanger: Father of Modern Society*, Coarsegold: CUL
     Publications, 1989, S. 11-13.
166 R. C. Sproul, *Abortion: A Rational Look at an Emotional Issue*, Colorado Springs:
     NavPress, 1990, S. 117-118.
167 Mary Ann Schaefer, zitiert in: Catherine und William Odell, *The First Human
     Right*, Toronto: Life Cycle Books, 1983, S. 39-40.

Geschichte zurückblicken und dass sich erst seit den 1970er-Jahren der größere Teil der Frauenbewegung schließlich für die Abtreibung entschied.[168]

In der Vergangenheit haben Befragungen ergeben, dass mehr Frauen als Männer am Recht der Ungeborenen auf Leben festhalten.[169] Damals waren »in den USA (und auch in anderen Ländern) in der Gruppe der weißen Männer zwischen 20 und 45 Jahren die meisten Abtreibungsbefürworter [zu finden]«[170]. Genauer gesagt besteht »die Gruppe der beständigsten Pro-Choice-Wähler aus alleinstehenden Männern«[171].

Es ist reine Ironie, dass Abtreibung zu einem Frauenrechts-Thema gemacht wurde, wo sie doch die Männer zu unverantwortlichem Verhalten und zum Vernachlässigen ihrer Pflicht der Frau und den Kindern gegenüber ermutigt hat. Sollte man die Männer nicht zu Besserem auffordern, als dass sie nur das Geld bereitstellen, um ihre Kinder töten zu lassen? Sollten sie nicht ermutigt werden, zu der Frau, die sie schwanger gemacht haben, zu sagen: »Ich will für unser Kind da sein. Ich werde alles tun, was ich dafür tun kann. Und wenn du willens bist, mich zu heiraten, werde ich auch für euch beide da sein.«

Frauenfeindliche Geschlechterselektion

Zu den Ironien des Feminismus zählt, dass er durch sein mehrheitliches Eintreten für die Abtreibung das bei Weitem

---

168 *The American Feminist*, Frühjahr 2003, S. 14, 17.
169 »Abortion and Moral Beliefs: A Survey of American Opinion«, durchgeführt von der Gallup Organization (1991), S. 4-7.
170 John Willke, »The Real Woman's Movement«, *National Right to Life News*, 14. Dezember 1989, S. 3.
171 Guy M. Condon, »You Say Choice, I Say Murder«, a. a. O., S. 23.

stärkste Mittel gutheißt, durch das die Frauen ihres höchsten Grundrechts beraubt werden, nämlich des Rechts auf Leben.

Im Dezember 2011 verbreitete ABC News folgende Meldung: Als Folge des Drucks auf die Frauen in Indien, männliche Nachkommen zu gebären, werden schätzungsweise jeden Monat 50 000 Mädchen abgetrieben, sodass die entsprechende Zahl zwischen einer halben Million und einer Million jährlich liegt.[172] Infolgedessen gibt es dort vierzig Millionen Jungen mehr als Mädchen. Es hat nicht einmal etwas gebracht, die Ultraschalltechnik, die zur Geschlechterselektion verwendet wurde, für ungesetzlich zu erklären. Im Untergrund betriebene Ultraschallkliniken sorgen dafür, dass dieses Gesetz unterlaufen wird.[173]

In den Vereinigten Staaten wollte Dr. Sunita Puri, die sich für indische Immigranten einsetzt, wissen, warum viele ihrer Patientinnen unbedingt das Geschlecht ihres ungeborenen Kindes erfahren wollten. Nachdem sie 65 Interviews geführt hatte, stellte sie fest, »dass sich 89 Prozent der Frauen, die mit einem Mädchen schwanger waren, für eine Abtreibung entschieden, und beinahe die Hälfte bereits Mädchen abgetrieben hatte«. Ein weiterer Schock war die Feststellung, dass die Entscheidung, Mädchen abzutreiben, nicht aus »freiem Entschluss« heraus getroffen, sondern oft gewalt-

---

172 Alan B. Goldberg und Sean Dooley, »Disappearing Daughters: Women Pregnant with Girls Pressured into Abortions«, 9. Dezember 2011; http://abcnews.go.com/Health/women-pregnant-girls-pressured-abortions-india/story?id=15103950 (abgerufen am 22.9.2014); siehe auch Barb Lyons, »India: 50,000 Girls Become Victims of Abortion Monthly«, LifeNews.com, 20. Dezember 2011;
http://www.lifenews.com/2011/12/20/india-50000-girls-become-victims-of-abortion-monthly/abgerufen am 22.9.2014). Vgl. auch Ruchira Gupta, *Disappearing Daughters: The Tragedy of Female Fetocide*, New Delhi: Penguin Books India, 2007.
173 A.d.H.: Aufgrund der Angaben im Original ist keine eindeutige Bestimmung der Quelle möglich. Die hier befindliche Feststellung wird jedoch in zahlreichen anderen Veröffentlichungen dokumentiert.

sam herbeigeführt wurde, indem Familienangehörige die Betreffende »zur Abtreibung zwangen«[174].

Ein Dokument, das der National Academy of Sciences vorgestellt wurde, besagt, dass schätzungsweise 80 Millionen Mädchen allein in China und Indien abgetrieben wurden.[175] In ganz Asien werden geschlechtsspezifische Abtreibungen nach erfolgtem Ultraschall praktiziert.[176]

Weltweite Abtreibung als Geschlechterselektion

Die britische Zeitung *The Telegraph* berichtete im Januar 2012, dass immer mehr Frauen eine »selektive Reduktion« vornehmen lassen, indem sie ein oder mehrere Kinder zur Abtreibung bestimmen, um bei Zwillings- oder Drillingsschwangerschaften nur eins überleben zu lassen.[177] Gleichzeitig warnte der National Health Service (NHS), dass solche »Reduktionen« Risiken für das Baby bergen, von dem die Frau »wünscht«, dass es am Leben bleibt.

Werdende Mütter sollten über »die physischen Risiken und psychischen Auswirkungen« der sogenannten »selektiven Föten-Verringerung« aufgeklärt werden, bevor ihre Föten auf das Downsyndrom hin untersucht werden.

---

174 Steven W. Mosher, »Sex-Selective Abortions Come Home«, *National Review Online*, 6. Dezember 2011; http://www.nationalreview.com/corner/284988/sex-selective-abortions-come-home-steven-w-mosher (abgerufen am 22. 9. 2014).

175 T. Hesketh und Z. W. Xing, »Abnormal Sex Ratios in Human Populations: Causes and Consequences«, Proceedings of the National Academy of Sciences USA 103, Nr. 36 (5. September 2006), S. 13271-13275. EPUB, 28. August 2006.

176 »Women – An Endangered Species«, *World Development Forum* 5, Nr. 21 (30. November 1987), S. 1-2.

177 Claire Newell, »Abortions to Reduce Multiple Births on the Rise«, *The Telegraph*, 28. Dezember 2011; http://www.telegraph.co.uk/health/8981504/Abortions-to-reduce-multiple-births-on-the-rise.html (abgerufen am 22. 9. 2014).

[Diese Warnung] wird nötig, weil sich eine zunehmende Anzahl von Müttern für die Abtreibung eines ihrer Zwillinge oder Drillinge entscheidet, weil sie gewöhnlich fürchten, sie würden als Behinderte zur Welt kommen.[178]

Wie schizophren es in der Frage der Reproduktion zugeht, wird bei der dritten diesbezüglichen Meldung noch deutlicher (alle wurden im Telegraph veröffentlicht): Einerseits arbeiten einige Forscher mit aller Kraft daran, »überschüssige« Kinder »abzuschaffen«. Andererseits lernen Wissenschaftler in Deutschland und Israel, wie man Samenzellen im Labor züchtet, um zukünftig Vätern zu helfen, die nicht in der Lage sind, ein Kind zu zeugen, damit sie an der »Schaffung von Designer-Kindern« teilhaben können.[179] Der einzige Beteiligte, der nichts zu wählen hat, ist das kleine Individuum, über das die Gesellschaft, die Ärzte und Eltern entscheiden, ob es leben oder sterben soll.

Im Dezember 2011 schlug ein UN-Bericht zur Familienplanung Alarm: Auch bei armenischen Frauen kommt es zu Abtreibungen, bei denen sechsmal mehr Mädchen als Jungen umgebracht werden. Der Bericht fasst zusammen: »Dies bedeutet, dass Armenien jährlich etwa 1400 zukünftige Mütter verliert.«[180]

178 Martin Beckford, »Abortion Risk Warning to Women Pregnant with Twins«, The Telegraph, 28. September 2011; http://www.telegraph.co.uk/health/women_shealth/8792087/Abortion-risk-warning-to-women-pregnant-with-twins.html (abgerufen am 22. 9. 2014).
179 »Scientists Grow Sperm in Laboratory Dish«, The Telegraph, 2. Januar 2012; http://www.telegraph.co.uk/health/healthnews/8988011/Scientists-grow-sperm-in-laboratory-dish.html (abgerufen am 22. 9. 2014).
180 »UNFPA Presented the ›Prevalence and Reasons of Sex Selective Abortions in Armenia‹ Report«, Public Radio of Armenia, Dezember 2011; http://www.geneticsandsociety.org/article.php?id=6003 (abgerufen am 22. 9. 2014).

Dr. Steven Mosher, ein in China tätiger Demografie-Experte, machte unter den chinesischen, koreanischen und indischen Eltern von Kindern, die in den USA geboren worden sind, ein »auf Söhne ausgerichtetes Geschlechterdenken« aus. Es stellte sich heraus, dass auf 151 Jungen nur 100 Mädchen kamen. Der Rest der Mädchen wurde durch Abtreibung getötet.[181]

Abtreibung ist zum wichtigsten Mittel geworden, weltweit unerwünschte Mädchen zu »eliminieren«, aber das ist nicht neu. 1989 führten Untersuchungen in einem Dutzend indischer Dörfer zu einer erschreckenden Statistik: Bei einer Gesamtbevölkerung von 10 000 Menschen gab es nur 50 Mädchen.[182] Die anderen Mädchen, also Tausende, waren durch Abtreibung getötet worden. In Bombay wurden nach Fruchtwassertests mit 8000 weiblichen Babys alle bis auf eins durch Abtreibung getötet.[183]

Aufgrund der geschlechterselektiven Abtreibung in China sind heute zwei Drittel aller geborenen Kinder männlich. Auf dem Lande ist das Verhältnis zwischen Jungen und Mädchen vier zu eins.[184] Eine Zeitung berichtet, dass im Jahr 2009 die männliche chinesische Bevölkerung unter 20 Jahren die weibliche um 32 Millionen überstieg.[185]

181 Steven W. Mosher, »Sex-Selective Abortions Come Home«, a. a. O.; siehe auch Joel Kotkin, »How a Baby Bust Will Turn Asia's Tiger Toothless«, New Geography, 29. März 2012; http://www.newgeography.com/content/002753-how-a-baby-bust-will-turn-asias-tigers-toothless (abgerufen am 22. 9. 2014).

182 Robert Stone, »Women Endangered Species in India«, The Oregonian, 14. März 1989.

183 Jo McGowan, »In India They Abort Females«, Newsweek, 13. Februar 1989.

184 Jeff Hays, »Preference for Boys and Missing Girls in China«, Update vom Oktober 2011; http://factsanddetails.com/china/cat4/sub15/item126.html (abgerufen am 22. 9. 2014).

185 Wei Xing Zhu u. a., »China's Excess Males, Sex Selective Abortion and One-Child Policy: Analysis of Data from 2005 National Intercensus Survey«, BMJ, 9. April 2009; http://www.bmj.com/content/338/bmj.b1211.full (abgerufen am 22. 9. 2014).

Warum? Weil Mädchen überdurchschnittlich oft abgetrieben und Jungen bevorzugt werden.

Fruchtwasseruntersuchungen werden auch in den USA benutzt, um das Geschlecht festzustellen. Schon 1975 berichtete *Medical World News* von einer Studie, in der 99 Mütter über das Geschlecht ihrer Kinder unterrichtet wurden. 53 dieser Ungeborenen waren Jungen, und 46 waren Mädchen. Nur eine Frau entschloss sich, ihren Jungen abzutreiben, während 29 sich für die Abtreibung ihres Mädchens entschieden.[186] Alle Berichte, die ich je gesehen habe, zeigen Ähnliches: Sobald das Geschlecht bekannt ist, entscheiden sich viel mehr Eltern zur Abtreibung von Mädchen als von Jungen.

Wie reagieren nun Pro-Choice-Feministinnen auf diese gezielte Tötung ungeborener Mädchen? Die Zeitschrift *Bioethics* gibt darauf folgende Antwort: »Jede Verhinderung der Anwendung dieser Technik ist eine Beschneidung der Entscheidungsfreiheit der Frauen über ihre Reproduktivität und eine Verletzung ihres Rechts, selbstständige Entscheidungen in Bezug auf ihre Fruchtbarkeit zu fällen.«[187]

Vertretern einer solchen Meinung scheint es einerlei zu sein, dass sich der Einfluss künftig *geborener* Frauen eher vermindern als vermehren wird. Das liegt einfach daran, dass die Zahl der Männer die der Frauen in vielen Ländern der Erde bei Weitem übertreffen wird.

Ungeborene Mädchen zu töten, bedeutet, eine junge Frau umgebracht zu haben. *Es kann so lange kein gleiches Recht für alle Frauen geben, wie es kein gleiches Recht für ungeborene Frauen gibt.*

---

186 *Medical World News*, 1. Dezember 1975, S. 45; siehe auch »Brave New Babies«, *Newsweek*, 1. Februar 2004.

187 F. Moazam, »Feminist Discourse on Sex-Screening and Selective Abortion of Female Foetuses«, *Bioethics* 18, Nr. 3 (Juni 2004), S. 205-220.

Kapitel 9
Haben wir das Recht, mit unseren Körpern zu machen, was wir wollen?

Pro-Choice-Verfechter behaupten: »Jede Frau hat das Recht, mit ihrem Körper zu machen, was sie will.« Ironischerweise stellt das Recht auf Abtreibung sicher, dass jährlich rund 650 000 Mädchen in den USA nicht das Recht haben, mit *ihren* Körpern zu tun, was sie wollen. (Diese Zahl umfasst ungefähr die Hälfte der abgetriebenen Kinder. Die anderen sind Jungen, obgleich die Zahl der abgetriebenen Mädchen, wie wir gesehen haben, etwas höher liegt.)

Tatsache ist, dass ein durch Abtreibung umgebrachtes Mädchen kein Leben mehr hat, noch eine Wahlmöglichkeit oder einen Körper, über den sie bestimmen kann. All das wurde ihr von den Erwachsenen entrissen.

Trotz der Tatsache, dass ein Mann entscheiden kann, was er mit seinem Körper anstellt, ist es ihm vom Gesetz her nicht erlaubt, sich in der Öffentlichkeit nackt zu zeigen. Es gibt außerdem Gesetze gegen das öffentliche Urinieren, gegen Prostitution, Drogenkonsum sowie Hausfriedensbruch und sogar gegen Herumtreiberei, obwohl zu alldem eine Entscheidung gehört, was man mit seinem eigenen Körper tun will. Die meisten finden diese Gesetze in Ordnung, wenngleich sie die persönliche Freiheit einschränken. Dies geschieht jedoch immer im Interesse anderer, deren persönliche Freiheiten durch diese Delikte direkt oder indirekt eingeschränkt werden.

Meine Hand ist Teil meines Körpers, aber ich habe nicht die Freiheit, sie zum Schlagen oder Stehlen oder dafür zu benutzen, Ihr Kind – oder meines – zu verletzen. *Sind Sie nicht froh, dass die Gesetze uns daran hindern zu tun, was wir mit unserem Körper vielleicht tun möchten?*

Das Recht zu entscheiden

Wenn ich die Haltung von Pro-Life in staatlichen Schulen vorstelle, fange ich manchmal so an: »Ich bin für Pro-Choice.«

Sofort atmen die Schüler erleichtert auf. Gelegentlich applaudieren sie. Dann fahre ich fort: »Und weil ich für Pro-Choice bin, glaube ich, dass jeder Mann das Recht hat, eine Frau zu vergewaltigen, wenn er das gern möchte. Immerhin ist es sein Körper, und wir haben nicht das Recht, ihm zu sagen, was er damit tun darf und was nicht.«

Nachdem sich der Schreck gelegt hat, bitte ich meine Zuhörer, mir zu sagen, was an meinem Argument falsch ist. Sie weisen mich dann auf Folgendes hin: Wenn ich auf dem Wahlrecht des Mannes bestehe, *habe ich vergessen, dass ich der unschuldigen Frau Unrecht getan und ihre Rechte verletzt habe.*

Darauf sage ich: »Dann seid ihr also anti-choice?«

Nachdem sie argumentiert haben, dass bestimmte Entscheidungen rechtswidrig sein sollten, frage ich sie: »Dann seid ihr also in Wirklichkeit bei manchen Entscheidungen pro-choice, und bei anderen seid ihr anti-choice? Und alles hängt davon ab, worin diese Entscheidung besteht und ob sie dem Unschuldigen Schaden zufügt?«

Sie stimmen mit einem »Ja« zu.

Darauf antworte ich: »Ihr sagt also Folgendes: Wenn ich euch zeigen kann, dass die Entscheidung einer Frau für eine Abtreibung einem anderen Menschen Schaden zufügt oder ihn tötet, dann wäret ihr nicht mehr pro-choice in Bezug auf Abtreibung?«

Ich hoffe natürlich, dass sie ihrem gesunden Menschenverstand folgen, auf den sie sich verlassen können, aber den sie bei dem Thema Abtreibung bisher außer Acht gelassen haben.

Es ist absurd, eine bestimmte Entscheidung nur deshalb zu verteidigen, weil es eine *Entscheidung* war. *Jede einzelne böse Tat, die jemals von einer Person ausgeführt wurde, entsprang einer Entscheidung.* Und alles Gute, was ein Mensch tut, entspringt ebenfalls einer Entscheidung. Die Tatsache, dass etwas eine Entscheidung ist, sagt absolut gar nichts darüber, ob sie rechtmäßig sein sollte oder nicht.

Das hochtrabend klingende »Recht auf Entscheidung« übersieht das Offensichtliche: *Nicht alle Entscheidungen sind legitim,* und niemand ist durchgängig pro-choice oder antichoice.

Selektiv für Pro-Choice

Ich gebe zu, dass mir der Ausdruck *pro-choice* nicht zusagt. Ich benutze ihn nur, weil er zu dem beherrschenden Wort in unserem Kulturkreis geworden ist. Aber er ist grundlegend irreführend.

Wenn wir sagen, etwas sei *pro-Umwelt, pro-Unternehmen* oder *pro-Marihuana,* wissen wir alle sehr klar, was gemeint ist. Was geschieht aber, wenn jemand verlangte, all diese Wörter (*Umwelt, Unternehmen* und *Marihuana*) nicht zu verwenden? Wenn man forderte, all diese Haltungen nur mit *pro-choice* zu benennen?

»Choice« in diesem zusammengesetzten Wort ist nun einmal kein Synonym für Umwelt, Unternehmen oder

Marihuana. Dieser Ausdruck vertuscht den Gegenstand, über den wir reden, weil er nach einer Erklärung verlangt: Jemand ist pro-choice? *Für was* ist er da? Wenn unsere Aufmerksamkeit auf das »Recht zu entscheiden« gerichtet ist, können wir von dem Gegenstand unserer Diskussion abgelenkt werden.

Der Ausdruck *pro-Abtreibung* sagt uns, dass jemand Abtreibung gut findet. Einerlei, ob er sie durchführen lassen würde oder nicht, so befürwortet er doch die Legalisierung der Abtreibung. Nun können wir zustimmen oder dagegen sein – immerhin sagt uns der Ausdruck, worum es geht.

Der Ausdruck *Pro-Choice* (als Substantiv) sagt uns, dass jemand meint, »Choice« (also die Wahlmöglichkeit) sei in Ordnung. Gut, warum auch nicht? Aber was bedeutet das?

Wir alle sind pro-choice, wenn es darum geht, wo man wohnt, welche Automarke man fährt, welche Nahrung wir zu uns nehmen, und bei Tausenden von anderen persönlichen Angelegenheiten. Wir sind auch pro-choice, wenn es um Fragen des Glaubens, der Politik und des Lebensstils geht, selbst wenn manche sich für eine Religion oder für Verhaltensweisen entscheiden, die uns nicht gefallen. In der Tat bin ich pro-choice in Bezug auf die große Mehrheit aller Dinge im Leben, auch wenn ich persönlich nicht mit den Entscheidungen eines anderen übereinstimme. Ich habe kein Interesse daran, ihm seine Entscheidungen zu diktieren, noch wünsche ich, dass er mir etwas vorschreibt.

Aber das ist nicht alles, weil es viele Dinge gibt, denen gegenüber fast niemand pro-choice ist, einschließlich dessen, dass jemand das Recht hat zu entscheiden, ob er mich überfallen oder in mein Haus einbrechen, mein Auto stehlen oder mich beim Abschluss eines Geschäfts betrügen will.

Natürlich ist es selbstverständlich, dass die Menschen die *Freiheit* haben, alle diese Entscheidungen zu fällen. Aber das bedeutet nicht, dass sie das *Recht* dazu hätten.

Was hielten Sie von jemandem, der sagte: »Ich würde Sie nicht ausrauben, aber ich bin pro-choice in Bezug auf Raubüberfälle.«

Nun, wir würden nicht nur sagen: »Wer eine solche Ansicht vertritt, handelt falsch, denn er verteidigt Räuberei«, wir würden auch nicht erlauben, den Begriff *pro-choice* zu missbrauchen, um allem einen moralisch einwandfreien Schein zu verleihen. Wir würden sagen: »Hören Sie auf, über *Entscheidung* zu reden. Es geht hier um räuberischen Diebstahl! Sie sind nicht pro-choice, Sie sind fürs Rauben!«

Pro-choice oder pro-Abtreibung?

Wenn ich mit Pro-Choice-Leuten über Abtreibung diskutiere, benutze ich manchmal absichtlich den Ausdruck *pro-Abtreibung*. Dann bleibt ihnen nichts, als darauf zu reagieren, manchmal sogar sehr heftig. Sie sagen: »Ich bin *nicht* pro-Abtreibung, ich bin pro-choice!« Natürlich fühlen sie sich angegriffen. Dann frage ich: »Was ist denn so schlecht an der Abtreibung, dass man Sie nicht als Pro-Abtreiber bezeichnen soll?«

Die richtige Antwort wäre, dass das Wort *Choice* (als Substantiv) erfolgreich vom eigentlichen Gegenstand ablenkt, während dies für den Begriff *Abtreibung* nicht gilt. Die alten Ausdrücke *anti-Abtreibung* und *pro-Abtreibung* waren genauer und weniger verwirrend als die Begriffe *pro-life* und *pro-choice*. Wenn Leute ihre Haltung zum Ausdruck bringen wollen, missbrauchen immer mehr von ihnen den Ausdruck *pro-life*, um sich gegen die Todesstrafe oder gegen gerechte

Kriege zu engagieren bzw. um ausgewählte Gruppen von bereits geborenen Menschen zu verteidigen. Einige bezeichnen sich jetzt selbst als »pro-life«, obwohl sie in Wirklichkeit mit der legalisierten Abtreibung einverstanden sind, indem sie sich rühmen, Gerechtigkeit für andere Unterdrückte und schwache Menschen zu fordern, während sie die Rechte Ungeborener missachten.

Der Ausdruck *pro-choice* ist noch schlimmer, weil er das Thema Abtreibung von der Abtreibung selbst loslöst. Man versucht, sich in moralische Höhen zu schwingen, als sei es grausam, jemanden eines »Rechts« zu berauben, das doch niemand hat – nämlich, unschuldige ungeborene Kinder zu töten.

Beide Ausdrücke können – wenn man das Wort *Abtreibung* vermeidet – vertuschen, was auf dem Spiel steht, nämlich das Recht auf Leben für unschuldige ungeborene Kinder.

Vom Standpunkt eines Propagandisten aus betrachtet muss ich zugeben, dass die Abtreibungsbewegung die semantische Schlacht gewonnen hat. *Choice* wurde zu einem Euphemismus für Abtreibung und verhüllt deren Schrecken. Wer nun gegen Abtreibung argumentiert, argumentiert *scheinbar* gegen »Choice« (Entscheidungs- bzw. Wahlmöglichkeit).

Pro-Life-Leute dürfen niemals gegen »Choice« auftreten – das ist eine Schlacht, die sie nie gewinnen können, und man sollte auch nicht dagegen kämpfen, wenn sie zu gewinnen wäre. Wir müssen vielmehr gegen das wirkliche Thema argumentieren – gegen *die Abtreibung*.

Immer, wenn wir »Pro-Choice« hören, müssen wir fragen: »Von welcher ›Choice‹ reden wir hier eigentlich?« Auch andere sollten wir auffordern, diese Frage zu stellen.

Wenn es wirklich um Abtreibung geht, lautet unsere Frage: »*Meinen Sie, Menschen sollten das Recht erhalten, darüber zu entscheiden, ob sie Kinder umbringen dürfen?*« Wenn wir gegen Abtreibung sind, stellen wir uns nicht gegen Entscheidungsfreiheit im Allgemeinen. Wir widerstehen nur *einer* speziellen Entscheidung – der Option, Kinder zu töten.

Sehen Sie sich einmal die populäre Frage von Pro-Choice an, die ich als Autoaufkleber gesehen habe: »Wenn Sie mir keine Entscheidung (Choice) zutrauen, wie können Sie mir dann ein Kind anvertrauen?« Damit sollen alle Diskussionen abgeblockt werden. Aber beachten Sie, wie *Choice* für *Abtreibung* eingesetzt wurde. Wenn wir die Worte einsetzen, die die Wirklichkeit widerspiegeln, lautet diese Frage: »Wenn Sie mir nicht zutrauen, ein Kind umzubringen, wie können Sie mir dann zutrauen, ein Kind großzuziehen?« … Wie bitte?

Wenn wir uns gegen das »Recht« aussprechen, »sich für eine Vergewaltigung zu entscheiden«, oder gegen das »Recht, sich für eine Abtreibung zu entscheiden«, dann widersprechen wir nicht einem *Recht*. Vielmehr sprechen wir uns dagegen aus, dass ein *Unrecht* durch Gesetzesbeschluss legalisiert wird. Und wir sind nicht engstirnig oder fanatisch, wenn wir das tun.

Ein Bürgerrechts-Thema

Martin Luther Kings jun. drückte etwas in Worten aus, die deutlich sichtbar am Justice Center von Portland angebracht sind: »Unrecht an irgendeinem Ort bedroht das Recht an allen Orten.« Die täglichen Meldungen, dass bereits geborene Kinder umgebracht worden sind, schockieren uns. Doch sie sind nur die logische Folge der Abtreibungsmentalität. Wenn Eltern das Recht haben, ihrem Kind das Leben sechs Monate vor der Geburt zu nehmen, warum dann nicht auch sechs Monate danach? Es sind dieselben Eltern, es ist dasselbe Kind. Verändert haben sich nur Größe und Alter. Worin besteht der Unterschied?

Wir müssen der Abtreibung aus genau demselben Grund widerstehen, wie wir der Sklaverei entgegentreten – beides sind fundamentale Verletzungen der Menschenrechte. Es gibt kein von Gott gegebenes Recht auf Bequemlichkeit, aber es gibt ein von Gott gegebenes Recht auf Leben. Die Konzentrationslager der deutschen Nazis bezeugen, was geschieht, wenn die Machthaber darüber entscheiden, wer das Recht auf Leben hat und wer nicht. In Auschwitz ist das Schild angebracht: »Nie wieder!« Doch Holocausts haben immer wieder stattgefunden. Ich hoffe, dass alle Länder mit legalisierter Abtreibung eines Tages zugeben werden, dass durch diese Praxis Kinder getötet werden, und sie sagen: »Nie wieder!«

Alle Menschen sind »gleich erschaffen«, nicht nur »gleich geboren«. Man braucht nicht geboren zu werden, um eine Person zu sein, genauso wenig, wie man gehen oder sprechen muss, um als Person zu gelten.

Natürlich gilt der Grundsatz, dass alle Menschen gleiche Rechte haben, auch für Mutter und Kind. Deshalb hat eine Frau das gleiche Lebensrecht wie das Kind. Doch bei fast allen Abtreibungen geht es *nicht* um das Lebensrecht der Frau, weil ihr Leben nicht gefährdet ist.

Das Recht auf einen gewissen Lebensstil ist niemals absolut und bedingungslos. Es kommt immer dort an seine Grenzen, wo es Beeinträchtigungen für andere mit sich bringt. Planned Parenthood sagt dazu: »Der Wunsch, die Schule abzuschließen oder den Arbeitsplatz zu behalten, sind gemeinhin Gründe, sich für eine Abtreibung bei einer ungeplanten Schwangerschaft zu entscheiden.«[188]

Schulabschlüsse und Arbeitsplätze sind in vielen Fällen wünschenswerte Dinge, und eine Schwangerschaft kann da große Schwierigkeiten mit sich bringen. Aber normalerweise kann eine Frau während der Schwangerschaft weiterhin die Schule besuchen oder arbeiten. Wenn sie ihr Kind zur Adoption freigibt, braucht sie weder auf den Schulabschluss zu verzichten noch die Arbeitsstelle aufzugeben. Sollte sie beschließen, das Kind selbst aufzuziehen, gibt es Möglichkeiten, das Kind zu versorgen, wenn sie außerhalb des Hauses tätig ist. Es gibt sogar Gesetze, die den Frauen erlauben, ihre Kinder anonym in einem Krankenhaus oder in einer anderen Einrichtung abzugeben.[189]

Trotz aller Herausforderungen *ist das Recht einer Person auf einen bestimmten Lebensstil nicht höher einzustufen als das Recht einer anderen Person auf Leben.*

Wie steht es mit der Wahlmöglichkeit der Opfer?

Eine Dame sagte einmal treffend: »Nachdem eine Frau schwanger geworden ist, kann sie nicht wählen, ob sie Mutter werden möchte. Sie ist es bereits ... Alles, was ihr bleibt, ist die Entscheidung, ob sie ihr Baby tot oder lebendig zur Welt bringen will.«[190]

---

188 »When Abortion was Illegal«, Abschnitt »Abortion: Facts at a Glance«, S. 10 (Planned Parenthood Federation of America);
http://www.bullfrogfilms.com/guides/wawguide.pdf (abgerufen am 23.9.2014).

189 K.A. Kunkel, »Safe Haven Laws Focus on Abandoned Newborns and Their Mothers«, *Journal of Pediatric Nursing* 22, Nr. 5 (Oktober 2007), S. 397-401; siehe Abstract auf der Website des *National Center for Biotechnology Information*;
http://www.ncbi.nlm.nih.gov/pubmed/17889732 (abgerufen am 23.9.2014).

190 Mary O'Brien Drum, »Meeting in the Radical Middle«, *Sojourners*, November 1980, S. 23.

Sklavenhalter waren pro-choice. Sie betonten physische Unterschiede, um ihren Anspruch zu rechtfertigen, etwas Besseres als ihre Versklavten zu sein. Sie sagten jedem Kritiker ihrer Einstellung: »Sie brauchen ja keine Sklaven zu halten, aber erzählen Sie uns nicht, wir dürften uns nicht für die Sklavenhaltung entscheiden.« Wer die Sklavenhaltung für illegal erklären wollte, wurde beschuldigt, anti-choice und freiheitsfeindlich zu sein, weil er seine gegen die Sklaverei gerichtete Moral anderen überstülpen wollte.[191] Damals gebrauchte man eine Sprache, die auf unheimliche Weise Ähnlichkeit mit dem hat, was sich Pro-Life-Anhänger heute beständig anhören müssen.

Alle von Unterdrückung und Ausbeutung gekennzeichneten Bewegungen – mag es sich um Sklaverei, Prostitution, Drogenhandel oder Abtreibung handeln – haben sich als »pro-choice« ausgegeben und tun dies auch heute noch (wenn nicht dem Namen, so doch dem Sinn nach). Genauso haben sie Bewegungen, die sich ihnen widersetzten und Mitleid sowie Befreiung propagierten, als »anti-choice« bezeichnet.

Alle Pro-Choice-Haltungen übersehen ganz offensichtlich das Recht der Opfer, ihrerseits zu wählen.

Die Afroamerikaner haben sich nicht für die Sklaverei entschieden.
Die Juden haben sich nicht für die Gasöfen entschieden.
Frauen entscheiden sich nicht für Vergewaltigung.
Babys entscheiden sich nicht für Abtreibung.

191 Nat Brandt, *The Town That Started the Civil War*, New York: Syracuse University Press, 1990; Thomas Clarkson, *Slavery and Commerce of the Human Species*, 1788 (Nachdruck, Miami, FL: Mnemosyne, 1969); Austin Willey, *The History of the Anti-Slavery Cause*, 1886 (Nachdruck, Miami, FL: Mnemosyne, 1969); Fergus M. Bordewich, *Bound for Canaan*, New York: HarperCollins, 2005.

Kapitel 10
Schließt unser »Recht auf Privatsphäre« das Recht auf Abtreibung ein?

Wir haben alle schon den Spruch gehört: »Abtreibung geht niemand anderen etwas an. Jeder hat das Recht auf eine Privatsphäre.«

Entgegen der allgemeinen Annahme sagt die US-amerikanische Verfassung nichts über ein Recht auf Privatsphäre. Natürlich haben wir alle ein allgemeines Recht auf ein Privatleben. Doch dies ist *niemals* ein absolutes Recht. Vielmehr wird es stets von anderen Rechten eingeschränkt, die immer höher einzustufen sind.

Was hielten Sie von einem Mann, der seine Frau schlägt und das mit den Worten entschuldigen will: »Was ich privat tue, geht außer mir niemanden etwas an«? Oder von einem Mann, der sagt: »Hören Sie zu, wenn ich *mein* Kind hinter verschlossenen Türen und auf *meinem* Grund und Boden verprügeln oder missbrauchen will, dann ist das einzig *meine* Angelegenheit!«

Betrachten Sie nun folgende Aussage: »Abtreibung ist eine private Entscheidung zwischen einer Frau und ihrem Arzt.« Natürlich hat die Tatsache, dass etwas privat entschieden wurde, überhaupt nichts damit zu tun, ob die Sache legal ist oder nicht. Ein Mann, der jemanden anheuert, seine Frau umzubringen, tut das gewiss ganz privat, aber damit ist sein Handeln nicht legitimiert.

Ärzte verstehen etwas von Medizin, aber ihre *moralischen* Ansichten sind nicht so autoritativ wie ihre medizinischen Diagnosen (die auch fehlerhaft sein können). Viele Ärzte sind gewissenhafte Leute, die das Wohlergehen der Menschen mehr achten als Mühe und Geld. Leider zeigt die Geschichte, dass auch Ärzte fähig sind, anderen Unrecht zuzufügen und dieses zu rechtfertigen.[192]

Nazi-Ärzte

Robert Jay Lifton dokumentiert in seinem aussagestarken Buch *The Nazi Doctors*, wie intelligentes medizinisches Personal mit Leichtigkeit grausame und todbringende Operationen sowie Experimente an hilflosen Kindern durchführte.[193] Er schreibt über die am besten ausgebildeten Mediziner Europas, aber diese hatten ihren moralischen Kompass verloren.

Und die deutschen Ärzte standen in dieser Zeit nicht allein. Während des Zweiten Weltkrieges bezahlten und unterstützten in den Vereinigten Staaten und in Großbritannien führende Eugeniker und Wohltätigkeitsverbände rassistische Organisationen, die es auf Juden und Behinderte abgesehen hatten.[194] Männer mit akademischen Titeln rechtfertigten in ihren Heimatländern rund um den Globus schreckliche Dinge, alles unter dem Deckmantel objektiver Wissenschaft.

Ärzte, die Abtreibungen durchführen, sind in Bezug auf Abtreibung nicht objektiver, als es Forscher für Tabakproduzenten hinsichtlich des Rauchens sind. Ihre persönlichen und finanziellen Interessen an ihrem jeweiligen

---

192 US Holocaust Memorial Museum, Holocaust Encyclopedia, siehe die englischsprachigen Ausführungen unter der Überschrift »Euthanasia Program«; URL: http://www.ushmm.org/wlc/en/article.php?ModuleId=10005200 (abgerufen am 23.9.2014).

193 Siehe Robert Jay Lifton, *The Nazi Doctors: Medical Killing and the Psychology of Genocide*, New York: Basic Books, 1986.

194 Edwin Black, »The Horrifying American Roots of Nazi Eugenics«, *San Francisco Chronicle*, Nachdruck durch das George Mason University's History News Network, 25. November 2003; http://hnn.us/articles/1796.html (abgerufen am 23.9.2014).

Geschäft wie auch die Desensibilisierung ihres Gewissens disqualifizieren sie als moralische Leitfiguren.

Weisheit aus Erfahrung

Viele junge Frauen und ihre Eltern möchten nicht vor kritischen Beobachtern bloßgestellt werden. Sie haben sicher ein starkes Interesse an einem falsch verstandenen »Recht auf Privatsphäre«.

Aber unabhängig davon, welche Meinung man über Sex außerhalb der Ehe hat – wenn es dadurch zu einer Schwangerschaft gekommen ist, sollte man sich dieser Tatsache stellen, selbst wenn der Akt, der dazu führte, falsch war. Niemand sollte eine Mutter als »leichtes Mädchen« behandeln oder sie bedrängen, »das Problem aus der Welt zu schaffen«, indem sie das Kind abtreibt. Wir sollten ihr in wahrer Liebe begegnen und sie während der Schwangerschaft unterstützen, indem wir sie beraten, ob sie das Kind selbst erziehen oder es zur Adoption freigeben will.

Immer, wenn ich eine unverheiratete schwangere Frau sehe, ist mir klar, dass sie die »schnelle Lösung« der Abtreibung hätte wählen können, ohne dass irgendjemand davon erfahren hätte, doch sie entschied sich stattdessen dafür, ihr Kind leben zu lassen, und ich habe Hochachtung vor ihr.

Vorehelicher Sex hat auch ohne unerwünschte Schwangerschaft schwerwiegende Folgen. Aus diesem Grund sollten wir sehr für Enthaltsamkeitserziehung eintreten.[195] Durch Enthaltsamkeit sagt man »Nein« zu dem, was einem schadet, und »Ja« zu dem Leben, das für einen am besten ist.

195 Vgl. auch die Website der Abstinence and Marriage Education Partnership (A.d.H.: Organisation, die Jugendlichen auf dem Gebiet der sexuellen Enthaltsamkeit und der verantwortungsvollen Vorbereitung auf die Ehe Orientierung und Hilfestellungen gibt): http://www.ampartnership.org/ (abgerufen am 23.9.2014).

Doch wenn es nun einmal zu vorehelichem Sex gekommen ist, sollte man davon lernen und künftig anders handeln.

Ein unschuldiges menschliches Wesen durch Abtreibung zu töten, ist etwas sehr Ernstes und schädigt den Betreffenden bzw. die Betreffende auf Dauer mehr als die Entscheidungen, die dem vorausgingen. Durch sie muss eine Person für den Fehler anderer mit dem Leben bezahlen. Abtreibung kann zeitweilig ein Problem verbergen, aber niemals lösen.

Abtreibung begünstigt die Haltung: »Meine Bequemlichkeit und mein Glück stehen an erster Stelle – selbst wenn ich dabei die Rechte einer unschuldigen Person missachten muss, um mein Lebensglück zu erhalten.« Diese Haltung bildet sich auf tausend großen und kleinen Gebieten heraus und zerreißt das soziale Gefüge. (Ironischerweise bringt diese Haltung aber nie jenes Glück hervor, das sie verspricht.)

Selbst wenn eine Schwangerschaft unerwünscht oder schwierig ist, handelt es sich doch nur um einen vorübergehenden Zustand. Denn entgegen der üblichen Annahme bewahrt eine Abtreibung die betreffende Frau nicht vor einer neun Monate anhaltenden Unbequemlichkeit. Wenn eine Frau erfährt, dass sie schwanger ist, vergehen gewöhnlich noch sechs bis sieben Monate bis zur natürlichen Entbindung. Die Zeit, bis das Kind bei einer möglichen Frühgeburt lebensfähig wäre, beträgt vier oder fünf Monate. Das wäre die Hälfte einer normalen Schwangerschaftsdauer.

Ich habe gehört, wie Pro-Choice-Verfechter sagten, eine Frau sei für viele Jahre an ihr Kind »gekettet«. Aber nach der Geburt ist die Frau frei, ihr Kind bei einer der 1,3 Millionen amerikanischen Familien unterzubringen, die in den USA darauf warten, ein Kind adoptieren zu können. Während Schwangerschaft ein vorübergehender Zustand ist, bringt die Abtreibung einen bleibenden Zustand hervor – den Tod eines Kindes. Die vorübergehenden Schwierigkeiten einer Person rechtfertigen nicht, einer anderen Person das Leben zu nehmen.

Väterliche Rechte und Verantwortlichkeiten

Einerseits wird dem Mann gesagt, er sollte die Verantwortung für eine unerwünschte Schwangerschaft übernehmen, indem er der Kindesmutter finanziell hilft und sie emotional unterstützt.

Wenn hingegen das gleiche Kind, dem er Liebe und Unterstützung schuldet, abgetrieben werden soll, wird dem Mann erzählt, dass er mit der Abtreibung nichts zu tun habe und sie allein Sache der Mutter sei. Wie sollen wir bei einer so zwiespältigen Botschaft erwarten, dass die Männer verantwortungsbewusst gegenüber Mutter und Kind reagieren?

Ironischerweise ermutigt die Abtreibung Männer sogar dazu, Frauen sexuell auszunutzen (und das völlig legal), weil sie keine Gefahr laufen, für irgendein empfangenes Kind verantwortlich zu sein. Wird die Frau schwanger, kann der Mann 300 Dollar hinlegen und »für ein totes Kind bezahlen«. Wenn der Mann längst über alle Berge ist, ohne ein Kind zu lieben und für seinen Unterhalt zu sorgen, bleibt die Frau mit der Last zurück, ihr Kind umgebracht zu haben.

»Abtreibungsrechte« bringen die schlechteste Seite im Wesen des Mannes zum Vorschein.

Mit dem Argument: »Das ist nur eine Angelegenheit zwischen der Mutter und dem Arzt«, will man ausdrücken, dass niemand sonst die Konsequenzen dieser Entscheidung zu tragen hat. Im Gegensatz dazu hat eine Abtreibung nachhaltige langfristige Auswirkungen auf den Mann.

In einem Artikel des Magazins *Esquire* sprechen zwölf Männer ehrlich über den Preis, den sie wegen einer Abtreibung bezahlt haben.[196] Einige stimmten der Entscheidung zur Abtreibung zu, andere nicht. Einige drängten zur Abtreibung, aber nun wünschen sie von ganzem Herzen, es nicht getan zu haben:

> Es ist ihr Körper, aber ich hatte sie einer Gehirnwäsche unterzogen. Ich traf alle Entscheidungen. Als es vorüber war, sprachen wir niemals mehr darüber. Wir hielten einfach unseren Mund. Allerdings fand sie einige Worte, die etwas Künftiges tatsächlich vorwegnahmen. Sie sagte: »Wagner, das wirst du dein ganzes Leben lang bereuen.« Ich sagte ihr: »Nein, nein!« Doch in mir wollte irgendetwas keine Ruhe geben, und es hängt mir seither nach. Sie hatte recht. Ich werde es nie vergessen. Ich kann es mir niemals vergeben.

Ein verheirateter Mann überlegt:

> Wir versuchten herauszufinden, warum wir nicht gut miteinander auskamen. Einem von uns fiel ein, dass es ein Jahr nach der Abtreibung war. Zum ersten Mal begriffen wir, dass wir etwas getötet hatten, was wir gemeinsam gezeugt hatten, und dass es hätte leben und unser Kind sein können … Wir sprachen miteinander darüber, wie sehr uns beiden das zu schaffen machte … Wir hatten nicht verstanden, dass wir ärgerlich und zornig und nicht bereit gewesen waren, den Tatsachen ins Auge zu sehen.

---

196 Mark Baker, »Men on Abortion«, *Esquire*, März 1990, S. 114-125.

Ein Mann willigte nur zögernd in die Abtreibung ein und sagte Jahre später:

Ich denke darüber nach, wie viel Schmerz und Schaden ich ihr zufügte. Das merke ich an dem Schmerz, den ich empfinde, und es war nicht meine Entscheidung. Ich war beteiligt an der Sache, und ich habe überhaupt keinen Widerstand geleistet. Ich komme nicht umhin, mich dauernd zu fragen: Habe ich mich als Komplize daran schuldig gemacht, ein Leben zu beenden oder es zumindest nicht zur Welt kommen zu lassen? Ich fühle Schuld, aber mehr als alles andere erfüllt mich tiefe Traurigkeit.

Ein anderer Mann zeigt, dass nicht allein Frauen, sondern auch Männer Jahre nach einer Abtreibung zu Verstand kommen:

Ich habe tatsächlich lange Zeit Höllenqualen deswegen erlitten … Mir wurde immer klarer, dass das Baby im Mutterleib eben genau das ist – ein menschliches Wesen. Ich wünschte, es wäre nicht so. Ich wünschte, ich könnte mich dazu bringen, es anders zu sehen, aber ich kann es nicht. Das würde mir helfen, mental anders damit umzugehen. Wenn man aber eine gegenteilige Sichtweise hat und Abtreibungen weiterhin bagatellisiert, dann ist dies schlimmer als alles andere.

Sie verstehen, ich stecke fest. Sie tat es meinetwegen. Mir kommt es vor, als hätte ich jemanden ermordet. Ich wünschte, alles rückgängig machen zu können. Wenn ich nur imstande wäre, die Zeit zurückzudrehen und diese Jahre nochmals zu leben! Hätte sie das Kind doch behalten! Selbst wenn wir geheiratet hätten (mit allem, was damit zusammenhängt), wäre es nicht so schlimm geworden, wie es jetzt ist. Ich habe gesehen, dass andere es gepackt haben. Glauben Sie mir, die Wirklichkeit ist manchmal wahnsinnig hart …!

Kapitel 11
Beeinträchtigen Abtreibungen die physische und mentale Gesundheit der Frau?

»Abtreibung mit dem Ziel, Frauen zu helfen, hat als sozial-politische Maßnahme völlig versagt«, schreibt Serrin Foster, die Präsidentin der Organisation Feminists for Life. »Die Abtreibungspraxis spiegelt die Tatsache wider, dass wir den Frauen gegenüber versagt haben.«[197]

Joan Appleton war eine Abtreibungsbefürworterin in der National Organization of Women (NOW) und Pflegedienstleiterin in einer Abtreibungsklinik in Virginia. Sie fragte sich selbst, warum Abtreibung »ein so starkes psychologisches Trauma bei Frauen verursacht ... Wenn dabei alles rechtmäßig zuging, warum bereitete es dann solche Schwierigkeiten?«

Appleton überlegte: »Ich hatte diese Frauen so gut beraten, und sie waren sich ihrer Entscheidung so sicher. Warum kommen sie jetzt – Monate oder gar Jahre später – als psychische Wracks zurück?«[198]

Karen Sullivan Ables sagt, man hätte ihr nicht die Wahrheit darüber gesagt, was eine Abtreibung bei ihr anrichten konnte:

Ich konnte fühlen, wie das Baby aus meinem Inneren herausgerissen wurde. Es war wirklich schmerzhaft ... Während der Operation saß ich die meiste Zeit über aufrecht da ... In dem Auffanggefäß sah ich die Fetzen und Teile meines kleinen Babys in einem See aus Blut schwimmen.

---

197 Serrin M. Foster, »Women Deserve Better than Abortion«, *Respect Life,* 2003.
198 Zitiert in: Mary Meehan, »The Ex-Abortionists: Why They Quit«, *Human Life Review* (Frühjahr – Sommer 2000), S. 12.

Ich schrie und sprang von dem Operationstisch ... Ich konnte nicht aufhören, mich zu übergeben ...

Ich hatte Albträume, und immer wieder erschien mir mein Baby im Traum. Ich konnte meinen Beruf nicht mehr ausüben, sondern lag fast nur noch im Bett und weinte. Einmal weinte ich so heftig, dass ich mir eine meiner Rippen verstauchte. Ein anderes Mal bekam ich vor Weinen keine Luft mehr und fiel in Ohnmacht. Ich konnte nicht mehr am Strand spazieren gehen, weil mich die spielenden Kinder zum Weinen brachten. Sogar Kinderwindeln im Geschäft lösten unkontrollierbare Weinkrämpfe aus.[199]

Unzählige Frauen, die durch Abtreibungen Schäden erlitten, haben gesagt: »Ich hatte keine Ahnung, dass so etwas passieren könnte; niemand warnte mich vor den Risiken.«

Mentale Gesundheitsprobleme

Dr. Priscilla Coleman, Professorin für menschliche Entwicklung und Familienforschung an der Bowling Green State University, analysierte die Ergebnisse von 22 wissenschaftlichen Untersuchungen, in denen es um den mentalen Gesundheitszustand von Frauen ging, die abgetrieben hatten. Diese Untersuchungen erfassten mehr als 877 000 Frauen. Sie sagte dazu: »Bei 81 Prozent der Frauen, die eine Abtreibung hinter sich hatten, wurde ein erhöhtes Risiko für mentale Gesundheitsprobleme ermittelt, die sich u. a. in Depressionen, Alkoholmissbrauch und Suizidgefährdung äußerten.«[200]

---

199 Ebenda, S. 23.
200 Priscilla Coleman, »Abortion and Mental Health: Quantitative Synthesis and Analysis of Research Published 1995 – 2009«, *British Journal of Psychiatry* 199 (September 2011), S. 180-186;
http://bjp.rcpsych.org/content/199/3/180.abstract (abgerufen am 23. 9. 2014).

Colemans zusammenfassende Analyse, die in *The British Journal of Psychiatry* veröffentlicht wurde, löste eine Flut von Briefen aus, in denen ihren Ergebnissen tiefstes Misstrauen entgegengebracht wurde. Man lehnte sie deshalb ab, weil Coleman ihre Meinung über Abtreibungen zu erkennen gab. Außerdem war sie bestrebt, diese Untersuchungen dort veröffentlichen zu lassen, wo sie einem breiten Fachpublikum zugänglich sind.[201]

In ihrer Antwort an ihre Kritiker wies Coleman auf eine Schieflage in der Veröffentlichung von Forschungsergebnissen hin, indem sie feststellte: »1969 nahm die APA [American Psychological Association[202]] eine Resolution an, in der sie die Pro-Choice-Politik als offizielle Haltung übernahm und die Abtreibung zu einem Bürgerrecht erklärte ... Das politisch motivierte Bemühen, die vorliegenden Ergebnisse nicht zu veröffentlichen, ist logisch, um die eigene Haltung zu unterstützen und zu legitimieren.«[203]

Zu sehr ähnlichen Schlüssen wie Coleman kam unabhängig von ihr eine australische Analyse, die den Zusammenhang zwischen Abtreibung und Daten zur mentalen Gesundheit auswertete.[204]

201 James Coyne, PhD, »More on Review Claiming Abortion Hurts Women's Mental Health«, Blog auf der Website von *Psychology Today*, 15. November 2011; http://www.psychologytoday.com/blog/the-skeptical-sleuth/201111/more-review-claiming-abortion-hurts-womens-mental-health (abgerufen am 23. 9. 2014).

202 A. d. H.: Svw. »Amerikanischer Fachverband für Psychologie«.

203 Priscilla Coleman, »Re: Abortion and Mental Health«, *British Journal of Psychiatry BJP Online*, 17. November 2011; http://bjp.rcpsych.org/content/199/3/180.abstract/reply#bjrcpsych_el_34290 (abgerufen am 23. 9. 2014).

204 Joseph A. D'Agostino, »Abortion Causes Massive Mental Health Problems for Women«, *Human Events*, 30. Januar 2006; http://www.humanevents.com/article.php?id=11966&keywords=abortion+ectopic+pregnancy (abgerufen am 23. 9. 2014).

Andere psychische Probleme

Schon seit Jahren haben Dutzende von Studien die Abtreibung mit einer Zunahme sexueller Funktionsstörungen in Zusammenhang gebracht. Weitere Auffälligkeiten sind Abneigung gegen Sex, Verlust an Vertrautheit in der Partnerschaft, unverständliche Schuldgefühle, außereheliche Affären, traumatische Stress-Syndrome, Persönlichkeitsspaltungen, Trauer-Reaktionen, Kindesmissbrauch und -vernachlässigung sowie eine Zunahme von Alkohol- und Drogenmissbrauch.[205] Eine Studie des Elliot Institute zeigt, dass Frauen nach erfolgter Abtreibung ein fünffach erhöhtes Risiko für Drogenmissbrauch haben.[206]

Dr. David Reardon, der Abtreibungsfolgen untersucht, schreibt: »In einer Studie fanden Forscher bereits acht Wochen nach einer Abtreibung bei 44 Prozent der Patientinnen das Auftreten von Nervenleiden, bei 36 Prozent Schlafstörungen und bei 31 Prozent Bedauern über ihre Entscheidung. 11 Prozent hatten sich von ihrem Hausarzt Psychopharmaka verschreiben lassen.[207]

Das ist besonders bedeutsam, weil einige Frauen erst Jahre später nach außen hin sichtbare Folgen ihrer Abtreibung zeigen. Und während viele Pro-Choice-Verfechter schnell mit der Behauptung bei der Hand sind, es gebe überhaupt keine abtreibungsspezifischen Stress-Syndrome, erkennen andere widerwillig an, dass es Folgeerscheinungen gibt, die man normalerweise mit einer post-

---

205 Judith Lewis Herman, *Trauma and Recovery*, New York: Basic Books, 1992, S. 34; ebenso: David C. Reardon, *Making Abortion Rare*, Springfield, IL: Acorn Books, 1996.
206 In Bezug auf diese und andere Studien siehe Elliot Institute; http://www.afterabortion.org (abgerufen am 26.9.2014).
207 David C. Reardon, »Major Psychological Sequelae of Abortion«, Elliot Institute, 1997.

traumatischen Belastungsstörung (PTBS) in Verbindung bringt.[208]

Abtreibungs-Selbsthilfegruppen

Seit der Legalisierung von Abtreibungen im Jahr 1973 hat sich eine Anzahl von Selbsthilfegruppen für abtreibungsgeschädigte Frauen gebildet. Die Gruppe »Women Exploited by Abortion«[209] (WEBA) hat über 30 000 Mitglieder in mehr als 200 Ortsgruppen überall in den USA, in Kanada, Deutschland, Irland, Japan, Australien, Neuseeland und in verschiedenen Ländern Afrikas.[210]

Zu anderen Selbsthilfe- und Reha-Gruppen für Frauen, die eine Abtreibung erlebt haben, gehören Victims of Choice, Post-Abortion Counseling and Education (PACE), Safe Haven, Silent No More, Helping and Educating in Abortion-Related Trauma (HEART), Counseling for Abortion-Related Experiences (CARE), Women of Ramah, Project Rachel, Open Arms, Abortion Trauma Services, American Victims of Abortion, Former Women of Choice und andere. Die Existenz solcher Gruppen bezeugt die mentalen und emotionalen Verletzungen zahlloser Frauen, die abgetrieben haben.

---

208 Susanne Babbel, PhD, MFT, »Post Abortion Stress Syndrome (PASS) – Does It Exist?«, Blog auf der Website von *Psychology Today*, 25. Oktober 2010; http://www.psychologytoday.com/blog/somatic-psychology/201010/post-abortion-stress-syndrome-pass-does-it-exist (abgerufen am 23. 9. 2014).

209 A. d. Ü.: Svw. »Frauen, die durch Abtreibung geschädigt wurden«.

210 »Tearing Down the Wall«, *LifeSupport*, Frühjahr – Sommer 1991, S. 1-3.
»Women Exploited by Abortion, Nancy Jo Mann's Story«, entnommen aus: David Reardon, *Aborted Women: Silent No More*, auf der Website von United Families International veröffentlichtes Blog, 14. April 2009; http://unitedfamiliesinternational.wordpress.com/2009/04/14/women-exploited-by-abortion-nancyjo-mann%E2%80%99s-story (abgerufen am 23. 9. 2014).

Im Leitartikel einer Zeitung las ich, Abtreibung sei genauso etwas wie andere Operationen und unterscheide sich nicht von einer Zahnwurzelbehandlung oder einer Blinddarmoperation. Aber warum erinnert sich niemand an den Jahrestag seiner Blinddarmoperation vor 20 Jahren? Warum weint keiner in unkontrollierbarer Weise, weil er den Verlust seines Blinddarms oder seiner Mandeln betrauert? Und wo finden sich all die Selbsthilfegruppen und Berater, die sich mit denen beschäftigen, die eine Zahnbehandlung hinter sich haben?

(Auch viele Männer sind traumatisiert, weil sie an der Entscheidung zur Abtreibung beteiligt waren und weil sie über den Verlust ihrer Kinder trauern.[211] Für sie existieren ebenfalls Selbsthilfegruppen.[212])

Körperliche Probleme

Bei einer Aussage vor einem Unterausschuss des Senats bezeugte die Gynäkologin und Wissenschaftlerin Elizabeth Shadigian im Jahr 2004: »Abtreibung erhöht die Rate an Brustkrebserkrankungen[213], Placenta praevia[214], vorzeitigen Geburten und mütterlichen Suiziden ... Statistisch ge-

---

211 Siehe Randy Alcorn, *ProLife Answers to ProChoice Arguments*, Sisters, OR: Multnomah, 2000, S. 118-120, 285-286.

212 Kostenloses englischsprachiges Informationsmaterial steht auf der Website des Life Issues Institute zur Verfügung. URL: http://www.lifeissues.org/men/ (abgerufen am 23. 9. 2014). Dort wird man auch seelsorgerlich beraten. Siehe ebenso: Abortion Is the Unchoice; http://theunchoice.org/men.htm (abgerufen am 23. 9. 2014); und Silent No More Awareness; URL: http://www.silentnomoreawareness.org/resources/ (abgerufen am 23. 9. 2014).

213 Angela Lanfranchi, MD, »The Science, Studies and Sociology of the Abortion Breast Cancer Link«, Association for Interdisciplinary Research in Values and Social Change, *Research Bulletin* 18, Nr. 2 (Frühjahr 2005); http://www.abortionbreastcancer.com/June2005.pdf (abgerufen am 23. 9. 2014).

214 A. d. H.: D. h. Fehllage der Plazenta.

sehen treten alle Todesarten bei Frauen häufiger auf, die abgetrieben haben.«[215]

Viele Studien zeigen, dass nach einem Schwangerschaftsabbruch eine statistisch signifikante Zunahme von Fehlgeburten und Frühgeburten erfolgt und das Risiko, Kinder mit niedrigem Geburtsgewicht zur Welt zu bringen, zunimmt.[216] »Ein niedriges Geburtsgewicht und Frühgeburtlichkeit sind die wichtigsten Risikofaktoren sowohl für Kindersterblichkeit oder spätere Behinderungen als auch für geringere geistige Fähigkeiten und für größere Verhaltensprobleme.«[217]

Es haben beachtlich viele Diskussionen darüber stattgefunden, weshalb Afroamerikanerinnen dreimal so viele Frühgeburten haben wie der Durchschnitt. Der Hauptgrund liegt wahrscheinlich darin, dass diese Frauen 4,3-mal häufiger abtreiben als Frauen anderer Bevölkerungsgruppen.[218] Falls diese Fakten im Zusammenhang stehen, kann man die verhängnisvollen Folgen erkennen: Durch die Abtreibung werden nicht nur Kinder unmittelbar getötet, sondern darunter müssen auch deren künftige Geschwister, die *nicht* abgetrieben wurden, leiden, weil ihre Gesundheit negativ beeinflusst wird.

---

215 Elizabeth Shadigian, MD, Aussage vor dem Unterausschuss des Senats für Wissenschaft, Technik und Raumfahrt während einer Anhörung zur Untersuchung der körperlichen und psychischen Abtreibungsfolgen bei Frauen; zitiert in: »Witnesses Ask U.S. Senate for Research into Side Effects of Abortion on Women«, *Culture & Cosmos* 1, Nr. 30 (9. März 2004).

216 Laura Blue, »Study Links Abortion and Preemies«, *Time*, 18. Dezember 2007, mit einem Zitat aus dem *Journal of Epidemiology and Community Health*; http://www.time.com/time/health/article/0,8599,1695927,00.html (abgerufen am 23. 9. 2014).

217 Brent Rooney und Byron C. Calhoun, MD, »Induced Abortion and Risk of Later Premature Births«, *Journal of American Physicians and Surgeons* 8, Nr. 2 (Sommer 2003); http://www.jpands.org/vol8no2/rooney.pdf (abgerufen am 23. 9. 2014).

218 Brent Rooney u. a., »Does Induced Abortion Account for Racial Disparity in Preterm Births, and Violate the Nuremberg Code?«, *Journal of American Physicians and Surgeons* 13, Nr. 4 (Winter 2008), http://www.jpands.org/vol13no4/rooney.pdf (abgerufen am 23. 9. 2014).

Auch die Wahrscheinlichkeit von Missbildungen späterer Kinder steigt mit einer Abtreibung.[219] Die Sterberate von Neugeborenen, deren Mütter eine Abtreibung hatten, ist zwei- bis viermal höher als normal.[220] Weil eine durchgeführte Abtreibung das Risiko einer künftigen Frühgeburt erhöht, scheint sie für Tausende Fälle von zerebraler Kinderlähmung verantwortlich zu sein.[221]

Eine Zunahme nicht operativer »medikamentöser Abtreibungen« durch die Verwendung von Methotrexat (MTX) oder RU-486 führt dazu, dass schädliche Stoffe vorhanden sind, »die bei der Nachkommenschaft im Mutterleib permanente physische oder funktionale Defekte hervorrufen«. Der durch MTX verursachte Folsäuremangel führt zu Chromosomenbrüchen, Hydrocephalus (Wasserkopf), Downsyndrom, Neuralrohrdefekten, komplexen Fehlbildungen am Herzen, dem Klinefelter-Syndrom und zahlreichen weiteren Defekten.[222]

Eine Studie aus dem Jahr 2012 untersuchte die Verbindung von Schwangerschaftsdiabetes und dem Risiko für Autismus. Die Forscher berichteten in diesem Zusammen-

---

219 S. Linn, »The Relationship between Induced Abortion and Outcome of Subsequent Pregnancies«, *American Journal of Obstetrics and Gynecology*, 15. Mai 1983, S. 136-140.

220 John A. Richardson und Geoffrey Dixon, »Effects of Legal Termination on Subsequent Pregnancy«, *British Medical Journal* (1976), S. 1303-1304.

221 B. Luke, *Every Pregnant Woman's Guide to Preventing Premature Birth*, New York: Times Books, 1995; E. Ring-Cassidy, *Woman's Health after Abortion*, Toronto: de Veber Institute, 2002.

222 M. E. Lloyd u. a., »The Effects of Methotrexate on Pregnancy, Fertility and Lactation«, *QJM* 92, Nr. 10 (1999), S. 551-563; http://qjmed.oxfordjournals.org/content/92/10/551.full (abgerufen am 23. 9. 2014); Laila Nurmohamed u. a., »Outcome Following High-Dose Methotrexate in Pregnancies Misdiagnosed as Ectopic«, *American Journal of Obstetrics and Gynecology* 205, Nr. 6 (2011); http://www.ajog.org/article/S0002-9378(11)00903-3/fulltext (abgerufen am 23. 9. 2014).

hang, dass früher durchgeführte Abtreibungen das Risiko für Autismus bei den Kindern erhöhen.[223]

Entzündungen des kleinen Beckens (PID), Placenta praevia und Krebs

Bei der Entzündung des kleinen Beckens (PID) handelt es sich um eine Infektion, die zu Fieber und Unfruchtbarkeit führt. Forscher haben festgestellt: »Die PID ist eine ernste Komplikation bei Abtreibungen und wird in 30 Prozent aller Fälle gemeldet.«

Eine Untersuchung bei Frauen, die im ersten Schwangerschaftsdrittel abgetrieben hatten, ergab, dass bei denjenigen, »die nach einer Abtreibung an einer PID erkrankten, signifikant mehr Fehlgeburten, spätere Unfruchtbarkeit, Schmerzen beim Geschlechtsverkehr und chronische Unterleibschmerzen auftraten.«[224]

Placenta praevia, eine Fehllage der Plazenta, wird durch vorhergehende Beschädigung und Verletzung der Gebärmutter[225] (einschließlich der Abtreibung[226]) hervorgerufen. Dieser Zustand tritt um 70 Prozent häufiger auf, wenn Frauen eine Abtreibung haben durchführen lassen.[227]

223 Tom Blackwell, »Blackwell on Post: Study Links Autism, Diabetes in Pregnancy«, National Post, 27. Oktober 2011; http://news.nationalpost.com/2011/10/27/blackwell-on-health-study-links-autism-diabetes-in-pregnancy/ (abgerufen am 23. 9. 2014).

224 Lars Heisterberg, MD, u. a., »Sequelae of Induced First-Trimester Abortion«, *American Journal of Obstetrics and Gynecology* (Juli 1986), S. 79.

225 C. V. Anath u. a., »The Association of Placenta Previa with History of Cesarean Delivery and Abortion: A Meta-Analysis«, *American Journal of Obstetrics and Gynecology* (November 1997), S. 1071-1078.

226 »Induced Abortion and Subsequent Placenta Previa«, American Association of Prolife Obstetricians and Gynecologists (AAPLOG), mit einem Zitat von Thorp (*Obstetrical & Gynecological Survey* 58, Nr. 1 [2002]); http://www.aaplog.org/complications-of-induced-abortion/induced-abortion-and-placenta-previa/induced-abortion-and-subsequent-placenta-previa/ (abgerufen am 23. 9. 2014).

227 Ebenda.

Das Guttmacher Institute stellt fest, dass ungefähr die Hälfte aller Frauen, die eine Abtreibung hatten, noch weitere durchführen lassen werden.[228] Frauen verdoppeln mit einer Abtreibung das Risiko für Gebärmutterhalskrebs im Vergleich zu Frauen ohne Abtreibung in der Vorgeschichte. Frauen mit zwei oder mehr Abtreibungen erhöhen das Risiko fast um das Fünffache. Ähnliche Risikoerhöhungen werden mit Eierstock- und Leberkrebs nach einmaliger oder mehrfacher Abtreibung in Verbindung gebracht.[229]

Nach intensiver Forschungsarbeit kam Dr. Joel Brind, Krebsforscher und Professor für Endokrinologie, zu folgendem Schluss: »Der bei Weitem größte vermeidbare Risikofaktor für Brustkrebs ist der Schwangerschaftsabbruch.«[230] Eine Frau, die abgetrieben hat, erhöht das Brustkrebsrisiko zwischen 50 Prozent und 300 Prozent.[231]

Nach der Veröffentlichung der Untersuchung verwarfen viele Pro-Choice-Organisationen wie Media Matters for

---

228 Susan A. Cohen, »Repeat Abortion, Repeat Unintended Pregnancy, Repeated and Misguided Government Policies«, *Guttmacher Policy Review* 10, Nr. 2 (Frühjahr 2007); http://www.guttmacher.org/pubs/gpr/10/2/gpr100208.html (abgerufen am 23. 9. 2014).

229 F. Parazzini u. a., »Reproductive Factors and the Risk of Invasive and Intraepithelial Cervical Neoplasia«, *British Journal of Cancer* 59 (1989), S. 805-809; H. L. Stewart u. a., »Epidemiology of Cancers of the Uterine Cervix and Corpus, Breast and Ovary in Israel and New York City«, *Journal of the National Cancer Institute* 37, Nr. 1:1-96; I. Fujimoto u. a., »Epidemiologic Study of Carcinoma in Situ of the Cervix«, *Journal of Reproductive Medicine* 30, Nr. 7 (Juli 1985), S. 535; C. LaVecchia u. a., »Reproductive Factors and the Risk of Hepatocellular Carcinoma in Women«, *International Journal of Cancer* 52 (1992), S. 351.

230 Joel Brind, »Comprehensive Review and Meta-Analysis of the Abortion/Breast Cancer Link«; vgl. http://www.ncbi.nlm.nih.gov/pmc/articles/PMC1060338/?tool=pmcentrez (abgerufen am 23. 9. 2014).

231 L. A. Brinton u. a., »Reproductive Factors in the Aetiology of Breast Cancer«, *British Journal of Cancer* 47 (1983), S. 757-762; URL: http://www.ncbi.nlm.nih.gov/pubmed/6860545 (abgerufen am 23. 9. 2014).

America[232] und Forschungs-Stiftungen diese Daten.[233] Leider haben sie ein starkes materielles Interesse daran, die Abtreibungsrisiken zu leugnen.

Tod durch legale Abtreibungen

Eine Studie über schwangerschaftsbedingte Todesfälle, die von dem *American Journal of Obstetrics and Gynecology* veröffentlicht wurde, zeigt, dass die Sterblichkeitsrate in Verbindung mit legalen Abtreibungen 2,95-mal höher liegt als bei ausgetragenen Schwangerschaften.[234] Eine Studie aus Finnland kam zu dem Schluss, dass »Frauen, die abtreiben, im folgenden Jahr ungefähr viermal häufiger sterben als Frauen, die ihre Schwangerschaft vollenden«[235]!

Die US Centers for Disease Control[236] berichteten 1998[237] von zehn Sterbefällen im Zusammenhang mit Abtreibungen. Aber derselbe Bericht sagt auch, dass solche Statistiken nur begrenzten Wert besäßen, weil bemerkenswerterweise

232 URL: http://mediamatters.org/ (abgerufen am 23.9.2014).

233 »Daily Caller Promotes ›Grossly Inadequate‹ Study Linking Abortion and Breast Cancer«, Media Matters for America, 1.Dezember 2011; http://mediamatters.org/research/201112010016?frontpage (abgerufen am 23.9.2014). In einer Selbstdarstellung der Organisation heißt es: »[Media Matters for America ist ein webbasiertes] gemeinnütziges ... progressives Forschungs- und Informationszentrum, das sich zum Ziel gesetzt hat, die falschen Informationen, die seitens der Konservativen in den US-Medien verbreitet werden, umfassend zu überprüfen, zu analysieren und richtigzustellen.«

234 M. Gissler u. a., »Pregnancy-Associated Mortality after Birth, Spontaneous Abortion, or Induced Abortion in Finland, 1987–2000«, *American Journal of Obstetrics and Gynecology* 190 (2004), S. 422-427.

235 M. Gissler u. a., »Pregnancy-Associated Deaths in Finland 1987–1994: Definition Problems and Benefits of Record Linkage«, *Acta Obstetricia et Gynecologica Scandinavica* 76 (1997), S. 651-657; Online-Zusammenfassung unter: »Abortion Four Times Deadlier than Childbirth«, *The Post-Abortion Review* 8, Nr. 2 (April–Juni 2000), Elliot Institute; http://afterabortion.org/2000/abortion-four-times-deadlier-than-childbirth/ (abgerufen am 26.9.2014).

236 A. d.H.: Der Begriff steht für »Amerikanische Gesundheitsbehörde«.

237 US Centers for Disease Control and Prevention, »Abortion Surveillance – United States, 2000«, *Morbidity and Mortality Weekly Report* 52 (SS-12), S. 32.

nicht alle US-Bundesstaaten solche Berichte verlangen. Abtreibungskliniken haben absolut nichts zu gewinnen und viel zu verlieren, wenn sie solche Berichte herausgeben.[238] Was den Nachweis abtreibungsbedingter Todesfälle so erschwert, ist die Tatsache, dass sie mehrheitlich nicht bei der Operation eintreten, sondern später, gewöhnlich nach der Entlassung. Darum sagt der Forscher Dr. Brian Clowes, dass verschiedene zweitrangige Gründe gewöhnlich als Todesursache angegeben werden:

> Stellen Sie sich eine Mutter vor, die wegen akuter Blutungen Blutprodukte erhalten hat, deshalb an Hepatitis erkrankt und wenige Monate später daran verstirbt. Die offizielle Todesursache: Hepatitis. Die wirkliche Ursache: Abtreibung. Ein perforierter Uterus führt zu einem Abszess im Unterbauch, dieser zu einer Blutvergiftung und zum Tod. Die offizielle Todesbescheinigung mag Abszess des Unterbauchs und Blutvergiftung als Ursache angeben. Abtreibung taucht dabei nicht auf. Eine Abtreibung verursacht Erkrankungen des Eileiters. Wenn die Betreffende Jahre später eine ektopische Schwangerschaft hat und daran stirbt, lautet die offizielle Todesursache »ektopische Schwangerschaft«. Die wirkliche Ursache? Abtreibung.[239]

Eine im *Southern Medical Journal* veröffentlichte Studie wies nach, dass »Frauen, die abtreiben, ein signifikant höheres Sterberisiko haben, als Frauen, die das Kind zur Welt

---

238 James A. Miller, »A Tale of Two Abortions«, *Human Life International Reports*, März 1991, S. 1.
239 Brian Clowes, »Maternal Deaths Due to Abortion«, *Facts of Life*, Human Life International, 2. Ausgabe, Juni 2001.

bringen«[240]. Dazu gehören sowohl ein um 154 Prozent erhöhtes Sterberisiko durch Selbstmord als auch höhere Todesraten, die auf Unfälle und auf Totschlag zurückgehen.

Women's Health after Abortion[241] ist ein enzyklopädisches Werk, das mehr als fünfhundert Artikel aus medizinischen Zeitschriften und Ärzteblättern zitiert, die alle die nachteiligen Effekte von Abtreibungen belegen.[242] Jeder, der noch daran zweifelt, dass Abtreibung für Frauen langfristig schwere Probleme mit sich bringt, sollte diese erdrückenden Beweise zur Kenntnis nehmen.

Hinterhofabtreibungen?

15 Jahre vor der Legalisierung der Abtreibung in den USA wurden etwa 85 Prozent der Abtreibungen von »ehrbaren Ärzten ausgeführt, die in hohem Ansehen bei ihren Ärzteverbänden standen«[243]. Im Jahr 1960 bestätigte Planned Parenthood, dass »90 Prozent aller illegalen Abtreibungen gegenwärtig von Ärzten ausgeführt werden«[244]. Die große Mehrheit der Abtreibungen fand nicht in irgendwelchen Hinterhöfen, sondern in den Hinterzimmern zugelassener Ärzte statt.

---

240 Wanda Franz, »Abortion Associated with Heightened Mortality Rate, Study Reveals«, National Right to Life (2002);
http://www.nrlc.org/archive/news/2002/NRL09/franz.html
(abgerufen am 24.9.2014).

241 A.d.Ü.: Svw. *Gesundheit der Frauen nach einer Abtreibung.*

242 Elizabeth Ring-Cassidy und Ian Gentles, *Women's Health after Abortion: The Medical and Psychological Evidence*, 2. Ausgabe, Toronto: de Veber Institute, 2003; http://www.deveber.org (abgerufen am 24.9.2014).

243 Alfred Kinsey, zitiert in: John Willke, *Abortion Questions and Answers*, Cincinnati, OH: Hayes Publishing, 1988, S. 169.

244 Mary Calderone, »Illegal Abortion as a Public Health Problem«, *American Journal of Health* 50 (Juli 1960), S. 949.

Waren diese Ärzte »Pfuscher«, wie Pro-Choice-Verfechter behaupten? Die meisten Ärzte, die *nach* der Freigabe Abtreibungen durchführten, waren dieselben, die das schon *vor* der Legalisierung taten. Weder ihre Ausbildung noch ihre Ausrüstung verbesserten sich nach der Entkriminalisierung von Abtreibungen. Entweder waren sie davor keine Pfuscher, oder sie blieben auch nach der Legalisierung mit diesem Makel behaftet. Man kann nicht einmal so und ein anderes Mal so argumentieren.

Der frühere Abtreibungsrechts-Aktivist Bernard Nathanson gibt zu, dass er und die anderen Mitbegründer von NARAL die Zahl von einer Million Frauen erfunden haben, die angeblich jährlich in den USA illegale Abtreibungen vornehmen ließen. Durchschnittlich war es nach seinen Worten in Wirklichkeit nur ein Zehntel davon, etwa 98 000 pro Jahr. Trotzdem verbreiteten die Medien diese Falschinformation begierig. Nathanson erklärt, dass er und seine damaligen Mitstreiter die »gut klingende, schockierende Zahl« der jährlich durch illegale Abtreibungen verursachten Todesfälle zwischen »5000 und 10 000« frei erfanden.

Jahre später schrieb Nathanson darüber, was die ganze Nation eigentlich hätte schockieren müssen. (Allerdings unterschlugen dies dieselben Medien, die vorher die entsprechenden Lügen verbreitet hatten.) Er sagte:

Ich bekenne, gewusst zu haben, dass die Zahlen völlig falsch waren, und ich glaube, die anderen wussten es auch, falls sie innehielten und darüber nachdachten. Aber gemäß der »Moral« unserer Revolution war das eine nützliche Zahl, die weithin akzeptiert wurde. Warum sollten wir uns dann so viel Mühe machen und die Statistiken mit ehrlichen Zahlen korrigieren? Es ging uns einzig darum, das Gesetz [gegen die Abtreibung] zu Fall zu bringen, und alles, was in diesem Sinn vernünftig schien, hielten wir für erlaubt.[245]

Untersuchungen bestätigen, dass 1966, also noch vor der Legalisierung der Abtreibung im ersten US-Bundesstaat, insgesamt 120 Mütter durch Abtreibungen starben.[246] Fakt ist, dass die tatsächliche Anzahl der Frauen, die nach einer Abtreibung starben, in den 25 Jahren vor 1973 durchschnittlich 250 pro Jahr betrug, mit einem Maximum von 388 im Jahr 1948.[247]

1972 war die Abtreibung noch in 80 Prozent der US-Bundesstaaten illegal, doch hatte die Verwendung von Antibiotika das Risiko stark reduziert. Dadurch fiel in diesem Jahr die Zahl der durch Abtreibung gestorbenen Mütter auf 39.[248] Dr. Christopher Tietze, ein prominenter Statistiker um Umfeld von Planned Parenthood, bestätigte, dass dies korrekte Zahlen waren und die Fehlerspanne nicht mehr als zehn Prozent betrug.[249]

Nehmen wir dennoch an, dass nur einer von fünf Todesfällen wegen illegaler Abtreibung richtig erkannt wurde. Dann würde das bedeuten, dass die Zahl der Frauen, die im Jahr vor der Legalisierung der Abtreibung starben, geringer als 200 war. Dies wären somit also nur etwa zwei bis vier Prozent von »5000 bis 10 000 pro Jahr«, von denen die Pro-Choice-Verfechter gesprochen haben. Das ist keine bloße Übertreibung, Das ist Lüge und Fälschung.

245 Bernard Nathanson, MD, *Aborting America*, New York: Doubleday, 1979, S. 193.
246 Rethinking Education About Life [REAL], UC San Diego, »Abortion Statistics«.
247 Bernard Nathanson, *Aborting America*, a. a. O., S. 42.
248 REAL (vgl. Fußnote 246), »Abortions Annually and Trends«, Tafel 1.
249 Germain Grisez, *Abortion: The Myths, the Realities, and the Arguments*, New York: Corpus Books, 1972, S. 70.

Zwei Tote für den Preis von einem

Weil Vertreter der Gesundheitsbehörde nach der Legalisierung der Abtreibung aufhörten, abtreibungsbedingte Todesfälle zu registrieren, wurde die Möglichkeit, diese Art von Todesfällen zu übersehen oder zu vertuschen, weitaus größer. Eine frühere Besitzerin einer Abtreibungsklinik sagte mir: »Eine Frau starb in unserer Klinik durch Abtreibung, aber die Öffentlichkeit erfuhr nie etwas davon, und den Behörden wurde nie gemeldet, dass der Tod abtreibungsbedingt war.«[250]

Als die *Chicago Sun-Times* 1978 Abtreibungskliniken im Raum Chicago untersuchte, entdeckte sie die Fälle von zwölf Frauen, die durch eine legale Abtreibung gestorben waren, deren Tod aber nicht als abtreibungsbedingt gemeldet worden war. Zwölf ungemeldete Todesfälle, die auf Abtreibung zurückgehen, in einer kleinen Region der USA – das ist eine vielsagende Zahl, wenn die offiziellen Statistiken des Vorjahres von 21 Todesfällen *im ganzen Land* sprachen![251]

Die Freigabe der Abtreibung hat dazu geführt, dass 14-mal mehr Frauen abtreiben lassen. Dr. Dennis Cavanaugh schrieb im *American Journal of Obstetrics and Gynecology*, dass die Legalisierung der Abtreibung »sich kaum auf die Anzahl der Frauen ausgewirkt hat, die in den USA durch Abtreibung sterben … Schließlich ist es in Wirklichkeit nicht von Belang, ob eine Frau durch eine legale oder

250 Carol Everett, persönliches Gespräch mit dem Autor und Frank Peretti, 24. Mai 1991.
251 Pamela Zekman, Pamela Warrick, »12 dead after abortions in state's walk-in clinics«, Reihe »The Abortion Profiteers«, *Chicago Sun-Times*, 19. November 1978; http://dlib.nyu.edu/undercover/sites/dlib.nyu.edu.undercover/files/documents/uploads/editors/ChiSunTimes_1978Nov19_1.pdf (abgerufen am 24. 9. 2014).

durch eine illegale Abtreibung zu Tode kommt. Sie ist so oder so tot.«[252]

So etwas wie eine sichere Abtreibung gibt es nicht

Kleiderbügel sind wirksame Propaganda-Artikel bei Pro-Choice-Kundgebungen, doch geben sie nicht wirklich wieder, was geschehen würde, wenn man die Abtreibung erneut für illegal erklärte. Kleiderbügel würden auch dann nur für Kleidungsstücke und nicht für Abtreibungen benutzt werden.

Weil so oft auf »Kleiderbügel-Abtreibungen« Bezug genommen wird, erzählte mir eine Frau: »Die Leute müssen Frauen für dumm halten. Wenn Abtreibung illegal wäre und ich abtreiben wollte, würde ich sicher keinen Kleiderbügel benutzen.«

Weil 90 Prozent der Abtreibungen vor 1973 von Ärzten ausgeführt wurden, kann man mit Sicherheit davon ausgehen, dass viele Ärzte auch weiterhin Abtreibungen durchführen würden, wenn Abtreibung wieder illegal wäre. Und leider würden viele Frauen auch künftig abtreiben. Aber diese »vielen« wären dann vielleicht nur eine Viertelmillion anstatt der fünfmal so großen Zahl wie heute. Es gibt einfach keine Möglichkeit, genauere Zahlen anzugeben. Trotzdem könnte das Ergebnis sein, dass eine Million Betroffene jährlich bewahrt blieben – die Mütter vor den Abtreibungsfolgen und die Babys vor dem Tod durch Abtreibung.

Aus der Perspektive des Kindes gibt es keine »sichere und legale« Abtreibung. Sie ist in jedem Fall tödlich. Von jeweils

---

252 Dennis Cavanaugh, »Effect of Liberalized Abortion on Maternal Mortality Rates«, *American Journal of Obstetrics and Gynecology* (Februar 1978), S. 375.

zwei Personen, die eine Abtreibungsklinik betreten, kommt nur eine lebend wieder heraus.

Da Vergewaltigung ein schrecklicher Angriff auf ein unschuldiges[253] menschliches Wesen ist, unternehmen wir nicht einmal den Versuch, Vergewaltigung zu legalisieren oder »sichere Methoden« zur Verübung dieses Verbrechens einzuführen. Auch Menschenraub und Kindesmissbrauch versuchen wir nicht, sicher und legal zu machen. Wenn Abtreibung keine Kinder tötet, brauchen wir ihr nicht entgegenzutreten. Wenn aber Kinder dabei umgebracht werden, wie aus der Beweislage klar hervorgeht, sollte unser Ziel nicht darin bestehen, Abtreibung so sicher und legal wie möglich zu machen, sondern darin, Alternativen und gesetzliche Grenzen zu entwickeln, damit es erst gar nicht dazu kommt. David Reardon sagt dazu:

Leider ist aller Abscheu, der illegalen Abtreibungen entgegengebracht wird, im Falle legalisierter Abtreibung genauso angemessen. Viele, die schon damals illegal praktizierten oder Abtreibung vornehmen ließen, machen sich das nicht klar. Stattdessen hängen sie dem Glauben nach, alle Schmerzen und Probleme, die sie erduldeten, hätten vermieden werden können, wenn nur die Abtreibung als solche legal gewesen wäre … Anstatt sich klarzumachen, dass die Ursache des Problems im Wesen der Abtreibung selbst liegt, machen sie die Illegalität der Abtreibung für ihre Leiden verantwortlich.[254]

---

253 A.d.H.: Hier und an mehreren anderen Stellen des Buches wird der Begriff »Unschuld« nicht im absoluten Sinne gebraucht. Vielmehr bezieht er sich jeweils auf die konkrete Situation.

254 David C. Reardon, *Aborted Women: Silent No More*, Westchester, IL: Crossway, 1987, S. 301.

Abtreibung ist deshalb so erschreckend, weil bei diesem Prozess Instrumente des Todes in den Körper der Frau eingeführt werden, die ihr unschuldiges Kind umbringen. Weder Gesetze noch kluge Sprüche oder attraktive Warteräume bzw. moderne medizinische Ausrüstungen können diese Wahrheit verändern.

Was Frauen sagen

Aus Befragungen von Frauen, die nach der Abtreibung Beschwerden hatten, erfahren wir Folgendes:

1. Mehr als 90 Prozent sagten, dass man ihnen keine ausreichenden Informationen gegeben hatte, um eine sachkundige Entscheidung treffen zu können.
2. Mehr als 80 Prozent sagten, es sei sehr unwahrscheinlich gewesen, dass sie abgetrieben hätten, wenn sie nicht durch andere stark dazu ermutigt worden wären (einschließlich der Abtreibungsberater).
3. 83 Prozent sagten, sie hätten das Kind ausgetragen, wenn sie von ihrem Freund, von der Familie oder von anderen wichtigen Personen in ihrem Umfeld unterstützt worden wären.[255]

Ganz gewiss verdient jede Frau etwas Besseres als das, was die Abtreibung ihr gibt. Und ganz sicher steht ihr zu, nicht das zu verlieren, was man ihr genommen hat – ihr eigenes Kind.

---

255 »Key Facts about Abortion«, Elliot Institute, n. d.;
    http://www.afterabortion.org (abgerufen am 24. 9. 2014).

Kapitel 12
Ist Abtreibung richtig, wenn die Schwangerschaft eine Gefahr für das Leben der Mutter darstellt?

Ist eine Abtreibung gerechtfertigt, wenn Leben oder Gesundheit der Frau durch eine Schwangerschaft bzw. die bevorstehende Geburt gefährdet erscheint? Und wie oft kommt das tatsächlich vor?

Als Dr. C. Everett Koop noch Leiter des staatlichen Gesundheitsdienstes in den USA war, sagte er, dass ihm in den 36 Jahren, in denen er als Kinderchirurg gearbeitet hatte, kein einziger Fall bekannt geworden sei, bei dem einem Ungeborenen das Leben genommen werden musste, um das Leben der Mutter zu retten. Er sagte, dieses Argument werde als »Nebelgranate« verwendet, um Abtreibungen zu rechtfertigen.

Dr. Landrum Shettles, der auf dem Gebiet der Behandlung von Unfruchtbarkeit Bahnbrechendes leistete und den man als einen der »Väter der künstlichen Befruchtung« bezeichnet, machte geltend, dass weniger als ein Prozent aller Abtreibungen ausgeführt würden, um das Leben der Mütter zu retten.[256] (Und weil die medizinische Wissenschaft dauernd Fortschritte macht, ist die Wahrscheinlichkeit heute gewiss nicht größer als zu dem Zeitpunkt, da er dies feststellte.)

Rettet das Leben, das zu retten ist!

Eine Frau mit Schwangerschaftsvergiftung wird unter Abwehrreaktionen und beträchtlichen Beschwerden zu lei-

---

256 Landrum Shettles und David Rorvik, *Rites of Life*, Grand Rapids: Zondervan, 1983, S. 129.

den haben. Vielleicht muss sie sogar während eines großen Teils ihrer Schwangerschaft im Bett liegen. Das bringt Schwierigkeiten mit sich, ist aber gewöhnlich nicht lebensgefährlich. In einem solchen Fall wäre eine Abtreibung »aus Gesundheitsgründen« nicht lebensrettend, sondern würde ein Leben nehmen.

Manchmal ist die Schwangerschaft selbst das Problem, wenn bei Routineuntersuchungen und Tests bisher unbekannte Erkrankungen überhaupt erst festgestellt werden. Aber ernste Erkrankungen, die in seltenen Fällen während einer Schwangerschaft auftreten, können in einer Weise behandelt werden, die Mutter und Kind schützt. Brustkrebs wird bei einer von 3000 Schwangerschaften festgestellt und ist normalerweise behandelbar.[257]

> Krebs [jeglicher Art] ist während einer Schwangerschaft selten und kommt jeweils ungefähr einmal bei tausend Schwangerschaften vor. Doch … kann eine schwangere Frau, die an Krebs erkrankt ist, ein gesundes Baby zur Welt bringen, und manche Krebsbehandlungen können auch während der Schwangerschaft gefahrlos durchgeführt werden. Krebs betrifft den Fötus selten in direkter Weise. Obwohl manche Krebsarten sich bis in die Plazenta erstrecken (ein temporäres Organ, das die Mutter mit dem Fötus verbindet), können die meisten Krebsarten nicht zu dem Fötus selbst vordringen.[258]

Der Onkologe Dr. John Crown hat Frauen behandelt, die während ihrer Schwangerschaft entdeckten, dass sie an Krebs

257 »Pregnancy and Cancer«, American Society of Clinical Oncology, Mai 2011; vgl. http://www.cancer.net/patient/coping/emotional+and+physical+matters/sexual +and+reproductive+health/pregnancy+and+cancer (abgerufen am 24.9.2014).
258 Ebenda.

erkrankt waren. Er berichtete in einem Twitter-Forum, dass er nie einen Fall erlebt hätte, bei dem eine Abtreibung nötig war, um das Leben der Mutter zu retten.[259] Er sagt:

> Was ich den meisten Patientinnen sage, ist dies: »Ich weiß, dass es Ihnen als das Schlimmste erscheint, was passieren kann, aber es besteht eine gute Chance, dass alles einen glücklichen Ausgang nimmt: Sie werden gesund, und Ihr Baby kommt normal zur Welt. So wird es aller Wahrscheinlichkeit nach werden …«[260]

Obwohl der Gebärmutterkrebs häufiger bei Frauen nach den Wechseljahren vorkommt,[261] kann die Behandlung der Mutter bei sich schnell ausbreitender Krankheit das Leben des Kindes in Gefahr bringen. Natürlich kann die operative Entfernung des Krebses auch zum unbeabsichtigten Verlust des kindlichen Lebens führen.

Freunde von uns wurden vor die Situation gestellt, dass ein sich schnell ausbreitender Krebs, der das Leben der Mutter bedrohte, entfernt werden musste. Das führte unabsichtlich, aber unabwendbar zum Tod des ungeborenen Kindes. Die Schwangerschaft befand sich noch in einem so frühen Stadium, dass sich das Kind noch nicht so weit ent-

259 Hilary White, »No Case Where Abortion Was ›Necessary to Save Mom‹: Eminent Irish Oncologist«, LifeSiteNews, 22. Februar 2012; http://www.lifesitenews.com/news/no-case-where-abortion-was-necessary-to-save-mom-eminent-irish-oncologist (abgerufen am 24. 9. 2014).

260 »There Is a High Chance of Two Happy Outcomes«, Irish Independent, 16. Dezember 2011; http://www.independent.ie/lifestyle/parenting/there-is-a-high-chance-of-two-happy-outcomes-2965911.html (abgerufen am 24. 9. 2014).

261 Lee-may Chen und Jonathan Berek, »Patient Information: Endometrial Cancer Diagnosis and Staging«, Wolters Kluwer Health; http://www.uptodate.com/contents/endometrial-cancer-diagnosis-and-staging-beyond-the-basics?source=search_result&search=patient+informationendometrial+cancer+diagnosis+and+staging&selectedTitle=9~150 (abgerufen am 24. 9. 2014).

wickelt hatte, um außerhalb des Mutterleibes leben zu können. Doch sonst wären sowohl die Mutter als auch das Kind
gestorben. Die Operation wurde aber zur Entfernung des
Krebses durchgeführt.

Das war keineswegs eine Abtreibung. Die Absicht bei
der Operation lag nicht darin, das Kind zu töten, sondern
die Mutter zu retten. Der Tod des Kindes war ein tragisches
Nebenergebnis der lebensrettenden Bemühungen. Das war
eine typische Pro-Life-Handlung, weil pro-life nicht bedeutet, nur an das Leben des Kindes zu denken. Damit
ist vielmehr auch gemeint, in dieser Haltung ebenso den
Frauen zu begegnen.

Ektopische (extrauterine) Schwangerschaften[262]

Schwangerschaften, bei denen die Einnistung außerhalb der
Gebärmutter geschieht, kommen etwa bei zwei Prozent[263]
aller Schwangerschaften vor. In einem solchen Fall beginnt
die Implantation fast immer im Eileiter, doch gelegentlich auch im Eierstock oder in der Bauchhöhle. Gewöhnlich misslingt dann die Schwangerschaft, ohne dass die Frau
weiß, dass sie schwanger war.

Dazu ein Zitat: »Zweifellos ist die ektopische Schwangerschaft das am häufigsten erwähnte Beispiel für den Fall, dass
ohne Abtreibung das Leben der Mutter in Gefahr gerät.«[264]

---

262 A. d. Ü.: D. h. Außerhalb der Gebärmutterhöhle eingenistete Schwangerschaft.
    Üblich ist auch der Begriff »ektope Schwangerschaft« bzw. »Bauchhöhlen-
    schwangerschaft«.
263 V. Seror u. a., »Care Pathways for Ectopic Pregnancy: A Population-Based Cost-
    Effectiveness Analysis«, *Fertility and Sterility* 87 (April 2007), S. 737-748.
264 Bill Fortenberry, »Ectopic Personhood«, *The Personhood Initiative*;
    http://www.personhoodinitiative.com/ectopic-personhood.html
    (abgerufen am 24. 9. 2014).

Aber wegen der Art dieser Schwangerschaft würde das Kind normalerweise keine Chance zum Überleben haben. Und die Operation kann nötig werden, um das Leben der Mutter zu retten. Das sind tragische Situationen, aber noch einmal sei gesagt: Es handelt sich hier nicht um die *absichtliche* Tötung einer unschuldigen Person, die anderenfalls überlebt hätte. In solchen Fällen, in denen das Leben beider auf dem Spiel steht und der Tod des Ungeborenen bei dem Bemühen eintritt, das Leben der Mutter zu erhalten, dann ist es natürlich besser, ein Leben zu retten, als beide zu verlieren.

Die Rolle der Abtreibung
bei ektopischen Schwangerschaften

Das US-Gesundheitsministerium führte über einen Zeitraum von 20 Jahren eine Studie über die Häufigkeit von ektopischen Schwangerschaften durch. Die entsprechenden Daten wiesen eine Zunahme von mehr als 500 Prozent seit Freigabe der Abtreibung nach.[265]

Man hat zu Recht darauf hingewiesen, dass »das am häufigsten erwähnte Beispiel für den Fall, dass ohne Abtreibung das Leben der Mutter in Gefahr gerät … die ektopische Schwangerschaft [ist]«[266].

Ich habe etwas gegen den Ausdruck *Abtreibung* in diesem Zusammenhang. Aber es gibt noch einen weiteren Punkt. Nach einem Bericht von 2011, der im *American Journal of Obstetrics and Gynecology* erschien, sind 40 Prozent der Fälle, bei denen eine Schwangerschaft außerhalb

---

265 US Centers for Disease Control and Prevention, *Morbidity and Mortality Weekly Report* 42 (SS-6), S. 73-85 (17. Dezember 1993; April 1984).

266 Bill Fortenberry, »Ectopic Personhood«, a. a. O.

der Gebärmutter bzw. im Eileiter festgestellt wird, Fehl-diagnosen.[267]

Einige haben angenommen, die Zunahme der che-mischen Abtreibungen würde die Rate der ektopischen Schwangerschaften merklich senken. Aber eine Studie von 2009 kam zu dem Schluss, dass es »in den letzten 15 Jahren« möglicherweise »einen Trend zu vermehrter ektopischer Schwangerschaft gebe«[268].

Ältere Studien zeigen, dass das Risiko einer ektopischen Schwangerschaft zweimal so hoch ist bei Frauen, die eine Abtreibung hinter sich haben, und bis zu viermal so hoch bei Frauen mit zwei und mehr vorhergehenden Abtreibungen, wenn man sie mit denen vergleicht, die ihr Kind ausgetragen haben.[269]

Während Abtreibungen als Schutz für die Gesundheit der Frauen angepriesen werden, zeigen Untersuchungen immer nur, dass Abtreibungen das Risiko für die Frauen erhöht haben, extrauterin schwanger zu werden, was bei Weitem die größte schwangerschaftsbedingte Bedrohung für ihr Leben darstellt.

267 Laila Nurmohamed u. a., »Outcome Following High-Dose Methotrexate in Preg-nancies Misdiagnosed as Ectopic«, *American Journal of Obstetrics and Gyne-cology* 205, Nr. 6 (2011): 533.e1 – 533.e3; http://www.ajog.org/article/S0002-9378(11)00903-3/fulltext (abgerufen am 24. 9. 2014).

268 B. Trabert u. a., »Population-Based Ectopic Pregnancy Trends, 1993 – 2007«, *American Journal of Preventative Medicine* 40, Nr. 5 (Mai 2011), S. 556-560. Das Abstract wurde von der US National Library of Medicine, National Institutes of Health auf folgender Website im Internet veröffentlicht:
http://www.ncbi.nlm.nih.gov/pubmed/21496755 (abgerufen am 24. 9. 2014).

269 Ann Aschengrau Levin, »Ectopic Pregnancy and Prior Induced Abortion«, *American Journal of Public Health* (März 1982), S. 253.

Kapitel 13

Ist Abtreibung richtig, wenn die Schwangerschaft durch Vergewaltigung oder Inzest hervorgerufen wurde?

Studien, die durch das Pro-Choice nahestehende Guttmacher Institute begleitet wurden, zeigen uns Folgendes: Wenn zwei fruchtbare Erwachsene einvernehmlich Geschlechtsverkehr miteinander haben, hat die Frau nur eine 3- bis 5-prozentige Chance, schwanger zu werden. Die Studien lassen ferner erkennen, dass bei einer Vergewaltigung Faktoren im Spiel sind, die diese Chance für das Opfer noch weiter verringern.[270] Das Institut führte im Jahr 2004 auch eine schriftliche Umfrage durch, an der sich 1160 Frauen beteiligten. Sie ergab, dass 1,5 Prozent der Abtreibungen einer Vergewaltigung oder einem Inzest zugeschrieben wurden.[271] Eine weitere Studie des Instituts gibt ein Prozent an.[272] Andere Untersuchungen besagen, dass Schwangerschaften durch Vergewaltigung oder Inzest noch weit seltener vorkommen, nur einige wenige von 1000 Fällen.[273]

---

270 Jean Staker Garton, *Who Broke the Baby?*, Minneapolis, MN: Bethany House, 1979, S. 76.

271 Lawrence B. Finer u. a., Guttmacher Institute, »Reasons U.S. Women Have Abortions: Quantitative and Qualitative Perspectives«, Bd. 37, Nr. 3, September 2005; http://www.guttmacher.org/pubs/journals/3711005.pdf (abgerufen am 24. 9. 2014).

272 Jane Orient, MD, »The Truth of Forcible Rape, or Public Hysteria«, Association of American Physicians and Surgeons; http://www.wnd.com/2012/08/akin-not-far-off-base-in-rape-comment (abgerufen am 24. 9. 2014); siehe auch folgende Quelle: http://www.physiciansforlife.org/content/view/2255/26/ (abgerufen am 24. 9. 2014).

273 John Willke, *Abortion Questions and Answers*, Cincinnati, OH: Hayes Publishing, 1988, S. 146-150.

Worum geht es in Wirklichkeit?

Pro-Choice-Vertreter lenken die Aufmerksamkeit von der großen Mehrheit der Abtreibungen ab, indem sie sich auf Vergewaltigung konzentrieren und dabei den hier sehr angemessenen Sympathiefaktor einrechnen. Ihre häufigen Hinweise darauf hinterlassen den falschen Eindruck, Schwangerschaften durch Vergewaltigung kämen vielfach und nicht nur sehr selten vor.

Woher kommt das Missverständnis, dass viele Schwangerschaften durch Vergewaltigung entstanden sind? Junge Frauen, denen bange ist, schreiben ihre Schwangerschaft gelegentlich einer Vergewaltigung zu, um einer möglichen Ächtung zu entgehen. Norma McCorvey war eine junge Frau, die im Fall *Roe v. Wade* als »Roe« bezeichnet wurde. Sie erzeugte Mitleid vor Gericht und bei den Medien mit der Behauptung, ein Vergewaltigungsopfer zu sein. Doch Jahre später gab sie zu, sie hätte gelogen und sei nie vergewaltigt worden.[274] (McCorvey wurde danach eine entschiedene Pro-Life-Vertreterin und hat den Obersten Gerichtshof der USA gebeten, das Urteil im Fall *Roe v. Wade* zu überprüfen und zu revidieren.[275])

Wir haben eine gute Freundin, die nach einer Vergewaltigung schwanger wurde. Wegen ihrer Umstände war es nicht das Beste für sie, das Kind aufzuziehen. Sie gab es zur Adoption in eine christliche Familie frei. Unsere Freundin hat regelmäßigen Kontakt zu der betreffenden Familie und zu ihrem Kind. Das war nie leicht und hat ihr viele

---

274 Sue Reily, »Life Uneasy for Woman at Center of Abortion Ruling«, *The Oregonian*, 9. Mai 1989.
275 Caroline Overington, »Jane Roe Wants to Make Legal History Again«, *The Age*, 21. Juni 2003; http://www.theage.com.au/articles/2003/06/20/1055828492398.html (abgerufen am 24.9.2014).

Schmerzen bereitet – doch sie findet Trost darin, dass sie weiß: Mein Kind lebt und wird geliebt.

In einer Fernsehsendung über Abtreibungen hörte ich einen Mann über ein Kind sagen, das durch Vergewaltigung empfangen wurde: »Ein derartiges Wesen besitzt keine Rechte, weil es das Produkt einer Vergewaltigung ist.« Aber worin unterscheidet sich dieses Kind wesensmäßig von allen anderen Kindern?

Und woher kommt es, dass die Pro-Choice-Verfechter immerzu sagen, das Ungeborene gehöre in Wirklichkeit der *Mutter*, nicht dem Vater – es sei denn, es entstammt einer Vergewaltigung? Dann wird das Kind plötzlich als das des *Vaters* und nicht als dasjenige der Mutter angesehen!

Der springende Punkt ist nicht, *wie* das Kind empfangen wurde, sondern *dass* es empfangen wurde. Es ist nicht ein verachtenswertes »Produkt einer Vergewaltigung«, sondern ein wunderbares Geschöpf Gottes.

Ein unschuldiges Kind zu haben, kann viel mehr Gutes für eine durch Vergewaltigung traumatisierte Frau bedeuten, als die Erkenntnis, dass dieses unschuldige Kind bei dem erfolglosen Versuch starb, die Schmerzen der Mutter zu verringern. Ob sie beschließt, es selbst zu behalten oder dafür Adoptiveltern zu suchen – wenn sie es austrägt, ist dies von untergeordneter Bedeutung.

Beim Inzest empfangen

Inzest ist ein schreckliches Verbrechen. Wer so etwas tut, sollte bestraft werden. Außerdem müsste man durchgreifende Maßnahmen treffen, ein Mädchen aus der Gegenwart eines Verwandten zu entfernen, der es sexuell missbraucht hat. Der Missetäter – *nicht* das Mädchen oder dessen Kind – ist der Straffällige. Man sollte zugunsten des Mädchens intervenieren, es schützen und ihm fortgesetzt hilfreich zur Seite stehen. Das ist die Lösung – nicht die Tötung des unschuldigen Kindes. (Trotz landläufiger Auffassungen sind in solchen Fällen fötale Missbildungen selten. Aber auch, wenn das Kind behindert ist, hat es ein Recht zu leben.)

Warum sollte Person A sterben, weil Person B die Mutter von A vergewaltigte oder sexuell missbrauchte? Wenn Ihr Vater ein Verbrechen begangen hat, sollten doch nicht Sie dafür ins Gefängnis kommen! Wenn Sie heute entdeckten, dass Ihr biologischer Vater Ihre Mutter vergewaltigt hat und Sie infolgedessen empfangen wurden, würden Sie dann meinen, kein Lebensrecht mehr zu haben?

Eine Frau, die mich über dieses Thema sprechen hörte, erzählte mir hinterher unter Tränen: »Meine Mutter wurde mit dreizehn Jahren vergewaltigt. Sie brachte mich zur Welt und gab mich dann zur Adoption frei. Jedes Mal, wenn ich gehört habe, wie die Leute sagten, Abtreibung sei im Falle von Vergewaltigung in Ordnung, habe ich bisher gedacht: ›Ich glaube, ich habe gar kein Lebensrecht.‹ Aber wenn ich abgetrieben worden wäre, dann gäbe es meine Kinder auch nicht.«

Die Missetäter sollen bestraft werden, nicht die Opfer. Diese Frau ist keine Wegwerfware – sie ist überhaupt keine »Ware«, sondern ein kostbares menschliches Wesen mit Wert und Würde, die ihr auch die abscheulichste Tat nicht nehmen kann. Genauso ist das Kind kein Krebsgeschwür, das »weggemacht« werden muss, sondern ein menschliches Wesen, das geliebt werden sollte. Wenn es nötig ist, das Kind zur Adoption freizugeben, ist das dann nicht eine weit bessere Lösung, als ihm das Leben zu nehmen?

Und sollte man nicht endlich die Meinung aufgeben, dass Menschen, die durch Vergewaltigung gezeugt wurden, kein Lebensrecht besitzen?

Abtreibungen verschlimmern
das Vergewaltigungstrauma

Mitglieder der Organisation Feminists for Life sagen: »Einige Frauen haben berichtet, dass sie unter dem Trauma der Abtreibung noch lange Zeit litten, nachdem das vergewaltigungsbedingte Trauma längst abgeklungen war.«[276] Man kann sich kaum eine schlimmere Folge für eine vergewaltigte Frau vorstellen als die Schuldgefühle und die inneren Anklagen, ein Kind umgebracht zu haben.

In ihrem Buch *Victims and Victors* zeichnen David Reardon und seine Mitarbeiter die Zeugnisse von 192 Frauen auf, die durch Vergewaltigungen oder Inzest schwanger wurden, und von 55 Kindern, die während der Ausübung sexueller Gewalt gezeugt wurden. Da zeigt es sich, dass immer dann, wenn Gewaltopfer für sich selbst sprechen, ihre Meinung über Abtreibung nahezu einstimmig ist – und genau das Gegenteil von dem ergibt, was vorhergesagt wurde:

Fast alle Frauen, die man in dieser Kurzumfrage interviewte, sagten, dass sie die Abtreibung ihrer durch Vergewaltigung oder Inzest empfangenen Kinder bedauerten. Mehr als 90 Prozent derer, die ihre Meinung äußerten, sagten, sie würden andere Opfer sexueller Gewalt ermutigen, keine Abtreibung vornehmen zu lassen.

276 Vgl. *Feminists for Life Debate Handbook*, Kansas City, MO: Feminists for Life of America, n. d., S. 14.

Dann wurden in diesem Buch auch alle Frauen befragt, die ihre durch Vergewaltigung oder Inzest empfangenen Kinder ausgetragen haben. Von ihnen gab keine einzige an, ihre Entscheidung bereut zu haben.[277]

Ironischerweise haben das Vorgehen bei Vergewaltigung und die bei Abtreibungen angewandten Methoden etwas gemeinsam. In beiden Fällen wird von einer stärkeren Person Gewalt gegenüber der schwächeren ausgeübt.

Abtreibung bringt keine Heilung für ein Vergewaltigungsopfer. Wenn man das unschuldige Kind eines Sexualverbrechers tötet, trifft es den Falschen: Der Gewalttäter sollte bestraft werden, während die Mutter Hilfe und Zuwendung braucht. Und das dabei gezeugte Kind hat in jedem Fall das Recht auf Leben.

Indem man ein zweites Opfer schafft, macht man den Schaden an dem ersten nicht ungeschehen.

277 Frederica Mathewes-Green, »Ask the Victims«, *Citizen Magazine 2000*; http://facelife.org/content/rapeincestcontent.htm (abgerufen am 24.9.2014).

Teil IV: Andere wichtige Themen

Kapitel 14
Verursachen Verhütungspillen Abtreibungen?

Was sind empfängnisverhütende Mittel?

Historisch betrachtet waren die Begriffe *Empfängnis* und *Befruchtung* eigentlich Synonyme. Beide beziehen sich unmittelbar auf den Beginn eines menschlichen Lebens. Ein empfängnisverhütendes Mittel wird auch als *Kontrazeptivum* bezeichnet (von lat. *contra* [»gegen«] und *conceptio* [»Empfängnis«]). Dadurch wird eine Befruchtung vermieden. Leider tauchten, wie schon erwähnt, in den letzten Jahrzehnten alternative Bedeutungen von »Empfängnis« und »Empfängnisverhütung« auf, wodurch große Verwirrung in diese Sache gebracht wurde.

Eugene F. Diamond schrieb darüber einen ausgezeichneten Artikel in der Zeitschrift *Physician*. Dort heißt es:

> Vor 1976 verstand man unter einem »Verhütungsmittel« eine Substanz, die die Vereinigung von Samenzelle und Eizelle verhinderte. Im Jahr 1976 erkannte man im Ärzteverband ACOG (American College of Obstetricians and Gynecologists), dass diese Definition die politischen Ziele der Organisation nicht vorantrieb. So änderte man absichtlich die Definition.
>
> Unter einer Verhütungspille versteht man heute alles, was die Einnistung einer Blastozyste (einer befruchteten Eizelle nach den ersten Zellteilungen) verhindert. Und das geschieht sechs oder sieben Tage nach der

Befruchtung. »Empfängnis« wurde *nach Dorland's Illustrated Medical Dictionary* (27. Auflage) »der Beginn der Schwangerschaft [genannt], der durch die Einnistung der Blastozyste gekennzeichnet ist«.

Die verborgene Absicht der Umdefinierung von »Verhütung« durch den Ärzteverband ACOG bestand darin, den Unterschied zu verwischen zwischen Mitteln, die die Befruchtung verhindern, und solchen, die die Einnistung des eine Woche alten Embryos unterbinden. Namentlich Abtreibungsmittel wie IUDs[278], Kombinationspillen, Minipillen, reine Gestagen-Pillen, injizierbare Mittel wie Provera und seit Neuestem auch Implantate wie Norplant sind Verhütungsmittel nach der neuen Definition.[279]

Die Umdefinierung von »Verhütungsmitteln«, auf die Dr. Diamond Bezug nimmt, ist allmählich in die medizinische Literatur eingesickert. Wegen dieser Änderung werden einige medizinische Fachleute behaupten, die Pille sei nur ein Verhütungsmittel, auch wenn sie wissen, dass sie mitunter die Einnistung verhindert.

Die ursprüngliche Bedeutung von *Empfängnis* wird noch immer von der Mehrheit der Bevölkerung und auch von vielen – wenn nicht von den meisten – derjenigen akzeptiert, die im medizinischen Bereich tätig sind. Demgemäß darf kein Mittel als Verhütungsmittel bezeichnet werden, das die Einnistung verhindert.

---

278 A.d.H.: Abkürzung für »Intrauterinpessare«.

279 Eugene F. Diamond, »Word Wars: Games People Play about the Beginning of Life«, *Physician*, November – Dezember 1992, S. 14-15. In Bezug auf weitere entsprechende Informationen siehe auch D. A. Grimes und R. J. Cook, »Mifepristone (RU-486) – An Abortifacient to Prevent Abortion?«, *New England Journal of Medicine* 327 (1992), S. 1088-1089; und D. A. Grimes, »Emergency Contraception – Expanding Opportunities for Primary Prevention«, *New England Journal of Medicine* 337 (1997), S. 1078-1079.

Verhütungsmittel sind also chemische Präparate oder Vorrichtungen, die eine Empfängnis oder Befruchtung verhindern. Eine Methode zur Geburtskontrolle, die manchmal auch ein bereits empfangenes menschliches Wesen tötet, kann mitunter oder meistens als Verhütungsmittel dienen, aber gelegentlich dient sie *eben auch* als Abtreibungsmittel.

Das Problem mit den »Verhütungsmitteln«, die in Wirklichkeit Abtreibungsmittel sind, ist nicht neu. Viele Pro-Life-Christen, darunter auch Ärzte, haben sich lange gegen die Verwendung von IUDs gewehrt. Des Weiteren haben sie sich gegen die Verwendung von RU-486 (der »Abtreibungspille«) ausgesprochen, genauso gegen den Einsatz der »Pille danach«. Einige haben auch Norplant, Depo-Provera, den NuvaRing und die »Minipille« abgelehnt, weil sie gelegentlich oder oft eine Befruchtung nicht verhindern, dann aber die Einnistung des sechs Tage alten menschlichen Wesens erfolgreich unterbinden.

»Die Pille«

»Die Pille« ist die volkstümliche Bezeichnung für mehr als vierzig verschiedene Verhütungsmittel, die im Handel erhältlich sind. In der Medizinersprache werden oft die entsprechenden Abkürzungen für Geburtskontrollpillen, orale Verhütungsmittel und/oder orale Verhütungspillen gebraucht. Man spricht auch von »Kombinationspillen«, weil sie eine Kombination von Östrogen und Gestagen enthalten.

Mehr als zwölf Millionen US-Amerikanerinnen benutzen Jahr für Jahr »die Pille«. Weltweit wird sie von mehr als 100 Millionen Frauen eingenommen. Die Frage, ob sie Abtreibungen verursacht, hat direkte Auswirkungen auf Millionen von Christen. Viele, die sie verwenden und empfehlen, sind von ihrer Einstellung her pro-life. Nachdem ich die Wichtigkeit dieses Themas erkannt und jahrelang konträre Ansichten darüber gehört hatte, beschloss ich, diese Frage gründlich zu untersuchen und dann meine Erkenntnisse zu veröffentlichen – einerlei, ob mir meine Entdeckungen gefielen oder nicht. Im Folgenden findet sich die Zusammenfassung meines Buches *Does the Birth Control Pill Cause Abortions?*[280]. Man kann das ganze Buch in der englischsprachigen Version online lesen unter: http://www.epm.org/bcp[281].)

Im *Physicians' Desk Reference* kann man überall die vielfachen Hinweise auf die Forschungsergebnisse aller Hersteller von Geburtskontrollpillen finden. Dort liest man, dass es nicht nur *einen*, sondern *drei* Mechanismen gibt, über die Geburtskontrollpillen ihre Wirkung entfalten: Das ist 1. die Ovulationshemmung (der primäre Mechanismus); 2. die Verdickung des Schleims des Gebärmutterhalses, um dem Spermium den Weg zum Ei zu erschweren; und 3. die Verdünnung und Schrumpfung der Uterusschleimhaut, wodurch die Einnistung des befruchteten Eis nicht oder nur erschwert möglich ist. Die ersten beiden Mechanismen dienen jeweils der Verhütung. Der dritte bewirkt eine Abtreibung.

Gemäß den Erfolgsraten, die im *Physicians' Desk Reference* für jedes Verhütungsmittel aufgeführt werden, entdecken *jedes Jahr* drei Prozent der Frauen, die die Pille nehmen, dass alle drei Mechanismen versagt haben und sie trotzdem schwanger geworden sind. Der dritte Mechanismus versagt *manchmal* in seiner Rolle als »letzte Sicherung«, wobei auch der erste und der zweite Mechanismus

280 A.d.Ü.: Svw. *Verursachen die Pillen zur Geburtskontrolle Abtreibungen?*.
281 A.d.H.: Abgerufen am 9.10.2014.

gelegentlich nicht ihren Zweck erfüllen. Jedes Mal, wenn der dritte Mechanismus jedoch funktioniert, verursacht er eine Abtreibung.

Wie wirkt die Pille?

Im Verlauf des Menstruationszyklus der Frau entwickelt sich die Schleimhaut der Gebärmutter und wird dicker, um die Voraussetzungen dafür zu schaffen, dass das neu empfangene Kind, das sich vielleicht einzunisten versucht, optimale Bedingungen vorfindet. Wenn der natürliche Zyklus nicht von der Pille behindert wird, produziert die Gebärmutter zunehmend Blutgefäße, und die zunehmende Blutzufuhr erlaubt es, das Kind mit Sauerstoff und Nähr-stoffen zu versorgen. Ebenso vermehrt sich in der Gebär-mutter der Vorrat an Glykogen, einer Zuckerart, die sofort nach der Einnistung als Nahrungsquelle für die Blastozyste (das Kind) dient.

Die Pille hält den Körper der Frau davon ab, die denk-bar günstigste Umgebung für das Kind herzustellen. Es wird eventuell sterben, weil es an dem mangelt, was in einer nähr-stoffreichen Gebärmutterschleimhaut normalerweise zur Verfügung steht – Sauerstoff und Nährstoffe.

Gewöhnlich versucht die neue Person, sich sechs Tage nach der Befruchtung einzunisten. Gelingt die Einnistung nicht, so wird das Kind als Fehlgeburt aus dem Mutterleib gespült. Das mag dann lediglich als eine – allerdings ver-spätete – Menstruation angesehen werden. Eine spon-tane Fehlgeburt kommt zwar häufig vor; wenn diese aber durch Fremdeinwirkung (z.B. durch Verwendung einer Vorrichtung oder eines chemischen Präparats) ausgelöst wird, so ist es eine künstlich verursachte Fehlgeburt – eine

Abtreibung. Das stimmt auch, wenn die Mutter dies nicht beabsichtigte, davon überhaupt nichts wahrnahm und sie entsetzt wäre, sobald sie es erführe.

Die ethische Debatte in dieser Frage

Befürworter der Pille argumentieren, dass sie vielleicht *keine* Abtreibung bewirkt. Und weil dem so sei, sollten wir sie ohne Bedenken anwenden und verschreiben können. Einige sagen auch Folgendes: *Falls* die Pille Abtreibungen bewirkt, seien dies nur »Mini-Abtreibungen«, »die vor oder kurz nach der Einnistung« passieren.[282] Daher weisen sie darauf hin, dass man sich nicht in einem ethischen Dilemma befinde, das man lösen müsse. (Das stimmte natürlich, wenn menschliches Leben nicht mit der Empfängnis, sondern mit der Einnistung beginnen würde. Dies aber ist eine Behauptung, hinsichtlich derer viele von uns glauben, dass es weder logische noch wissenschaftliche oder biblische Beweise gibt.)

Meinen Erfahrungen zufolge leugnen ironischerweise nur Pro-Life-Leute die Tatsache, dass die Pille die Einnistung verhindern kann. Dies kommt daher, dass nur Abtreibungsgegner sich über Beweise aufregen, die besagen, die Pille könne mitunter Abtreibungen hervorrufen. Alle, die Abtreibungen als legitim akzeptieren, erkennen ausnahmslos an, dass die Pille vor der Einnistung schützen kann. Ich habe mich lange mit Experten unterhalten, die mich davon überzeugten. Wenn ich es an dieser Stelle genau wissen wollte,

---

282 Walter Larimore, MD, »Growing Debate about the Abortifacient Effect of the Birth Control Pill and the Principle of the Double Effect«, *Ethics and Medicine* 16, Nr. 1 (Januar 2000). Der Artikel wurde am 1. Oktober 2004 vom Autor aktualisiert und von Eternal Perspective Ministries ins Internet gestellt.
URL: http://www.epm.org/pilldebate.html (abgerufen am 23.9.2014).

sagten sie oft: »Natürlich wissen wir, dass die Pille manchmal dazu dient, die Einnistung eines befruchteten Eis zu verhindern. Wir wissen nur nicht, wie oft das vorkommt.«

Die hinsichtlich der Ethik gestellte Frage lautet daher: »Weil wir unsicher sind, wie häufig Abtreibungen verursacht werden, sollten wir dann im Licht unserer Unsicherheit handeln?«

Während ich in Colleges Ethikunterricht gebe, sage ich das so: »Wenn Sie bei Nacht fahren und meinen, das Dunkle da vorn auf der Straße *könnte* ein Kind, aber auch *vielleicht* nur der Schatten eines Baumes sein, fahren Sie dann dagegen, oder treten Sie auf die Bremse? Was ist, wenn Ihrer Meinung nach zu 50 Prozent die Möglichkeit besteht, dass es ein Kind ist? Oder zu 10 Prozent? Oder zu drei Prozent? Wie viel Gewissheit müssen Sie haben, bevor Sie anhalten oder das Steuer herumreißen, weil Sie sonst vielleicht ein Kind töten würden?«

Sollten wir im Zweifelsfall nicht für das Leben eintreten?

Möglicherweise fatale Folgen von guten Absichten

Häufig wird mir gesagt, viele Leute würden die Pille nehmen, weil sie die Absicht haben, eine Empfängnis zu vermeiden, um nicht abtreiben zu müssen. Darum sei es für sie ethisch vertretbar, mit dem Einnehmen der Pille fortzufahren.

Ich stimme sicherlich zu, dass die meisten Frauen, die die Pille nehmen, nicht die Absicht haben abzutreiben. Ja, ich bin überzeugt, dass sich 99 Prozent von ihnen nicht bewusst sind, dass dies überhaupt möglich ist. (Das verdeutlicht leider, wie mangelhaft diese Frauen informiert werden, bevor sie mit der Einnahme beginnen.) Aber die Tatsache bleibt bestehen, dass die *Absichten* derer, die die Pille benutzen, gut gemeint sein mögen, die *Ergebnisse* hingegen fatal sein können.

Eine Krankenschwester, die Ihrem Kind eine Spritze gibt, kann ganz ernsthaft bemüht sein, dem Kind nicht zu schaden. Doch wenn sie ihm unwissentlich ein tödliches Gift spritzt, wird ihre gute Absicht die Tragödie nicht verringern. Einerlei, ob die Schwester das Herz eines Mörders oder eines Heiligen hat, Ihr Kind ist in jedem Fall tot. Die besten Absichten ändern nichts an den schrecklichen Ergebnissen.

In diesem Sinn ist das Einnehmen der Pille mit russischem Roulette vergleichbar, nur mit mehr leeren Kammern in der »Trommel des Revolvers«. Darum ist das Risiko pro Versuch geringer. Bei russischem Roulette *beabsichtigen* die Teilnehmer gewöhnlich nicht, sich selbst zu erschießen. Aber ihre Absicht ist irrelevant, denn wenn sie das Spiel lange genug treiben, können sie den Zufall nicht überspielen. Am Ende bezahlen sie mit dem Leben.

Die »Pille danach«

1997 genehmigte die FDA[283] die Anwendung normaler Geburtskontrollpillen als »Notfall-Verhütung«[284]. Bedeutsam ist, dass diese »Notfall-Verhütung« nur eine Kombination von mehreren üblichen Geburtskontrollpillen in höheren Dosen darstellt. Ein Artikel erklärt:

Als die »Pille danach« bezeichnet man eine Kombination von gewöhnlichen Geburtskontrollpillen, die

---

283 A.d.H.: Abkürzung für »Food and Drug Administration« (US-amerikanische Behörde für Lebensmittel- und Arzneimittelsicherheit).

284 Peter Modica, »FDA Nod to ›Morning-After‹ Pill Is Lauded«, *Medical Tribune News Service*, 26. Februar 1997.

man innerhalb von 72 Stunden nach ungeschütztem Sex in der richtigen Dosierung einnehmen muss, um eine unerwünschte Schwangerschaft zu vermeiden. Die Pillen bewahren vor einer Schwangerschaft, indem sie ein befruchtetes Ei daran hindern, sich in die Gebärmutter einzunisten und sich zu einem Fötus zu entwickeln.[285]

Natürlich »vermeiden« diese Pillen *keine* »Schwangerschaft«, sofern wir das in der Vergangenheit bestehende Verständnis akzeptieren, dass eine Schwangerschaft mit der Empfängnis beginnt und nicht mit der Einnistung. Indem wir so tun, als begänne die Schwangerschaft mit der Einnistung, lenken wir die Aufmerksamkeit von der objektiven Existenz eines Babys ab und richten sie auf die Gebärmutter seiner Mutter und auf deren Rolle, das Kind zu erhalten, das bereits in der Mutter erschaffen wurde. Das Magazin *World* sagt dazu: »In Wirklichkeit erfolgt durch die Einnahme dieser Pillen, die das befruchtete Ei an der Einnistung in die Gebärmutter hindern sollen, eine Abtreibung einer bereits begonnenen Schwangerschaft.«[286]

Der Kampf mit Wörtern und ihren Bedeutungen

Statt von einem kürzlich empfangenen Kind mit all seinen Chromosomen und seiner DNA zu reden, sprechen viele entpersönlichend von einem »befruchteten Ei«. Für sie ist es keine Person, nur weil es sich noch nicht in seinem Lebensraum, der Schleimhaut der mütterlichen Gebärmutter, eingenistet hat. Darum argumentieren sie, es sei in Ordnung, für lebensfeindliche Bedingungen an diesem Ort zu sor-

---

285 Ebenda.
286 *World*, 8. März 1997, S. 9.

gen. Aber das ist genauso, als würde man sagen, Obdachlose seien keine wirklichen Menschen, weil sie nicht in einem Haus wohnen. Und wenn Häuser für sie gebaut werden, wäre es in Ordnung, wenn diese Häuser vor dem Einzug dieser Leute niedergebrannt würden und man sie draußen in der Kälte ließe, wo sie sterben müssten.

Alles, was eine Einnistung verhindert, tötet ein menschliches Wesen und hat damit die gleiche Auswirkung wie jede spätere Abtreibungsprozedur.

Wie etabliert ist die »Pille danach«? Im Februar 2012 konnte man sie an Automaten auf dem Campus der Shippensburg University im Bundesstaat Pennsylvania kaufen. Für 25 Dollar pro Dosis konnte jeder – auch Schülerinnen der Mittelstufe – ein Medikament erwerben, das dazu bestimmt ist, einem bereits empfangenen menschlichen Wesen das Leben zu nehmen.[287]

Warum verheimlicht man die Wahrheit?

Die Verhinderung einer Einnistung ruft bei niemandem ethische Skrupel hervor, außer bei Leuten, die glauben, Gott erschaffe die Menschen bei der Empfängnis. Deshalb ist es kaum verwunderlich, dass Experten darüber nicht viel Worte machen. Bei dieser Einstellung wüssten sie auch gar nicht, warum.

Hersteller der Pille haben ihre eigenen Forschungsabteilungen mit Dutzenden von vollzeitlichen Mitarbeitern, die jedes Jahr Tausende von Seiten über ihre Entdeckungen verfassen müssen. Aber diese Entdeckungen schlagen sich in winzigen Informationseinheiten nieder.

287 Associated Press, »College Vending Machine Dispenses ›Plan B‹«, *Washington Post*, 7. Februar 2012.

Die veröffentlichten Hinweise auf Abtreibungen, die durch die Pillen verursacht werden, sind handfest. Aber sie sind verstreut über Dutzende von wissenschaftlichen Abhandlungen, deren Terminologie für die meisten unverständlich und mit zu vielen Fachbegriffen durchsetzt ist. Folglich findet man nicht nur die schlagkräftigsten Beweise nirgendwo in der Presse, sondern fast niemand aus der übrigen Bevölkerung und auch nur wenige Ärzte haben diese *veröffentlichten* zwingenden Beweise je vor Augen gehabt. Wenn sie überhaupt etwas davon gehört haben, waren es höchstens Bruchstücke.

Viele wohlmeinende Ärzte (darunter christliche Geburtshelfer, Gynäkologen und Hausärzte) haben einfach keine Ahnung von dieser Beweislage. Etliche von ihnen haben mir das nach dem Lesen meines Buches *Does the Birth Control Pill Cause Abortions?* gesagt. Und wenn sie sich über die von mir angeführten Untersuchungen informiert haben, sind sie erstaunt, wie überwältigend die Beweislage ist.

Selbst wenn die Informationen über die »Pille« hier und da an die Oberfläche kommen, haben doch so viele Christen (darunter Pastoren und Leiter übergemeindlicher Werke) die Pille benutzt bzw. empfohlen, sodass sie einen natürlichen Widerwillen haben, von diesem Thema zu reden oder ernsthaft darauf einzugehen, wenn andere es tun.

Wir können uns auch nicht der Tatsache verschließen, dass die Pille weltweit viele Milliarden Dollar Umsatz bringt. Ihre Hersteller, die Arzneimittelfirmen, haben ein ungeheuer starkes Interesse daran. Auch viele Ärzte verschreiben sie gern. Ich will damit *keinesfalls* sagen, dass die meisten Ärzte sie vornehmlich wegen des finanziellen Gewinns verschreiben. Aber ich meine sehr wohl, dass das Ausstellen der entsprechenden Rezepte einen beträcht-

lichen Teil des Gesamteinkommens vieler Praxen aus-
macht.

Am besten geeignet, diese Informationen unters Volk zu
bringen, sind die Pillenhersteller. Das Problem ist nur: Sie
gewinnen Kunden, wenn sie diese davon überzeugen, *dass*
die Pille wirkt, und nicht dadurch, dass sie erklären, *wie* sie
wirkt. Keine Frau nimmt die Pille, weil sie weiß, dass sie die
Einnistung verhindert. Aber einige, vielleicht sogar viele,
würden damit aufhören, wenn ihnen klar werden würde,
dass genau dies der Fall ist.

Ein pharmazeutisches Unternehmen hat daher nichts zu
gewinnen, hätte aber möglicherweise sehr viel zu verlieren,
wenn es die Aufmerksamkeit auf diese Informationen lenken würde.

Kapitel 15
Was ist mit behinderten und unerwünschten Kindern?

Hin und wieder wird argumentiert: »Es ist grausam, behinderte Kinder zur Welt kommen zu lassen, die dann ein elendes und bedeutungsleeres Leben führen.« Aber was denken die Behinderten selbst über ihr Leben? Man hat Spina-bifida-Patienten befragt, ob sie aufgrund ihrer Behinderung ihren Wert als Menschen verloren hätten und ob man ihnen lieber hätte erlauben sollen, nach der Geburt zu sterben. »Ihre einmütige Antwort war überzeugend. Natürlich wollten sie leben! Ja, sie fanden die Frage einfach lächerlich.«[288]

Ich hörte, was ein Pro-Choice-Verfechter über ein schwerbehindertes Kind sagte: »Darf man eine Frau zwingen, ein *Monster* zur Welt zu bringen?« Schon durch die Wahl solcher Wörter können wir der Verführung erliegen, uns die ihnen zugrunde liegende Geringschätzung zu eigen zu machen. Die Entsprechung des Wortes *Dahinvegetierende*[289] ist in der englischsprachigen Welt eine andere beliebte Bezeichnung für benachteiligte Menschen. Eine solche Wortwahl ist grausam und entmenschlichend. Trotzdem bleiben die Betreffenden, was sie wirklich sind – *Menschen*.

Ein fleckiger Apfel ist dennoch ein Apfel. Ein blinder Hund ist immer noch ein Hund. Eine senile Frau ist nichtsdestoweniger eine Frau. Ein behindertes Kind ist trotzdem ein Kind. Das Wesen einer Person und ihr Wert werden durch die Behinderung nicht verändert. S. E. Smith sagt in

---

288 W. Peacock, »Active Voluntary Euthanasia«, *Issues in Law and Medicine* (1987). Zitiert in: John Willke, *Abortion Questions and Answers*, Cincinnati, OH: Hayes Publishing, 1988, S. 212.

289 A. d. H.: *Vegetable* im Original. Das umgangssprachlich auch mit *armseliges Gemüse* übersetzbare Wort wird im englischsprachigen Raum in stärkerem Maße abwertend gebraucht, wenn man dessen Verwendung mit der Benutzung des deutschen Begriffs *Dahinvegetierende* speziell für diesen Personenkreis vergleicht.

einem Artikel in *Disability*: »Die Nichtbehinderten, die in der Gesellschaft das Sagen haben, müssen mit der Ansicht brechen, dass das Leben mit einer Behinderung tragisch und nicht lebenswert ist.«[290]

Tests können sich irren und versagen

Einige Ärzte empfehlen, »eine Schwangerschaft zu beenden« (ein Kind umzubringen), wenn die genetische Vorgeschichte eines Ehepaares das Risiko einer Anomalie nahelegt. Die heutigen Standardtests auf mögliche Missbildungen sind die *Chorionzottenbiopsie* und die *Amniozentese*[291] (»Triple-Test«[292]), auch als *Fruchtblasenpunktion* bezeichnet. Andere Forscher richten ihre Aufmerksamkeit auf eine Entnahme von RNA-Proben.[293] Eine 2011 durchgeführte Studie zeigt, dass diese Tests in einem von 300 bis 500 Fällen zu einer Fehlgeburt führten.[294] Die US Centers for Disease Control and Prevention schätzen die Häufigkeit bei frühen Fruchtblasenpunktionen ähnlich hoch ein, indem sie von einer Rate »zwi-

---

290 S. E. Smith, »*Devaluing the Disabled Body*«, *This Ain't Livin'*, 17. August 2009; vgl. http://disabledfeminists.com/2009/10/09/devaluing-the-disabled-body/ (abgerufen am 24. 9. 2014).

291 Richard S. Olney, MD, MPH, u. a., »Chorionic Villus Sampling and Amniocentesis: Recommendations for Prenatal Counseling«, 1, US Centers for Disease Control and Prevention, *Morbidity and Mortality Weekly Report* 44 (RR-9), 21. Juli 1995; http://www.cdc.gov/mmwr/preview/mmwrhtml/00038393.htm (abgerufen am 24. 9. 2014).

292 A. d. H.: D. h. Dreifachtest zum Screening vor allem auf Downsyndrom.

293 Jack Canick, PhD, »A New Prenatal Blood Test for Down Syndrome (RNA)«, Auswertung der klinischen Studie NCT00877292, 20. Dezember 2011, US National Institutes of Health, Rubrik »Klinische Studien«; http://www.clinicaltrials.gov/ct2/show/NCT00877292?term=Down+Syndrome&rank=3 (abgerufen am 24. 9. 2014).

294 »Diamond Blackfan Anemia, Genetics, and You«, 2, US Centers for Disease Control and Prevention; http://www.cdc.gov/ncbddd/dba/documents/DBA_GENETICS.pdf (abgerufen am 24. 9. 2014).

schen einem Todesfall pro 400 bis zu einem Todesfall pro 200 Tests« ausgehen.

In dieser Studie zeigte sich außerdem eine auffällige Zunahme von Klumpfußbildung nach frühen Fruchtblasenpunktionen um das Zehnfache.[295] Ironischerweise ist demnach bei einem Verfahren, das der Erkennung von fötalen Missbildungen dienen soll, im Grunde die Wahrscheinlichkeit, dass solche erzeugt werden, ziemlich hoch.

»Bei allen eugenischen Abtreibungen, die aufgrund von genetischer Vorbelastung ausgeführt wurden, waren 50 Prozent bis drei Viertel der getöteten ungeborenen Kinder von der Krankheit nicht betroffen. Somit wurden mehr ›normale‹ Kinder getötet als ›behinderte‹.«[296]

Ärzte haben nicht immer recht

Viele Eltern haben ihre Babys abgetrieben, weil die Ärzte ihnen sagten, ihr Kind würde schwerbehindert sein. Anderen, denen ich begegnet bin, wurde das Gleiche erzählt, doch sie entschieden sich, ihr Kind zu behalten. Diese Eltern waren erstaunt, als dann ein ganz normales Kind zur Welt kam.

Vor einigen Jahren sah ich in den Fernsehnachrichten den Bericht über eine Frau, bei der man einen wachsenden Tumor diagnostiziert hatte. Der »Tumor« entpuppte sich als ein Kind. Die Frau hatte Krebs und befand sich seit zwei Jahren in einer intensiven Chemotherapiebehandlung. Hätten die Ärzte gewusst, dass sie schwanger war, hätten sie ihr

---

295 Richard S. Olney, MD, MPH, u. a., »Chorionic Villus Sampling and Amniocentesis: Recommendations for Prenatal Counseling«, 1; http://www.cdc.gov/mmwr/preview/mmwrhtml/00038393.htm (abgerufen am 24. 9. 2014).

296 David C. Reardon, *Aborted Women: Silent No More*, Westchester, IL: Crossway, 1987, S. 172.

in der Annahme, das Kind sei missgebildet, ganz sicher zu einer Abtreibung geraten. Doch das Kind war völlig normal.

Eine Frau aus Oregon suchte die Ärzte einer Klinik in Portland auf, um eine Computertomografie bewerten zu lassen. Diese kamen zu dem Schluss, dass das Bild eine große Masse in der Bauchhöhle zeige, die auf der Gebärmutter der Frau sitze. Die Betreffende wurde einer Totaloperation[297] unterzogen, um den vermuteten Tumor zu entfernen. Es stellte sich aber heraus, dass sie gar keinen Krebs hatte, sondern in der 17. Schwangerschaftswoche war.

Sie strengte wegen des Verlusts ihrer Gebärmutter und ihres ungeborenen Kindes einen Prozess an. Schließlich entschied das Berufungsgericht von Oregon, das ungeborene Kind sei nach den Gesetzen dieses Bundesstaats keine »Person«.

Die Missbildungen sind manchmal geringfügig

Das für Planned Parenthood arbeitende Guttmacher Institute sagt, dass ein Prozent der Frauen, die abgetrieben haben, dies auf den Rat ihrer Ärzte hin taten, weil das Ungeborene einen Defekt habe.[298] Aber was als Missbildung bezeichnet wurde, waren manchmal leicht zu behebende Zustände, wie z. B. Lippen- und Gaumenspalten. Nachdem die Mutter eines fünfjährigen Mädchens mit Lippen-Kiefer-Gaumenspalte in der Londoner *Sunday Times* über diese häufigen, aus kosmetischen Gründen erfolgenden Abtreibungen gelesen hatte, schrieb sie an den Herausgeber der Zeitung:

---

297 A. d. H.: Dabei wird die gesamte Gebärmutter entfernt.
298 »Amniocentesis Complications«; 6. 6. 2012; http://www.nhs.uk/conditions/ amniocentesis/pages/complications.aspx (abgerufen am 24. 9. 2014).

Erschrocken habe ich gelesen, dass sich heute viele Ehepaare eher für eine Abtreibung als für das Risiko entscheiden, ein Baby mit einer so unbedeutenden Unvollkommenheit zu haben. Meine Tochter ist keineswegs eine schwachsinnige Missgeburt ... sie kann ein glückliches und erfülltes Leben führen und tut es auch ... In welch einer Gesellschaft leben wir eigentlich, wenn eine kleine, durch eine Operation zu beseitigende Missbildung im Gesicht als etwas Unnormales betrachtet wird, das nur noch eine Abtreibung verdient?[299]

Ein blinder Fleck in unserer Kultur

Eine Umfrage unter Kinderärzten und Kinderchirurgen zeigte, dass mehr als zwei von drei dem Wunsch der Eltern entsprechen würden, einem Kind mit Downsyndrom eine lebensrettende Operation zu verweigern.

Auf der einen Seite richten wir besondere Parkplätze und Fahrstühle für die Behinderten ein. Wir sprechen freundlich über Kinder mit Spina bifida oder Downsyndrom, die wir auf großformatigen Postern sehen. Es gibt Sponsoren für die Paralympischen Spiele, und wir beklatschen die Wettkämpfer, indem wir von der Freude und der Inspiration sprechen, die sie uns bringen. Aber wenn wir hören, eine Frau sei mit einem solchen Kind schwanger, sagen viele: »Bringen Sie es um!«

Hier in Oregon erhielt im Jahr 2012 ein Ehepaar beinahe 3 Mio. Dollar. Das war die Summe, die die Betreffenden für den Mehraufwand an Pflege für ihre Tochter mit Downsyndrom einforderten. Diese Kosten seien durch eine Fehl-

299 Susan Kitching, *London Sunday Times*, 11. Februar 1990.

entscheidung vor der Geburt entstanden. Die Eltern verklagten das Krankenhaus wegen Fahrlässigkeit, weil die Ärzte ihnen gesagt hatten, dass die vorgeburtlichen Tests bei ihrem Kind keinen Hinweis auf diese Behinderung ergeben hätten. Der Fehler des Krankenhauses rettete dem Kind das Leben, denn die Eltern gaben an, sie hätten das Kind abtreiben lassen, wenn sie von der Behinderung gewusst hätten.[300] (Welche Botschaft bedeutet das für ihr Kind?)

Bedeutsam ist, dass es bei all den Gruppen, die sich für vorgeburtliche Tests einsetzen, »bisher noch keine einzige Organisation von Eltern mental zurückgebliebener Kinder gegeben hat, die jemals Abtreibungen gutgeheißen hat«[301].

Nehmen wir an, Ihr sechsjähriges Kind würde erblinden oder querschnittgelähmt werden. Es ist von da an eine Last. Es weiterhin aufzuziehen, ist teuer sowie mühevoll und belastet Ihre seelische Gesundheit. Würden Sie es umbringen? Wenn man ein Gesetz erließe, das die Tötung legalisierte, würden Sie es tun? Wenn nicht, warum nicht?

Sie würden das behinderte Kind nicht töten, *weil Sie es kennen*. Aber ein Ungeborenes zu töten, nur weil Sie es nicht in den Armen gehabt und es nicht schreien gehört haben, verändert doch dessen Wert nicht. Geben Sie sich selbst die Chance, Ihr Kind kennenzulernen. Sie *werden* es lieben.

Was ist mit einem an Anenzephalie leidenden Kind, das also kein voll entwickeltes Gehirn haben wird? Weil die allgemeine Erwartung lautet: »Es wird sowieso sterben«, raten

300 Kristina Chew, »Parents Awarded $ 3 Million after Daughter Born with Down Syndrome«, Care to Make a Difference, 12. März 2012; http://www.care2.com/causes/parents-sue-after-daughter-born-with-down-syndrome.html (abgerufen am 24. 9. 2014).
301 John Willke, *Abortion Questions and Answers*, a. a. O., S. 211.

die Ärzte den Eltern oft zu einer Abtreibung.[302] Es gibt Fälle, bei denen man solche Schlussfolgerungen kritisch betrachten muss,[303] aber selbst, wenn es solche Fälle nicht gäbe, ist es doch *eine* Sache zu wissen, dass das Kind höchstwahrscheinlich sterben wird, und *eine völlig andere*, sich dafür zu entscheiden, ihm das Leben zu nehmen.

Das Leben wählen

Ich unterrichtete in einer Sonntagsschulklasse[304] meiner Gemeinde, die auch von einem Ehepaar besucht wurde. Die Frau hatte erfahren, dass sie mit einem Kind schwanger war, das Anenzephalie hatte. Ganz am Boden zerstört, baten sie und ihr Mann die Gruppe, für sie zu beten. Sie sagten nämlich: »Wir werden morgen ein Gespräch mit dem Arzt haben, bei dem unsere Optionen besprochen werden sollen.«

Weil ich wusste, dass als allererste Option die Abtreibung genannt werden würde, wartete ich, um zu sehen, ob einer der anwesenden Gläubigen seine Hilfe anbieten würde. Es gab mehrere unter ihnen, die aufrichtiges Mitleid zeigten und auf sie zugingen. Doch niemand ermahnte sie, dem Rat ihres Arztes nicht zu folgen, wenn er zur Abtreibung

---

302 Man sollte darauf hinweisen, dass 75 Prozent aller Babys, bei denen Anenzephalie diagnostiziert wird, Lebendgeburten sind. Siehe Monika Jaquier, »Report about the Birth and Life of Babies with Anencephaly«, Anancephaly.info, 7. März 2006; http://www.anencephalie-info.org/e/report.php (abgerufen am 24. 9. 2014).

303 Matthew C. Hoffman, »Brazilian Anencephalic Baby Shatters Pro-Abortion Myths«, 5. Juni 2008, *LifeSiteNews*; http://www.lifesitenews.com/news/archive/ldn/2008/jun/08060502 (abgerufen am 24. 9. 2014); siehe auch ein Blog von Myah; http://babyfaithhope.blogspot.com/2009/03/39-days-old.html (abgerufen am 24. 9. 2014).

304 A. d. H.: Hier ist nicht die »Sonntagsschule« im Sinne einer biblischen Unterweisung der Kinder gemeint. Es geht vielmehr um die systematische allsonntägliche Belehrung Erwachsener, die sich meist an die Predigt anschließt und ein fester Bestandteil des Lebens vieler US-amerikanischer Gemeinden ist.

raten sollte. Nachdem alle fortgegangen waren, sprach ich mit ihnen, und sie sagten mir, dass sie sich hoffnungslos fühlten. Aufgrund dessen, was der Arzt ihnen schon gesagt hatte, hatten sie entschieden, dass es am besten sei, »Schluss zu machen« und so früh wie möglich die Abtreibung durchführen zu lassen.

Ich fragte sie freundlich: »Wenn euch gesagt würde, eines eurer drei älteren Kinder werde innerhalb des nächsten Jahres sterben, würdet ihr das Kind lieben, solange es lebt, oder würdet ihr sagen: ›Wir machen Schluss‹, indem ihr beschließt, es umzubringen?« Sie blickten mich entrüstet an und sagten: »Natürlich nicht!«

Danach entschieden sie sich, das Kind am Leben zu lassen. Was nun folgte, was nicht einfach, aber es wurde zu einer wunderbaren Erfahrung für die ganze Familie. Das Kind, eine Tochter, wurde geboren; sie gaben ihr einen Namen, und jedes der anderen Kinder nahm sie auf den Arm. Sie beteten über ihr, wandten sich ihr voller Liebe zu und machten Familienfotos. Nach wenigen Wochen starb dann das Kind.

Bei der Beerdigung brachten sie die Bilder mit zur Kirche und erzählten mir, welch heilsame Wirkung diese gemeinsame Erfahrung bei ihnen allen hinterlassen hatte. Es war keineswegs einfach, aber hätten sie ihrem Kind das Leben genommen, wäre die Familie um einen großen Reichtum betrogen worden. Die Geschwister werden sich immer an ihr niedliches Schwesterchen erinnern, und die Eltern werden stets an ihr süßes Töchterchen denken.

Wie tragisch anders wäre es beinahe gekommen, wenn sie sich an andere Ratschläge gehalten und z. B. auf die Ärzte gehört hätten. (Und wie oft versagen Christen – sogar in Gemeinden, denen das Anliegen von Pro-Life wichtig ist –, weil sie nicht auf Betroffene zugehen, um ihnen zu helfen, im Licht der Unantastbarkeit des menschlichen Lebens die richtige Entscheidung zu fällen!)

Keine Rechtfertigung

Viele Familien haben kostbare Erfahrungen gesammelt, indem sie einem Kind mit Anenzephalie einen Namen gaben, es in den Armen hielten und so nach der Geburt eine Beziehung zu ihm aufbauten.[305] Das steht in starkem Kontrast zu dem anhaltenden Kummer und den Schuldgefühlen, die auftreten, wenn man einem Baby seinen Platz in der Familie verweigert und ihm das Leben nimmt. Abtreibung beseitigt nicht den Schmerz.[306] Stattdessen vergrößert sie ihn letztendlich in höchstem Maße.

In einem Artikel des *Journal of Medical Ethics*, der im März 2012 erschien, schrieben zwei australische Ethiker, Alberto Giubilini und Francesca Minerva, dass eine »Abtreibung nach der Geburt« genauso »großzügig erlaubt werden sollte wie alle anderen Fälle von Abtreibung, einschließlich solcher Fälle, wo das Neugeborene nicht behindert ist«. Die Professoren nannten als Beispiel das Downsyndrom und sagten dazu: »Solche Kinder können zu einer unerträglichen Last für die Familie und die Gesellschaft insgesamt werden, wenn der Staat finanziell für die Fürsorge herangezogen wird.« Dr. Jeff Myers antwortete darauf, dass eine so »barbarische Argumentation die logische Folge einer Pro-Abtreibungsmentalität«

305 »Jesse Alexander Brand«, Information über Anenzephalie, 10. Oktober 2007; http://www.anencephalie-info.org/e/jesse.php (abgerufen am 24. 9. 2014).
306 »Coping with Grief«. Vgl. dazu folgende Website: http://www.childrens-mercy.org/Content/uploadedFiles/Grief.pdf (abgerufen am 24. 9. 2014). Hier finden sich zahlreiche englischsprachige Links zu diesem Thema.

sei, und die Behauptung, ein Kind könne »abgetrieben – getötet – werden, weil die Umstände nicht vollkommen sind, würde unsere Gesellschaft in die Eugenik-Debatte zurückwerfen, die von den Nazis so effektiv dazu benutzt wurde, alle zu töten, die ihnen unerwünscht erschienen«[307].

Wie eine Gesellschaft beschaffen ist, wird größtenteils dadurch definiert, wie sie mit ihren schwächsten Gliedern umgeht. Eine Tötung ist niemals dadurch gerechtfertigt, dass sie andere von Lasten befreit. Keinesfalls ist es eine Lösung, einer Person Leiden aufzubürden, um sie anderen zu ersparen. Wenn wir Kinder abtreiben, die behindert sind, gefährden wir alle behinderten Menschen.

Die Last, unerwünscht zu sein

Planned Parenthood behauptet, unerwünschte Kinder würden »schlechtere Noten bekommen, besonders im sprachlichen Bereich«. Man sagt, dass unerwünschte Heranwachsende »im schulischen Bereich zunehmend zurückfallen«. Außerdem müsse »man damit rechnen … dass nicht einmal halb so viele von ihnen einen Universitätsabschluss anstreben würden im Vergleich zu erwünschten Kindern«[308].

Ich stelle die Richtigkeit dieser Erkenntnisse nicht infrage. Sie sagen nur, was wir bereits wissen sollten: Wie wichtig es ist, dass wir unsere Kinder wollen. Stattdessen aber be-

307 Alberto Giubilini und Francesca Minerva, »After-birth Abortion: Why Should the Baby Live?«, *Journal of Medical Ethics* (März 2012); http://jme.bmj.com/content/early/2012/03/01/medethics-2011-100411.short (abgerufen am 24.9.2014). Ebenso: Kristina Chew, »Parents Awarded $ 3 Million After Daughter Born With Down Syndrome«, 12. März 2012; http://www.care2.com/causes/parents-sue-after-daughter-born-with-down-syndrome.html (abgerufen am 24.9.2014).
308 »Born Unwanted: Developmental Consequences for Children of Unwanted Pregnancies«, Planned Parenthood Federation of America, n. d.

nutzen Pro-Choice-Verfechter diese Untersuchungen, um die Abtreibung von »Unerwünschten« zu rechtfertigen.

Es gibt »unerwünschte Schwangerschaften«, aber in Wirklichkeit *gibt es niemals so etwas wie unerwünschte Kinder*. Denn wenn auch manche Leute sie nicht wollen, suchen doch andere ganz verzweifelt danach.

Fast 1,3 Millionen US-amerikanische Familien möchten ein Kind adoptieren. Es besteht ein solcher Bedarf an Babys, dass private Adoptionen in den USA bis zu 30 000 Dollar kosten können, selbst ohne »teure Überraschungen«[309]. Adoptionen aus dem Ausland erhöhten sich in den USA um mehr als das Zweifache in den 1990er-Jahren, als weniger Paare in der Lage waren, zur Adoption freigegebene Kinder zu finden.[310] Es hat sich sogar ein Schwarzmarkt[311] für gestohlene[312] Babys entwickelt, die dann für bis zu 50 000 Dollar verkauft werden. Nicht nur »normale« Babys sind erwünscht; viele Leute suchen auch nach Babys mit speziellen Bedürfnissen, einschließlich Kindern mit Downsyndrom und Spina bifida.[313]

Gefühle können sich ändern. Viele anfangs von ihren Müttern abgelehnte Kinder werden später in der Schwangerschaft sehr erwünscht, und dies noch mehr nach der Geburt. (Leider erleben viele Mütter, die ihr Kind im sechs-

---

309 The Adoption Foundation, »Some Numbers in a Nutshell«; http://infant.adoption. com/newborn/some-numbers-inthe-nutshell.html (abgerufen am 24. 9. 2014).
310 Allison Tarmann, »International Adoption Rate in U.S. Doubled in the 1990s«, *Population Reference Bureau*, Januar 2003; http://www.prb.org/Articles/2003/ InternationalAdoptionRateinUSDoubledinthe1990s.aspx (abgerufen am 24. 9. 2014).
311 »Known Black Market Operations«; http://www.adopting.org/adoptions/black-market-adoptions.html (abgerufen am 24. 9. 2014).
312 Jessica Hopper, »Black Market Babies Seeking Answers through Facebook« (http://www.facebook.com/SeymourFenichelAdoptees; abgerufen am 24. 9. 2014), ABC News, 15. Februar 2011; http://abcnews.go.com/US/adoptees-illegal-baby-sellingring-led-seymour-fenichel/story?id=12886993 (abgerufen am 24. 9. 2014).
313 Christian Homes and Special Kids; http://chask.org/ (abgerufen am 24. 9. 2014).

ten Monat angenommen hätten, dieses Glück nicht mehr, weil sie es im dritten Monat abgetrieben haben.)

Andererseits sind viele Kinder bei der Geburt erwünscht gewesen, aber sind *unerwünscht*, wenn sie sechs Wochen später nachts um 2 Uhr schreien. Sollen dann immer noch die Eltern darüber entscheiden dürfen, ob das Kind verdient zu leben oder nicht? Wenn das ein erlaubter Entscheidungsmaßstab vor der Geburt ist, warum hinterher nicht mehr?

Das Problem der »Unerwünschtheit« ist ein gutes Motiv, für Kinder zu sorgen. Aber es ist eine schlechte Rechtfertigung, wenn man darangeht, sie zu töten.

Einer der irreführendsten Aspekte der Pro-Choice-Argumente liegt darin, den Anschein zu erwecken, dass die Abtreibung das Beste für das Baby sei. Dies ist dermaßen absurd, dass man lachen müsste, wenn es nicht so tragisch wäre. Eine kleine Person wird Glied für Glied *zu seinem eigenen Besten* auseinandergerissen? So ähnlich argumentierten die Sklavenbesitzer: Sklaverei sei im besten Interesse der Schwarzen. (Wer soll da auf den Arm genommen werden?)

Manche sagen: »Ich kann dieses Kind nicht behalten, weil ich ihm kein gutes Leben bieten kann.« Und was ist ihre Lösung, weil sie nicht imstande sind, ihm ein gutes Leben zu bieten? Sie nehmen ihm das einzige Leben, das es hat.

Jedes Kind ist ein erwünschtes Kind

»Unerwünscht« ist nicht die Beschreibung eines Kindes, sondern die Haltung einiger Erwachsener gegenüber dem Kind. Das eigentliche Problem sind nicht die unerwünschten Kinder, sondern die Erwachsenen, die es nicht haben wollen.

Mit dem »Erwünschtsein« kommt unter Umständen nur das subjektive und sich wandelnde Gefühl einem anderen gegenüber zum Ausdruck. Das »unerwünschte« Kind ist eine wirkliche Person, völlig unabhängig von den Gefühlen, die jemand ihm gegenüber hegt.

Der Wert einer Frau wurde früher daran gemessen, ob ein Mann sie wollte oder nicht. Der Wert eines Kindes wird heute danach beurteilt, ob die Mutter es will oder nicht. Beides sind tragische Ungerechtigkeiten.

»Jedes Kind ist ein erwünschtes Kind.« Diesem berühmten Spruch von den Vorkämpfern der Organisation Planned Parenthood sollten wir alle zustimmen. Worin wir mit ihnen uneins sind, ist die richtige Fortsetzung dieses Satzes. Wie sollte *Ihrer* Meinung nach der Satz beendet werden?

- *Jedes Kind ist ein erwünschtes Kind*, darum ... lasst uns die Kinder in Häuser vermitteln, wo sie erwünscht sind, und lasst uns lernen, Kinder mehr anzunehmen.

Oder:

- *Jedes Kind ist ein erwünschtes Kind*, darum ... lasst uns die unerwünschten Kinder vor der Geburt identifizieren und durch Abtreibung umbringen.

Jeder stimmt dem zu, dass Kinder erwünscht sein sollten. Die einzige Frage lautet: Sollten wir das *Unerwünschtsein* oder die *Kinder* loswerden?

Wenn es um die Ungeborenen geht, wird die Einstellung der Abtreibungsrechtler besser mit einem anderen Spruch wiedergegeben, allerdings durch einen, der sich nicht so gut als Autoaufkleber eignet: »Jedes unerwünschte Kind – ein totes Kind!«

Kapitel 16
Verhindert Abtreibung Kindesmisshandlungen?

Ein Mädchen im Teenageralter bekam in einem Motel in Delaware ein Kind. Sie und ihr Freund steckten das noch lebende Baby in eine Plastiktüte und warfen es in den Müllcontainer. Eine 17 Jahre alte Mutter, die eine Abendschule besuchte, schleuderte ihr Kind in einen Fluss, weil sie keinen Babysitter finden konnte. Ähnliche Geschichten gibt es zur Genüge.

Im Jahr 1973, als die Abtreibung legalisiert wurde, schätzte man die Fälle von Kindesmisshandlung auf 167 000 pro Jahr.[314] 2010 gab es 701 158 belegte Missbrauchsfälle, davon 1262 mit tödlichem Ausgang. Das waren viermal so viele wie in der Zeit, bevor die Abtreibung legalisiert wurde.[315]

Die Zunahme des Kindesmissbrauchs ist in Wirklichkeit noch viel dramatischer, als diese Zahlen es zeigen, weil 45 Millionen US-amerikanische Kinder, die durch chirurgische Abtreibung getötet worden sind (und zig andere, die durch chemische Abtreibung umgekommen sind), *gar nicht als Opfer von Kindesmisshandlung mitgezählt worden sind.* Aber Abtreibung ist der früheste Kindesmissbrauch, und bei keiner anderen Form ist die Todesrate so hoch.

Die überall zu hörende Ansicht, Abtreibung verhindere Kindesmissbrauch, ist eines der seltsamsten Argumente, das jemals vorgebracht worden ist. Diese Behauptung ist im gleichen Sinn wahr, wie der Spruch wahr ist: *Eine Ehefrau zu töten, schützt sie vor Missbrauch.* Es ist wahr, Tote kön-

---

314 *Report of the National Center of Child Abuse and Neglect,* US Department of Health and Human Services, 1973 – 1982.

315 US Department of Health and Human Services, »Child Maltreatment 2010«, Kap. 3, S. 30, Tafel 3-1, und Kap. 4, S. 58; http://www.acf.hhs.gov (abgerufen am 24. 9. 2014).

nen nicht mehr missbraucht werden. In diesem Sinn können später Missbräuche durch eine augenblickliche Tötung verhindert werden. Aber wer argumentiert, man habe sie vor generellem Missbrauch geschützt, indem man sie umbrachte, stellt die Logik auf den Kopf.

Aber *warum* wurden seit der Legalisierung der Abtreibung in den USA weit mehr Kinder missbraucht oder misshandelt als vorher? Ich glaube, zum großen Teil kommt dies daher, *dass die Abtreibung die Art verändert hat, wie wir Kinder sehen.*

Zusammenhang zwischen Abtreibung und Kindesmisshandlung

Pro-Choice-Verfechter argumentieren: »Mehr unerwünschte Kinder zu haben, führt zu mehr Kindesmisshandlungen.« Das klingt einigermaßen logisch, doch mehrere maßgebende Studien sprechen eine ganz andere Sprache.

Vor einigen Jahrzehnten führte Professor Edward Lenoski von der University of Southern California eine richtungweisende Studie über 674 misshandelte Kinder durch. Er stellte fest, dass 91 Prozent der Eltern, die ein Kind missbrauchten, zugaben, dieses Kind *gewollt* zu haben.[316] Das Pro-Choice-Argument, unerwünschte Kinder seien für Misshandlungen prädestiniert, mag logisch klingen, aber die beste Studie, die bislang dazu durchgeführt worden ist, weist nach, dass es nicht stimmt.

Wenn Abtreibungsbefürworter ihren Standpunkt verteidigen, berufen sie sich gewöhnlich auf *eine* Langzeitstudie an 120 Individuen aus der heutigen Tschechischen

---

316 Edward Lenoski, *Heartbeat* 3 (Dezember 1980), zitiert in: John Willke, *Abortion Questions and Answers*, Cincinnati, OH: Hayes Publishing, 1988, S. 140-141.

Republik. Diese Studie wurde unter der Schirmherrschaft der American Psychological Association durchgeführt, die offiziell die Pro-Choice-Politik vertritt. Der betreffende Forscher war Henry P. David, ein Mitarbeiter der APA, der sich mit globaler Bevölkerungs- und Familienplanungspolitik befasste.[317] Andere Studien widersprechen ausdrücklich Davids Schlussfolgerungen.

Im Jahr 2005 fanden Forscher an der Bowling Green State University heraus, dass die Wahrscheinlichkeit einer Kindesmisshandlung durch Mütter, die eine Abtreibung hinter sich hatten, um 144 Prozent höher war als bei Frauen, die nicht abgetrieben hatten.[318] »Ihre Untersuchungen ergaben, dass Frauen mit einer Abtreibungsgeschichte häufiger ohrfeigten, stießen, traten oder bissen und schlugen oder körperlich straften als Frauen, die keine Abtreibung erlebt hatten.«[319]

Dr. Philip Neys und Dr. Priscilla Colemans Studien weisen darauf hin, dass dies zum Teil auf Schuldgefühle und Depressionen zurückzuführen ist, die durch Abtreibungen hervorgerufen wurden. Dadurch wurden die Mütter den späteren Kindern gegenüber weniger bindungsfähig.[320] Ney

317 H. P. David u. a., Hrsg., *Born Unwanted: Developmental Effects of Denied Abortion*, Prag: Avicenum, Czechoslovak Medical Press, 1988; American Psychological Association, »Tribute to Henry P. David, 1923 – 2009«, April 2010; http://www.apa.org/international/pi/2010/04/tribute-david.aspx (abgerufen am 24. 9. 2014).

318 »Abuse Risk Linked to Abortion«, *Washington Times*, 2. November 2005; http://www.washingtontimes.com/news/2005/nov/02/20051102-110138-9468r/ (abgerufen am 24. 9. 2014).

319 Priscilla K. Coleman, PhD, u. a., »Induced Abortion and Child-Directed Aggression among Mothers of Maltreated Children«, *The Internet Journal of Pediatrics and Neonatology*, Internet Scientific Publications; http://www.ispub.com/journal/the-internet-journal-of-pediatrics-and-neonatology/volume-6-number-2/induced-abortion-and-child-directed-aggression-among-mothers-of-maltreated-children.html (abgerufen am 24. 9. 2014).

320 Philip G. Ney, »A Consideration of Abortion Survivors«, *Child Psychiatry and Human Development* (Frühjahr 1983), S. 172-173.

dokumentiert, dass eine Abtreibungserfahrung die natürliche Zurückhaltung gegenüber Gefühlen wie Wut herabsetzt, wenn die Betreffende mit kleinen Kindern umgeht.[321]

Dr. Coleman kam zu dem Schluss, dass die Zunahme von Misshandlungen gegenüber geborenen Kindern verursacht wird durch »die unerledigte Trauerarbeit in Bezug auf Abtreibungserlebnisse, den Zerbruch des Bindungsmechanismus zwischen Mutter und Kind, die abtreibungsbedingten Schuld- und Schamgefühle und/oder durch psychische Störungen, die im Zuge der Abtreibung entstehen«[322].

Wenn wir darüber nachdenken, sollten uns diese Erkenntnisse nicht verwundern. Bei der Entscheidung zu einer Abtreibung setzen sich sowohl die Mutter als auch der Vater über die besten natürlichen Impulse in Bezug auf die Fürsorge für ein hilfloses Kind hinweg. Nachdem sie diesen Bewahrungsinstinkt gegenüber dem Ungeborenen unterdrückt haben, kann es ihnen schwerer fallen, ihre Wut zurückzuhalten, wenn es um die hilflose Abhängigkeit eines Neugeborenen, um das Schreien eines Kleinkindes oder die Trotzreaktionen eines Vorschulkindes geht.[323] Wer unwillig ist, die Unbequemlichkeiten zu ertragen, die ein Ungeborenes bereitet, der wird auch weniger bereit sein, die Unannehmlichkeiten hinzunehmen, die von Kindern verursacht werden, welche man nicht abgetrieben hat.

321 Philip G. Ney, »Relationship between Abortion and Child Abuse«, *Canadian Journal of Psychiatry* (November 1979), S. 611-612.

322 Priscilla K. Coleman u. a., »Induced Abortion and Child-Directed Aggression among Mothers of Maltreated Children«, a. a. O.

323 Nancy Michels, *Helping Women Recover from Abortion*, Minneapolis, MN: Bethany House, 1988, S. 169-170.

Wo Abtreibung legalisiert ist, ist kein Kind sicher

Die Haltung, die zur Abtreibung führt, ist genau dieselbe, die Kindesmisshandlung hervorruft: Kinder führen zu Unbequemlichkeiten, und die Erwachsenen haben das Recht, nicht belästigt zu werden. Eine bedürftige Person, die mich ständig unterbricht und frustriert, die meine Freiheiten einschränkt und meine Pläne durchkreuzt, verdient es, bestraft (misshandelt) oder umgebracht (abgetrieben) zu werden.

Darüber hinaus kann eine Mutter, wenn sie nicht abgetrieben hat, ihren schwierigen Dreijährigen ansehen und denken: ›Ich hatte das *Recht*, dich abzutreiben; ich hätte es eigentlich tun sollen.‹ Das Kind verdankt ihr alles; sie verdankt dem Kind nichts. Dies führt zu Ablehnung gegenüber der normalen elterlichen Aufopferung. Auch wenn alles im Unbewussten bleibt, kann man folgende Logik nicht von der Hand weisen: *Wenn es in Ordnung war, dieses Kind vor der Geburt zu töten, dann ist es natürlich auch in Ordnung, es jetzt herumzustoßen.*

Unter allen Fällen von Kindesmord, die man bei unter Fünfjährigen im letzten Viertel des 20. Jahrhunderts in den USA registrierte, »wurden 61 Prozent von ihren eigenen Eltern ermordet«, 30 Prozent von ihren Müttern.[324]

Es gibt eine weithin gültige Ansicht, nach der die Kinder ihren Eltern gehören. Die Erwachsenen meinen aufgrund der Beeinflussung durch die Gesellschaft, sie könnten über ihre Kinder nach der Geburt genauso verfügen, wie sie es nach mittlerweile etablierten Normen vor der Geburt durften. Wenn erst die Mentalität der Kindesmisshandlung eine Gesellschaft durchdrungen hat, beschränkt sich das nicht

---

324 Susan Hatters Friedman, MD, u. a., »Child Murder by Mothers: A Critical Analysis of the Current State of Knowledge and a Research Agenda«, *American Journal of Psychiatry* 162, Nr. 9 (1. September 2005); http://ajp.psychiatryonline.org/article.aspx?articleid=177747 (abgerufen am 24. 9. 2014).

nur auf eine Altersgruppe. Wenn Kinder vor der Geburt nicht sicher sind, dann sind keine Kinder sicher.

Peter Singer von der Princeton University sagt:

> Es [gibt] überhaupt keine klare Grenze zwischen einem Neugeborenen, das in ethisch relevantem Sinn sicherlich keine Person ist, und dem jungen Kind, das eine ist. In unserem Buch *Should the Baby Live?*[325] haben meine Kollegin Helga Kuhse und ich vorgeschlagen, eine Zeitspanne von 28 Tagen nach der Geburt einzuhalten, bevor einem Kind zugestanden wird, das gleiche Recht auf Leben zu haben wie andere.[326]

Bedenken Sie einmal diesen gefährlichen Vorschlag eines berühmten Professors einer Elite-Universität. Kinder sollen von ihren Eltern auf Probe angenommen werden, und wenn diese nicht zufrieden sind, können sie sich ihrer entledigen. Kindern das Lebensrecht nach 28 Tagen gewähren? Warum nicht sechs Monate warten? Ein fünf-, zehn- oder fünfzehnjähriges Kind zu töten, ist in Wirklichkeit nichts anderes als eine nachgeburtliche Abtreibung, oder etwa nicht?

Man kann die Misshandlung von Kindern außerhalb des Mutterleibes nicht dadurch verhindern, dass man sie innerhalb des Mutterleibes misshandelt.

Das Problem der Kindesmisshandlung kann man nicht lösen, indem man sie *früher* begeht. Man muss sie ganz und gar unterlassen.

---

325 A. d. Ü.: Deutsche Ausgabe: *Muss dieses Kind am Leben bleiben?*, Erlangen: Harald Fischer Verlag, 1993.
326 Peter Singer, *Rethinking Life and Death*, New York: St. Martin's Griffin, 1996, S. 217.

Kapitel 17
Kann man persönlich gegen Abtreibung sein und doch für das Selbstbestimmungsrecht der Frau eintreten?

Viele Leute sagen: »Ich bin nicht für Abtreibungen, aber ich bin für das Recht auf Abtreibung.« Aber wie würden Sie jemandem antworten, der sagt: »Ich bin nicht für Vergewaltigung, ich bin nur für freie Entscheidung in Bezug auf Vergewaltigung«? Sie würden sicher sagen: »Aber wer für freie Entscheidung bei Vergewaltigungen ist, ist doch dann pro-Vergewaltigung. Sie legitimieren Vergewaltigung durch Passivität oder Gleichgültigkeit.«

Auf genau dieselbe Weise bedeutet pro-choice hinsichtlich der Abtreibung, dass man pro-Abtreibung ist.

Auf den ersten Blick macht der Autoaufkleber Sinn: »Gegen Abtreibung? Dann lass die Finger davon!« Diese Logik passt haargenau zum Flugzeugfliegen, Fußballspielen oder Pizzaessen ... aber nicht zu Vergewaltigung, Folter, Kindesraub oder Mord.

Es gibt keine Grauzone

Einige haben eine eigenartige Vorstellung: Wenn sie persönlich gegen Abtreibung sind und gleichzeitig glauben, andere hätten das Recht dazu, sei dies eine Art Kompromiss zwischen den Abtreibungsbefürwortern und der Pro-Life-Position. Das stimmt aber nicht.

Dem Baby, das sterben muss, ist es einerlei, ob jene, die sich weigerten ihm beizustehen, *pro-Abtreibung* oder »nur« *pro-choice* in Bezug auf Abtreibung waren.

Selbst gegen Abtreibung zu sein, aber sich für das Abtreibungsrecht anderer einzusetzen, ist ein Widerspruch in sich selbst. Es ist genauso, als würde man sagen: »Ich bin persönlich gegen Kindesmisshandlung, aber ich verteidige das Recht meines Nachbarn, sein Kind zu misshandeln, wenn er sich so entscheidet.« Oder: »Ich bin persönlich gegen die Sklaverei, aber wenn andere Sklaven haben wollen, dann ist das nicht meine Angelegenheit.« Oder: »Ich selbst halte nichts davon, meine Frau zu schlagen, aber ich möchte nicht meine Moralvorstellungen anderen aufbürden; daher bin ich pro-choice, wenn es um das Verprügeln von Frauen geht.«

Eine Talkshow-Moderatorin im Rundfunk sagte zu mir, sie nehme es übel, wenn ihre eigene Haltung von einigen Leuten als »pro-Abtreibung« und nicht als »pro-choice« bezeichnet werde. Ich fragte sie, während wir auf Sendung waren: »*Warum möchten Sie Ihre Haltung nicht als ›pro-Abtreibung‹ bezeichnen lassen? Ist an der Abtreibung irgendetwas nicht in Ordnung?*«

Sie antwortete: »Abtreibung ist eine schwierige Angelegenheit. Es ist nicht so, dass irgendjemand sie wirklich will.«

Ich sagte: »Das verstehe ich nicht. Wodurch wird sie schwierig? Warum sollte irgendjemand Abtreibungen ablehnen?«

Frustriert antwortete sie mit erregter Stimme: »Also, es ist doch offensichtlich eine schwierige Sache, ein Baby zu töten!«

Im gleichen Augenblick begriff sie, was sie gesagt hatte, aber es war zu spät. In einem unbedachten Augenblick offenbarte sie, was sie wusste und was jeder weiß, wenn er es nur zugeben mag: Abtreibung ist genau aus demselben Grund schwierig, aus dem sie falsch ist – *weil sie die Tötung eines Kindes ist.*

Und für das Töten eines Kindes gibt es keine Rechtfertigung.

Der einzig gute Grund, Abtreibungen zu bekämpfen, veranlasst uns auch zu der Aussage, dass sie ebenso für andere nicht legal sein dürfte. Denn dadurch wird einem Kind – ob Junge oder Mädchen – sein grundsätzlichstes Recht genommen – *sein Recht auf Leben.*

Die Pro-Choice-Bewegung macht sich ironischerweise für den Gedanken stark, die Frauen hätten in Wirklichkeit *gar keine andere Wahl*, als abzutreiben. Man könnte die Pro-Choice-Bewegung deshalb auch die »No-Choice-außer-Abtreibungs-Bewegung« nennen. Viele Frauen würden bezeugen, dass »Pro-Choice« tatsächlich für sie nichts anderes als »No-Choice« bedeutete.

Vater, Mutter, Freund oder Ehemann, Lehrer, Schulpsychologen, Ärzte, Krankenschwestern, Medien und Gleichaltrige aus ihrem Umfeld drängen die junge schwangere Frau oft zu der einzigen Entscheidung, von der ihr Gewissen sagt, dass sie die falsche sei. (Aber nur wenige, wenn überhaupt, werden da sein, um der Frau Hilfe anzubieten, wenn ihr klar wird, was sie getan hat.)

Wollen die Frauen wirklich Abtreibungen? Frederica Mathewes-Green, die frühere Präsidentin der Organisation Feminists for Life, sagte: »Niemand wünscht eine Abtreibung, wie man sich eine Portion Eis oder einen Porsche wünscht. Die Betreffende wünscht sich eine Abtreibung, wie sich ein mit der Pfote in der Falle sitzendes Tier das eigene Bein abbeißen will. Abtreibung ist der tragische Versuch, durch einen verzweifelten Gewaltakt und den Verlust der eigenen Identität aus einer ausweglosen Situation zu entkommen.«[327]

Abtreibung ist keine freie Entscheidung, sondern eine »letzte Zuflucht«. Die meisten Frauen würden nicht abtreiben, wenn sie wüssten, dass sie die nötige emotionale

---

327 Frederica Mathewes-Green, *Real Choices*, Sisters, OR: Multnomah, 1995, S. 19.

und finanzielle Unterstützung erhalten, die sie brauchen, um die Schwangerschaft durchzustehen. Eine Studie in Großbritannien lässt erkennen, dass 82 Prozent der befragten Frauen bestätigten, »tief zu bedauern«, abgetrieben zu haben, doch sie wurden dazu gebracht, weil ihnen die Informationen über die negativen langfristigen Auswirkungen fehlten.[328]

Einige Frauen bestätigen, dass sie von den Klinikangestellten genötigt oder zumindest überredet wurden. Deren Aufgabe bestand darin, die Frauen dazu zu bringen, einer Abtreibung zuzustimmen.[329]

Frühere Besitzer von Abtreibungskliniken und dort arbeitende Angestellte (einschließlich mehrerer, mit denen ich selbst gesprochen habe) bestätigten, es sei ihre Aufgabe gewesen, den schwangeren Frauen »Abtreibungen aufzuschwatzen«. Einige Kliniken stellen sogar professionelle Marketing-Fachleute an, um das Personal hinsichtlich einer »Umsatzsteigerung« zu schulen.[330]

---

328 Steven Ertelt, »British Survey Finds Overwhelming Majority of Women Regretted Abortions«, 12. September 2006, LifeNews;
http://www.lifenews.com/2006/09/12/nat-2579/ (abgerufen am 24.9.2014).

329 Christina Dunigan, »Treating the Normal as if It's Abnormal, to Sell Abortions«, Blog von Real Choice, 30. Juli 2011; http://realchoice.blogspot.com/2011/07/treating-normal-as-if-its-abnormal-to.html (abgerufen am 24.9.2014).

330 Die Wiedergabe erfolgte nach Zeugnissen von Klinikmitarbeitern in dem Video *The Abortion Providers*. Es wurde von der Pro-life Action League (Chicago) gedreht. Die Aussagen wurden von Carol Everett, der früheren Besitzerin einer Abtreibungsklinik, bestätigt, als sie am 24. Mai 1991 mit Frank Peretti und dem Autor telefonierte.

Eine Wahl, bei der es nur Gewinner gibt

Der National Council for Adoption[331] berichtet:

> Während in den letzten Jahren die Anzahl der Adoption von Kindern aus den USA und dem Ausland abgenommen hat, ist die Zahl adoptionswilliger US-amerikanischer Familien nicht zurückgegangen. Ja, das Gegenteil ist der Fall: Viele Familien warten jahrelang darauf, ein Kind adoptieren zu können.[332]

Im Jahr 2000 schätzte die Organisation, dass 1,3 Millionen Ehepaare darauf warteten, ein Kind zu adoptieren.[333] Doch jedes Jahr wird ungefähr die gleiche Anzahl von Kindern durch Abtreibung umgebracht. 2007 wurden weniger als 19 000 neue Babys zur Adoption freigegeben. Nach den veröffentlichten Zahlen verringert sie sich von Jahr zu Jahr.[334]

Warum wird in einer Gesellschaft, in der die Möglichkeit eigenverantwortlicher Entscheidung so hoch geschätzt wird, den Ärzten, Schulen, Familienplanungskliniken und Abtreibungseinrichtungen nicht vorgeschrieben, den Frauen die Fakten über *alle* vorhandenen Wahlmöglichkeiten zu präsentieren, einschließlich der Adoption? Wieso wird nicht

---

331 A. d. H.: Svw. »Nationaler Rat für Adoptionsfragen«.

332 »Adoption Factbook Reveals New Domestic Adoption Study; Leads Discussion on Current State of Adoption«, Presseveröffentlichung des National Council for Adoption, 24. Mai 2011; https://www.adoptioncouncil.org/images/stories/Adoption_Factbook_Press_Release_Extended.pdf (abgerufen am 24. 9. 2014).

333 *1989 Adoption Factbook*, Washington, DC: The National Council for Adoption (NCFA), Juni 1989, S. 158. Im Verhältnis gesehen sind diese Zahlen im Jahr 2000 annähernd gleich, wobei ein Vertreter des NCFA in einem Telefongespräch am 8. Mai 2000 bestätigte, dass mindestens eine Million Paare im gebärfähigen Alter in den USA sich darum bemühen, ein Kind in den ersten Lebensmonaten adoptieren zu können.

334 »Adoption Factbook Reveals New Domestic Adoption Study; Leads Discussion on Current State of Adoption«, National Council for Adoption, 24. Mai 2011; https://www.adoptioncouncil.org/images/stories/Adoption_Factbook_Press_Release_Extended.pdf (abgerufen am 24. 9. 2014).

gefordert, dass sie zu ihnen sagen: »Wenn Sie bereit sind, nur vier Monate zu warten, kann Ihr Kind das Licht der Welt erblicken und durch Adoption in eine Familie kommen, wo es gewollt und geliebt wird«?

Jemand aus unserem Freundeskreis erzählte uns: »Früher verdiente ich mein Geld durch Beratung in einer Abtreibungsklinik. Damals hatte ich keine Ahnung von den Alternativen zu einer Abtreibung. Deshalb empfahl ich nie, ein Kind zur Adoption freizugeben oder es selbst zu behalten. Mir waren die medizinischen Fakten völlig unbekannt, einschließlich der Entwicklung des Fötus. Ich hatte keinerlei Ausbildung, was die Sachfragen anging – mein Job bestand nur darin sicherzustellen, dass die Frauen abtreiben ließen.«

Wie viele Frauen werden bei einer solchen Art von »Beratung« etwas anderes als Abtreibung wählen?

Eine Alternative ohne Schuldgefühle

Adoption ist eine positive Alternative, die den leiblichen Eltern erlaubt, die Herausforderungen einer Kindeserziehung nicht auf sich nehmen zu müssen und *gleichzeitig* ein unschuldiges Leben retten zu können, sodass die Adoptionsfamilie unsagbar glücklich gemacht wird. Doch schwangere Frauen entscheiden sich relativ selten für diese Möglichkeit. Das ist aber kein Wunder, weil sie nur sehr selten als Alternative angeboten wird. *Abtreibung ist die vorgegebene Entscheidung*, und andere Optionen werden kaum jemals diskutiert.

Das soll nicht bedeuten, es sei leicht für eine Frau, ihr Kind zur Adoption freizugeben. Befragungen in der Schwangerschaftsvorsorge und in Schwangerschaftszentren weisen darauf hin, dass bei abtreibungswilligen Frauen sehr häufig emotionaler Widerstand gegen eine Adoption auftritt.[335] Der Grund dafür, dass Adoption schmerzvoll sein kann, ist derselbe, weswegen Abtreibung so schrecklich ist: Es geht um ein menschliches Leben. Mitarbeiter in Abtreibungskliniken sind darauf gedrillt, die Frauen in ihrer Abneigung zu bestärken, ihr Kind durch eine Adoption in fremde Hände zu geben.[336]

In den Pro-Choice-Veröffentlichungen wird die Adoption oft negativ dargestellt. Die Pro-Choice-Verfechter Carole Anderson und Lee Campbell sagen von Adoptionen: »Die unnötige Trennung von Müttern und Kindern ist eine grausame, aber leider sehr häufige Strafe, deren Auswirkungen ein Leben lang andauern können.«[337]

Während sie Adoptionen grausam nennen, versäumen sie es, die lebenslangen Schuldgefühle einer Frau zu erwähnen, wenn ihr klar wird, dass sie ihr eigenes Kind getötet hat.[338] Adoption ist keine Strafe für eine Frau, die begreift, dass sie ihr Kind nicht selbst erziehen kann. Stattdessen ist sie eine Alternative zum Töten dieses Kindes. So sehr Adoptionen auch schwerfallen, sind sie doch eine segensreiche Alternative zu der Schuld angesichts der Abtreibung, derer man sich vielleicht eines Tages bewusst wird.

335 Frederica Mathewes-Green, *Real Choices*, a.a.O., S. 14-15.
336 »How the Abortion Industry Sells Abortion by Exploiting Normal Feelings«, 5. August 2011, Elliot Institute. Dort findet sich das Zitat eines Eintrags in einem Blog von Real Choice (Verfasserin: Christina Dunigan); http://afterabortion.org/2011/how-the-abortion-industry-sells-abortion-by-exploiting-normal-feelings/ (abgerufen am 24.9.2014).
337 Zitiert in: Charmaine Yoest, »Why Is Adoption So Difficult?«, *Focus on the Family Citizen*, 17. Dezember 1990, S. 10.
338 Paul Swope, »Abortion: A Failure to Communicate«, *First Things*, April 1998; http://www.firstthings.com/article/1998/04/004-abortion-a-failure-to-communicate (abgerufen am 25.9.2014).

Es gibt viele ausgezeichnete Online-Informationen zur Adoption[339], wozu auch die zusammenfassende *Encyclopedia of Adoption* mit mehr als vierhundert informativen Artikeln über alle Aspekte der Adoption gehört.[340] Wir schulden es sowohl den Frauen als auch den Kindern, über Adoption unterrichtet zu sein.

Adoption ist letztlich für alle Beteiligten gut

Indem sie ein Kind austrägt, zeigt eine Frau, dass sie die Verantwortung für ihre Entscheidung übernimmt. Sie wächst innerlich und wird reifer. Sie kann selbstbewusst und zufrieden zurückblicken, weil sie das Richtige tat, indem sie dem Kind erlaubt hat, am Leben zu bleiben und in einer intakten Familie aufzuwachsen.

Natürlich ist Adoption nur eine Alternative. Die Frau kann sich dafür entscheiden, ihr Kind selbst aufzuziehen. Beide Entscheidungen können richtig sein. Heutzutage willigen Frauen immer häufiger in eine Adoption innerhalb der Familie ein. So bleibt das Baby in der Familie seiner leiblichen Mutter verwurzelt.[341]

Eine der häufigsten Überlegungen einer Schwangeren, die über Abtreibung nachdenkt, ist folgende: »Was für eine Mutter wäre ich, wenn ich mein Kind zur Adoption freigäbe?« Die Ironie liegt darin, dass die Mutter ihr Kind nicht fortgeben will, weil es zu kostbar dafür ist, aber stattdessen einen Arzt bezahlt, der es tötet. Wir müssen den Müttern

---

339 Siehe http://www.bethany.org (abgerufen am 25. 9. 2014);
     http://www.cwa.org (abgerufen am 22. 10. 2014); http://www.preciouskids.org
     (abgerufen am 25. 9. 2014); http://www.adopting.com (abgerufen am 25. 9. 2014).
340 Siehe http://adoption.com/wiki/Encyclopedia (abgerufen am 25. 9. 2014).
341 Siehe »Relative Adoption«, Advocates for Children and Families;
     http://www.adoptionflorida.org/relative.html (abgerufen am 25. 9. 2014).

behutsam die Bedeutsamkeit ihrer Situation klarmachen. Die Frage, um die es geht, lautet nämlich nicht: »Wie könnte ich nur mein Kind zur Adoption freigeben?«, sondern: »Wie könnte ich nur mein Baby durch eine Abtreibung umbringen?«

Auch wenn die Betreffende nicht in der Lage ist, selbst für ihr Kind zu sorgen, kann sie veranlassen, dass es von anderen geliebt und umsorgt wird. Das ist ein Akt der Liebe ihrerseits – eine Entscheidung, die für sie eine lebenslange Quelle des Trostes sein wird.

Verständlicherweise möchte jede Betroffene ihre Krise beenden, und eine Adoption erscheint mancher Frau, als ließe sie das Problem ungelöst, wobei »Ungewissheiten sowohl für sie als auch für ihr Kind bestehen bleiben und Schuldgefühle sie weiterhin belasten«[342]. Sie könnte meinen, nicht nur eine Mutter, sondern eine schlechte Mutter zu sein, die ihr Kind Fremden überließ.

Die Logik, die dem Wunschdenken bei einer Abtreibung zugrunde liegt, ist folgende: Dann wird das Kind in ihr *kein Kind*, und *das Thema Mutterschaft ist für sie erledigt*.

In Wirklichkeit kann sie sich natürlich gar nicht aussuchen, ob sie Mutter wird oder nicht und ob ihr Kind ein reales menschliches Wesen ist oder nicht. Beides sind unabänderliche Fakten. Ihr Kind ist wirklich da, und deshalb *ist* sie eine Mutter. Die einzige Frage ist, was sie mit ihrem Kind tun wird.

Weil die Mutter zu diesem Zeitpunkt noch keine Bindung zu ihrem Kind aufgebaut hat, mag die Abtreibung eine scheinbar einfache Lösung sein, während eine Trennung

---

342 Paul Swope, »Abortion: A Failure to Communicate«, *First Things*, April 1998; http://www.firstthings.com/article/1998/04/004-abortion-a-failure-to-communicate (abgerufen am 25. 9. 2014).

von dem Kind nach der Geburt schwierig erscheint, weil dann bereits eine Bindung vorhanden ist. Aber das Kind ist am Leben – einerlei, ob eine Bindung zustande gekommen ist oder nicht.

Eine mutige Entscheidung

Die Frau hat drei Wahlmöglichkeiten: Sie kann ihr Kind behalten und großziehen, sie kann ihr Kind zur Welt bringen und es im Rahmen einer Adoption von anderen Eltern erziehen lassen, oder sie kann das Kind töten. Obwohl eine Abtreibung oft als die passendste Lösung erscheint, ist sie letztendlich die vernichtendste.

Wir müssen den jungen Frauen helfen, klar zu erkennen, was es bedeutet, das Kind selbst zu erziehen, es zur Adoption freizugeben oder es abtreiben zu lassen.

Das schwangere Teenagermädchen, das wir in unser Haus aufnahmen, hatte schon zwei Abtreibungen hinter sich, doch als sie bei uns war, brachte sie ihr Baby zur Welt und gab es zur Adoption frei. Das fiel ihr nicht leicht, aber diese wunderbare Frau erzählte mir etliche Jahre später: »Ich blicke zurück und denke an drei Babys, die ich nicht mehr habe, allerdings mit sehr unterschiedlichen Gefühlen. Die zwei abgetriebenen erfüllen mich mit Schmerz und Reue. Aber wenn ich an das eine denke, das ich zur Adoption freigab, werde ich mit Freude erfüllt, weil ich weiß, dass es in einer Familie aufwächst, in der es erwünscht ist.«

Die Gemeinschaft aller Christen sollte gemeinsame Anstrengungen unternehmen, das negative Bild zu überwinden, das man vielerorts von der Adoption hat. Wir sollten positiv davon sprechen und solchen Frauen, die ihr Kind zur Adoption freigeben, große Wertschätzung entgegenbringen.

Wir sollten Adoptiveltern öffentlich in Ehren halten und adoptierte Kinder segnen. Wir sollten die ausgezeichneten Hilfsmöglichkeiten auf diesem Gebiet bekannt machen und die Adoption als grundsätzliche, lebensbejahende Option in unseren Gemeinden wertschätzen. Wir sollten die Adoption als das darstellen, was sie ist: eine mutige Entscheidung, die einem Kind das Leben und den Familien große Freude bringt. Nur auf diese Weise können wir den Frauen helfen, die Adoption als eine Entscheidung zu verstehen, für die sie und ihr Kind später von Herzen dankbar sein werden.

Teil V: Geistliche Aspekte und Möglichkeiten

Kapitel 19
Wird Gott Abtreibungen vergeben?

Millionen von Frauen und Männern sowohl in der Gesellschaft in ihrer Gesamtheit als auch in unseren Gemeinden leiden unter der Schuld der Abtreibung.

Die emotionale Last der Abtreibung beschränkt sich dabei nicht auf jene, die sie vollzogen haben. Eine Lehrerin in den Vierzigern sagte: »Dass ich meiner Tochter zu einer Abtreibung geraten hatte, stürzte mich in eine lange Depression mit Selbstmordgedanken, und ich bin damit immer noch nicht fertig.«[343]

Vielleicht sind Sie eine Frau und haben abgetrieben. Es kann auch sein, dass Sie als Mann bzw. als Frau anderen dazu geraten haben – vielleicht der Freundin, der Ehefrau oder der Tochter. Möglicherweise haben Sie ihr dabei geholfen. Wenn irgendetwas davon auf Sie zutrifft, dann ist dieses Kapitel für Sie.

Es ist kontraproduktiv, wenn man versucht, Schuldgefühle zu beseitigen, ohne die Schuldursache behandelt zu haben. Andere mögen sagen: »Sie brauchen keine Schuldgefühle zu haben.« Doch Sie wissen es besser. Nur indem man die Wirklichkeit leugnet, kann man Schuldgefühle verdrängen. Aber Sie sind es leid, sich und anderen etwas vorzumachen.

Eine Leugnung führt schließlich zu emotionalen Zusammenbrüchen, sooft Sie etwas an das Kind erinnert, mit dem Sie einst schwanger waren. Sie brauchen eine dauer-

---

343 *Family Planning Perspectives*, Juli – August 1996, S. 12.

hafte Lösung für Ihr Schuldproblem, eine Lösung – die auf Wirklichkeit und nicht auf Vorspiegelung falscher Tatsachen beruht.

Weil die Bibel diese Lösung anbietet, will ich aus ihr zitieren. Sie sollten vielleicht Verantwortliche in Ihrer Gemeinde, die Leiterin der Frauengruppe oder einen christlichen Freund bzw. ein Familienmitglied bitten, Ihnen zu helfen, das Folgende zu verstehen.

Gute Nachricht – schlechte Nachricht

Die gute Nachricht ist, dass Gott Sie liebt und Ihnen die Abtreibung vergeben möchte. Das gilt auch für jede andere Sünde – einerlei, ob Sie wussten, was Sie da taten, oder nicht. Bevor Sie aber die gute Nachricht schätzen können, muss auch die schlechte Nachricht bekannt gemacht werden. Die schlechte Nachricht ist: Wirkliche moralische Schuld existiert – wir alle haben uns vieler moralischer Vergehen gegen Gott schuldig gemacht, wobei die Abtreibung nur eines davon ist. »Alle haben gesündigt und erreichen nicht die Herrlichkeit Gottes« (Röm 3,23).

Sünde ist alles, was in einem Leben nicht den heiligen Anforderungen Gottes entspricht. Sie trennt uns von einer Beziehung zu Gott (Jes 59,2). Sie verführt uns und lässt uns denken, *Falsches sei richtig*, während sie gleichzeitig behauptet, *Richtiges sei falsch* (Spr 14,12). »Der Lohn der Sünde ist der Tod, die Gnadengabe Gottes aber ewiges Leben in Christus Jesus, unserem Herrn« (Röm 6,23).

Jesus Christus, Gottes Sohn, liebt uns so sehr, dass er Mensch wurde, um uns von unserem Sündenproblem zu erlösen (Joh 3,16). Er identifizierte sich mit unserer Schwachheit, ohne von unserer Sünde befleckt zu werden

(Hebr 2,17-18; 4,15-16). Jesus starb am Kreuz als der Einzige, der alle Voraussetzungen erfüllte, um die Strafe für unsere Sünden zu bezahlen, die Gottes Heiligkeit forderte (2Kor 5,21). Er stand auf aus dem Grab, besiegte die Sünde und machte den Tod zunichte (1Kor 15,3-4.54-57).

Als Christus am Kreuz starb und sein Blut für unsere Sünden vergossen hatte, sagte er: »Es ist vollbracht!« (Joh 19,30). Das griechische Wort, das mit »es ist vollbracht« übersetzt wird, benutzte man, um es unter einen Schuldschein zu schreiben, nachdem die Schuld beglichen war. Es bedeutet »völlig bezahlt«. Christus starb, um unsere Schuld restlos zu bezahlen.

Volle Vergebung

Aufgrund des Werkes, das Christus am Kreuz für uns vollbracht hat, bietet Gott nun ohne Vorbedingung seine Vergebung an. Es folgen nur einige wenige dieser Angebote:

> »Er hat uns nicht nach unseren Sünden getan und
> uns nicht nach unseren Ungerechtigkeiten vergolten …
> So weit der Osten ist vom Westen,
> hat er von uns entfernt unsere Übertretungen.
> Wie ein Vater sich über die Kinder erbarmt,
> so erbarmt sich der HERR über die, die ihn fürchten«
> (Ps 103,10.12-13).

> »Wenn wir unsere Sünden bekennen, so ist er treu und gerecht, dass er uns die Sünden vergibt und uns reinigt von aller Ungerechtigkeit« (1Jo 1,9).

»Also ist jetzt keine Verdammnis für die, die in Christus Jesus sind« (Röm 8,1).

Eine Gabe, die man nicht verdienen kann

Die Errettung umfasst ein Geschenk, das nicht von unseren Verdiensten oder Anstrengungen abhängig ist, sondern einzig auf dem Opfer Christi beruht: »Denn durch die Gnade seid ihr errettet, mittels des Glaubens, und das nicht aus euch, Gottes Gabe ist es; nicht aus Werken, damit niemand sich rühme« (Eph 2,8-9). Diese Gabe kann nicht erarbeitet oder verdient bzw. durch eigene Leistung erworben werden.

Gott bietet uns das Geschenk der Vergebung und des ewigen Lebens an, aber wir erhalten es nicht automatisch. Um es zu bekommen, müssen wir uns dafür entscheiden, es annehmen zu wollen. Wir müssen unseren Glauben allein auf Jesus Christus setzen. Er ist unser Retter und befreit uns von Schuld sowie Strafe.

Vielleicht denken Sie jetzt: »Aber ich habe keine Vergebung verdient nach allem, was ich getan habe.« Das ist völlig richtig. Niemand von uns verdient die Vergebung. Hätten wir sie verdient, würden wir sie gar nicht brauchen. Aber bei der göttlichen Gnade geht es um Folgendes: Christus erlitt am Kreuz, was wir verdient hätten; darum können wir erhalten, was wir nicht verdienten: umfassende Schuldvergebung und einen Neuanfang. Niemand von uns ist gut genug, sich selbst zu retten, aber auch nicht so schlecht, dass ihm nicht vergeben werden könnte.

Ist uns aber vergeben worden, so können wir nach vorn blicken, wo wir die Ewigkeit mit Christus und denen verbringen werden, die das ebenfalls erfahren haben und mit denen wir jetzt zur Familie der Gotteskinder gehören (Joh 14,1-3; Offb 20,11 – 22,6). Dann können Sie sich darauf freuen, im Himmel mit denen verbunden zu sein, die Sie lieben und die sich durch das Opfer Christi ebenfalls haben retten lassen (1Thes 4,13-18).

Man braucht über die Sünden der Vergangenheit nicht mehr nachzusinnen

Eine stadtbekannte »Sünderin« weinte einst zu den Füßen Christi, küsste sie und trocknete sie mit ihren Haaren. Jesus sagte zu einem Anwesenden, der sie in Gedanken bereits verurteilt hatte: »Deswegen sage ich dir: Ihre vielen Sünden sind vergeben, denn sie hat viel geliebt« (Lk 7,47). Dieselbe Vergebung bietet Jesus einem jeden von uns an.

Gott will nicht, dass Sie durch das Leben gehen und sich fortwährend wegen einer Abtreibung oder wegen irgendeiner anderen Sünde selbst anklagen. Ihre Aufgabe besteht darin, Christi Versöhnung anzunehmen, und nicht darin, die Sünde zu wiederholen. Jesus sagte zu der Frau, die bis dahin für ihren unmoralischen Lebenswandel bekannt gewesen war: »Deine Sünden sind vergeben … Dein Glaube hat dich gerettet; geh hin in Frieden« (Lk 7,48.50). Die Evangelien berichten, dass von der Gesellschaft ausgestoßene Frauen zu Jesus kamen und er sie voller Barmherzigkeit und Vergebung annahm.

Einerlei, was Sie getan haben – keine Sünde liegt außerhalb der Reichweite der göttlichen Gnade. Er hat unser schlimmstes Verhalten angesehen und liebt uns trotzdem. Für seine vergebende Gnade gibt es keine Grenzen. Und es gibt keine Freiheit, die der Freiheit der Vergebung gleichkommt.

Vielleicht haben Sie sofort die Gewissheit, dass Sie von Ihren Sünden gereinigt worden sind, nachdem Sie diese bekannt haben, oder Sie mögen bei der Inanspruchnahme dieses Geschenks der Vergebung Hilfe nötig haben. In jedem Fall ist Ihnen vergeben worden. Nun sollten Sie auch daran arbeiten, das hinter Ihnen Liegende zu vergessen und jener positiven Zukunft entgegenzugehen, die Christus Ihnen ermöglicht hat (Phil 3,13-14). Immer, wenn wir anfangen, an unserer Vergebung zu zweifeln, wird es Zeit, zur Bibel zurückzukehren und uns sowie alle anderen an Gottes Vergebung zu erinnern.

Es kann außerordentlich hilfreich sein, sich einer Gruppe anzuschließen, die Erfahrungen mit Abtreibungen gemacht hat. Es gibt auch Bibelstudien, die für Frauen mit Abtreibungserfahrungen konzipiert wurden, aber auch solche für Männer. Viele Internet-Adressen und andere Online-Informationen können Ihnen helfen, eine passende Gruppe zu finden.[344]

Auf Vergebung folgen die richtigen Entscheidungen

Viele Frauen, die abgetrieben haben, sind verständlicherweise verbittert gegenüber Männern, die sie benutzt und missbraucht haben. Sie hegen Groll gegenüber Eltern, die sie unter Druck gesetzt haben, und gegenüber denen, die sie zu einer Entscheidung verleiteten, welche zum Tod ihres Kindes führte. Gott erwartet von uns, seine Ver-

---

344 Siehe http://www.healinghearts.org/index.php (abgerufen am 25.9.2014); http://afterabortion.org/help-healing/ (abgerufen am 25.9.2014). Nutzen Sie folgende Telefonnummer, wenn Sie sich kostenlos und vertraulich beraten lassen wollen: 1-888-486-HOPE. Eine Liste mit Informationsmaterial für Frauen, die sich abtreibungsbedingt in einer Notlage befinden, steht online zur Verfügung unter: http://www.afterabortion.org/resourc.html (abgerufen am 25.9.2014).

gebung anzunehmen und sie auch auf andere auszudehnen (Mt 6,14-15).

Daher ist es außerdem erforderlich, sich verbindlich einer Gemeinschaft anzuschließen, der Familie der Gotteskinder, die man Gemeinde nennt. Wer dies tut, schafft gute Voraussetzungen dafür, dass Verletzungen der Vergangenheit heilen können. (Wenn Sie bereits einer Gemeinde angehören, teilen Sie Ihre Erfahrungen mit jemandem, der Ihnen die spezielle Hilfe geben kann, die Sie brauchen.) Sie mögen gegenüber Christen wegen Ihrer Vergangenheit befangen sein. Das brauchen Sie aber nicht. Eine Gemeinde, bei der wirklich Christus im Mittelpunkt steht, ist kein Museum für Heilige, sondern ein Krankenhaus für Sünder. Die Leute, denen Sie sich anschließen, sind auch nur Menschen wie Sie und ebenso unvollkommen. Die meisten Leute in solchen Gemeinden wissen, was Vergebung ist, und sind nicht selbstgerecht. Und wer es trotzdem ist, den sollten wir bedauern, weil er Gottes Gnade noch nicht umfassend verstanden hat.

Eine gute Gemeinde wird die biblischen Wahrheiten lehren. In ihr werden Sie Liebe und Annahme sowie Unterstützung finden. Falls Sie in Ihrer Gegend keine solche Gemeinde finden können, fragen Sie bei unserer Organisation an (siehe Adresse am Ende des Buches), und wir werden Ihnen gern helfen, wie wir schon vielen geholfen haben.

Sie können einen Schritt tun, der Sie in geistlicher Hinsicht voranbringt. Er besteht darin, nach Frauen Ausschau zu halten, die eine unerwünschte Schwangerschaft durchmachen. Gott kann zukünftig Ihre Erfahrung dazu benutzen, Sie in die Lage zu versetzen, anderen zu helfen, indem Sie ihnen von Gottes Liebe berichten.

Meine Frau und ich kennen eine Reihe guter Freunde, die abgetrieben haben. Durch ihre mitfühlenden Pro-Life-Bemühungen haben sie anderen Frauen jene Hilfe zukommen lassen, die sie früher selbst gern von jemandem erhalten hätten. Indem sie ihre Geschichte erzählten, haben sie nicht nur das Leben von Kindern gerettet und Müttern die mit einer Abtreibung verbundenen leidvollen Erfahrungen erspart, sondern auch dazu beigetragen, dass sie selbst innerlich heil geworden sind. Ihnen kann es genauso ergehen.

Kapitel 20
Pro-Life-Anliegen: Lenken sie vom eigentlichen christlichen Auftrag ab oder gehören sie dazu?

Viele wohlmeinende Christen denken, die Gemeinden sollten sich nicht um Abtreibung kümmern. Manche meinen, man wecke nur Schuldgefühle, wenn man über Abtreibungen spreche. Aber der Grund, weshalb wir darüber reden, besteht doch darin, dass wir Abtreibungen und die dadurch erzeugten Schuldgefühle *verhindern* wollen. Wir möchten Hilfen anbieten und denen Hoffnung bringen, die schuldbeladen sind und befreit werden müssen. Angesichts der Tatsache, dass man in unseren Gemeinden immer wieder Leuten begegnet, die eine Abtreibung hinter sich haben, ist die Argumentation derer, die lieber schweigen wollen, ziemlich fragwürdig. Ja, eine solche Tatsache liefert die besten Argumente dafür, so viele Lebensperspektiven und Hilfs- sowie Unterstützungsmöglichkeiten anzubieten, wie wir nur können.

Ein Bibelseminarist in meiner Gemeinde sagte mir etwas, was ich oft zu hören bekomme:

»Themen wie Abtreibung lenken nur vom Wichtigsten ab.«

»Was ist denn das Wichtigste?«, fragte ich.

»Der Missionsbefehl lautet, das Evangelium aller Welt zu verkündigen«, antwortete er. »Man muss Leute für Christus gewinnen. Alles andere lenkt nur ab.«

Dabei bezog er sich auf Christi Worte, die in Matthäus 28,19-20 zu finden sind: »Geht nun hin und macht alle Nationen zu Jüngern und tauft sie auf den Namen des Vaters und des Sohnes und des Heiligen Geistes und lehrt sie, alles zu bewahren, was ich euch geboten habe.«

Hatte er recht? Sind Pro-Life-Aktionen eine Ablenkung von diesem großen Auftrag – oder gehören sie zum Missionsbefehl dazu?

Dann fragte ich ihn, wie er denn seinen Glauben an andere weitergebe. Er erklärte mir, dass er seit seiner Ankunft im Seminar keine Zeit mit Nichtchristen verbracht hätte.

Darauf sagte ich: »Okay, Pro-Life-Arbeit konnte dich nicht von der ›Hauptsache‹ ablenken, weil du die Hauptsache gar nicht betreibst.« Dann nannte ich ihm viele Beispiele von Leuten, die durch die Bemühungen im Rahmen der Pro-Life-Aktionen zu Christus gekommen waren, einschließlich des schwangeren Teenagermädchens, das bei uns wohnte.

Einkaufen oder Babys retten?

Eines Samstags stand ich mit einer Gruppe vor einer Abtreibungsklinik. Zwei Bibel-College-Studenten kamen vorbei und sagten in tadelndem Ton: »Warum bist du hier? Wieso arbeitest du nicht als Evangelist, der von Tür zu Tür geht?«

Ich fragte sie: »Seid ihr gerade dabei, das zu tun?«

»Nein«, mussten sie zugeben. Sie waren beim Einkaufen.

Wenn es also in Ordnung ist, einzukaufen, zu studieren, die Haus- oder Gartenarbeit zu erledigen oder einem Ballspiel zuzuschauen, warum sollte es dann nicht in Ordnung sein, vor einer Abtreibungsklinik zu stehen, um den Menschen eine Möglichkeit anzubieten, ihre Entscheidung zu überdenken, ihr Kind umzubringen?

Ich konnte diesen Studenten berichten, dass ich nur eine Stunde zuvor einer Frau das Evangelium verkündigt hatte, die danach ihr Vertrauen auf Christus setzte.

Damit wollte ich Folgendes zeigen: Selbst wenn der Missionsbefehl des Herrn nur darin bestände, das Evangelium zu predigen, wäre die Pro-Life-Arbeit trotzdem berechtigt, weil sie viele Gelegenheiten bietet, genau das zu tun. Aber natürlich gehört zu dem Missionsbefehl viel mehr als nur die Predigt des Evangeliums.

Ein Mann namens William

Vor zweihundert Jahren lebte ein Engländer mit Namen William, ein ausgesprochener Feind der Sklaverei. Er aß keinen Zucker aus Westindien, weil dieser durch Sklavenarbeit gewonnen wurde. William erkannte, dass Gott ihn nach Ostindien schicken wollte. Dort stellte er entsetzt fest, dass viele Hindus ihre kleinen Kinder aussetzten und einfach sterben ließen. Auch kümmerten sie sich nicht um die Schwachen, die Kranken und Aussätzigen. Die britischen Behörden in Indien schauten weg, weil sie sich nicht in die fremde Kultur und Religion einmischen wollten, aber William fühlte sich gezwungen einzugreifen, weil hier Menschen starben.

Eines Tages wurde William Zeuge einer *Sati*, eines Brauches, bei dem die Witwe während der Beerdigungsfeier ihres verstorbenen Mannes bei lebendigem Leib verbrannt wird. Nachdem er einen solchen Tod hatte mit ansehen müssen, stand er einige Zeit danach vor einer Gruppe auf, die versammelt war, gerade wieder eine Witwe lebendig zu verbrennen. Er sagte den Anwesenden, dass ihr Tun falsch sei. Außerdem führte er eine Gruppe von Missionaren an, die mit einem Marsch dagegen protestierten. Wegen dieses Themas rief er öffentliche Debatten ins Leben und versuchte, Gottes Sichtweise allgemein bekannt zu machen.

Am 6. Dezember 1829, es war ein Sonntagmorgen, erhielt William nach einer mehrjährigen Kampagne den Text des zwei Tage zuvor erlassenen offiziellen Gesetzes des Generalgouverneurs, wonach es zukünftig verboten sei, Witwen zu verbrennen. William sollte an diesem Sonntag in der Kirche predigen, aber er überließ dies einem anderen Glaubensbruder. Stattdessen verbrachte er den ganzen Tag damit, diesen Text in die bengalische Sprache zu übersetzen, weil er wusste, dass es um Menschenleben ging.

Einige kritisierten William wegen seiner politischen Aktionen und seiner Maßnahmen, die auf die Hebung der Moral abzielten. Sie sagten: »Dafür bist du nicht hier. Behalte die Hauptsache im Auge und predige nur das Evangelium.«

Wer war dieser Sozialaktivist, dem es so sehr um die Moral und die Gesetze sowie um die Rettung von Menschenleben ging? William Carey, so sein Name, wurde als »Vater der modernen Mission« bekannt. Sooft wir an den uns gegebenen großen Auftrag und an die modernen Missionsgesellschaften denken, gibt es wohl keinen bekannteren Repräsentanten als ihn.

Carey ging nach Indien, um Menschen für Christus zu gewinnen und sie zu Jüngern zu machen – nicht nur, um das Evangelium zu verkündigen. Er wollte das Evangelium ausleben. Und dazu gehörte, dass er einschritt, um Menschenleben zu retten und sich für einen Umschwung hinsichtlich der öffentlichen Meinung und für die Abschaffung unheilvoller Gesetze einzusetzen.

Spuren, denen wir folgen sollen

Einige Christen denken fälschlicherweise, Sozialarbeit und politische Aktionen seien die einzigen Antworten auf alle Probleme. Das sind sie bestimmt nicht. Aber die meisten evangelikalen Gemeinden unserer Zeit haben ihr Erbe, aktiv zu handeln, verloren.

Anders in der Vergangenheit. So gab es 1835 ein Treffen der Anti-Sklaverei-Gesellschaft von Neuengland. Zwei Drittel der Delegierten waren Pastoren.

In der Zeit vor dem Amerikanischen Bürgerkrieg waren Christen das Rückgrat der »Underground Railroad« – jener Untergrundbewegung, die entflohene Sklaven illegal beherbergte, mit Essen versorgte und in die Freiheit geleitete.

Die Praxis in den USA, sich zu duellieren, wurde schließlich per Gesetz verboten, weil so viele Pastoren sie von ihren Kanzeln aus brandmarkten. Sie drängten die Gläubigen ihrer Gemeinden, nie einen Kandidaten zu wählen, der am Duellieren festhielt.

Als New York vor über 100 Jahren von den korrupten und Gewalt anwendenden Politikern der Tammany Hall beherrscht wurde, war es ein Pastor, Charles Henry Parkhurst, der sich dem entgegenstellte, als es sonst niemand wagte. Man sagte ihm, er solle nur das Evangelium predigen und sich aus der Politik heraushalten. Aber er verfasste 284 eidesstattliche Erklärungen gegen die Korruption, die er von der Kanzel herab vorlas. Das führte schließlich zur Einsetzung eines Untersuchungsausschusses und dazu, dass die Korruption eingedämmt wurde.

Die Gemeinden – einst das Gewissen der Nation

Der moralische Niedergang in den USA ist zum Teil auf Christen zurückzuführen, die sich der von Gott verliehenen Aufgabe entziehen, indem sie sich lieber aus allen Kontroversen heraushalten und wegschauen, wenn unschuldiges Blut vergossen wird.

John Wesley widerstand aktiv der Sklaverei. Charles Finney spielte eine wichtige Rolle in der »Underground Railroad«. D.L. Moody öffnete seine Heime für unterprivilegierte Mädchen und bewahrte sie so davor, ausgebeutet zu werden. Charles Spurgeon baute Heime für alte Frauen und auch Häuser für Waisenkinder, um sie von den Straßen Londons zu retten. Amy Carmichael setzte sich für sexuell ausgebeutete Mädchen in Indien ein, indem sie diese vor der Tempelprostitution bewahrte. Sie baute Heime, eine Schule und ein Krankenhaus.

All diese Christen sind als Missionare und Evangelisten bekannt – als Leute, die den Missionsbefehl Christi ausführten. Doch wir achten nur selten auf ihre radikale Hingabe in Bezug auf das persönliche und sich auch auf den sozialen Bereich erstreckende Einschreiten zugunsten der Schwachen, Armen und Ausgebeuteten.

Vielleicht war ihre Weitergabe des Evangeliums deshalb so erfolgreich, weil sie das Evangelium auslebten, das sie predigten. Es gibt keinen Widerspruch zwischen dem Evangelium und dem sozialen Engagement sowie dem persönlichen Einsatz für die Notleidenden. Vielmehr besteht da ein direkter Zusammenhang.

Ein Teil der »Hauptsache«

Wir sollten Menschenleben aus dem einfachen Grund zu retten versuchen, weil die Bibel, aus der in unseren Gemeinden allwöchentlich gepredigt wird, uns dies vorschreibt:

>»Errette, die zum Tode geschleppt werden!« (Spr 24,11).

>»Verschafft Recht dem Geringen und der Waise; dem Elenden und dem Armen lasst Gerechtigkeit widerfahren!« (Ps 82,3).

>»Du sollst deinen Nächsten lieben wie dich selbst« (Mt 19,19).

Gottes Volk soll in besonderem Maße für Frauen ohne Ehemann und für Kinder ohne Vater sorgen (Jak 1,27). Auf wen trifft das mehr zu als auf eine unverheiratete Frau mit einem ungeborenen Kind?

Nichts öffnet die Türen für das Evangelium mehr als ein Dienst, der Not lindert. Schüler und Studenten, die über Abtreibung sprechen, können danach Unterhaltungen führen, die zur Evangeliumsverkündigung Gelegenheit geben. Wer in einem Schwangerschaftszentrum arbeitet, hat viele Möglichkeiten, von Christus zu reden. Das gilt auch für solche, die in Abtreibungskliniken Literatur verteilen oder auf dem Gelände einer Universität über Abtreibung aufklären. Wer sein Haus für Schwangere öffnet, zeigt damit Liebe, die dazu führt, dass man über das Evangelium sprechen kann. Überall, wo wir Notleidenden helfen, fügt sich die Verkündigung des Evangeliums ganz natürlich in unseren Dienst ein, sodass wir als glaubwürdige Zeugen unseres Herrn auftreten können.

Drei Aspekte in Bezug auf den Missionsbefehl Jesu

Wir müssen drei Dinge bedenken, um den Zusammenhang von Pro-Life-Bemühungen und dem Missionsbefehl zu verstehen.

Erstens nannte Jesus die Liebe zu Gott das erste und größte Gebot und die Nächstenliebe das zweitgrößte, weil es aus dem ersten hervorgeht (vgl. Mt 22,37-39).

Dem Missionsbefehl zu gehorchen, ist nur ein Weg, die größten Gebote zu erfüllen, Gott und unseren Nächsten zu lieben. Wir zeigen unsere Liebe zu Gott und Liebe zu Kindern auch, indem wir seinen Geboten gehorchen, uns dem Vergießen unschuldigen Blutes zu widersetzen. So heißt es in Sprüche 31,8-9: »Öffne deinen Mund für den Stummen, für die Rechtssache aller Unglücklichen. Öffne deinen Mund, richte gerecht und verschaffe Recht dem Elenden und dem Armen.«

Niemals werden wir aufgefordert, dem größten *Gebot* den Rücken zu kehren, um den Missions*befehl* auszuführen.

Zweitens: Selbst wenn es beim Missionsbefehl nur um Evangelisation ginge, wäre es berechtigt, dass wir uns für diejenigen einsetzen, deren Leben in Gefahr ist, weil sich damit große Möglichkeiten zum Evangelisieren bieten. Ich sprach einmal in einem Schwangerschaftszentrum. Dort waren in den vergangenen zwölf Jahren mehr als 2000 Menschen zum Glauben an Christus geführt worden. Viele von ihnen wurden Mitglieder der örtlichen Gemeinden jener Stadt.

Drittens: In seinem Missionsbefehl gebot der Herr seinen Jüngern nicht, sich auf die Verkündigung des Evangeliums zu beschränken. Vielmehr sagte er ihnen (und durch sie auch uns) noch etwas: »Lehrt sie, *alles* zu bewahren, was ich euch geboten habe«[345] (Mt 28,20a). Er sagte nicht nur, dass sie lehren sollten, damit ihre Zuhörer *glaubten*. Er sagte auch, sie sollten lehren, damit die Betreffenden *gehorchten*.

Lesen Sie einmal in Matthäus 25,31-46 Christi Worte über die Schafe und die Böcke. Unser Herr macht einen Unterschied von ewig gültiger Bedeutung, der nicht nur darauf beruht, was Leute glaubten und predigten, sondern auch darauf, was sie tatsächlich für die Armen und Bedürftigen getan hatten.

Kann irgendjemand diesen Abschnitt lesen und immer noch glauben, dass der Einsatz für die Notleidenden, einschließlich der ungeborenen Kinder, nur ein Randthema sei, das uns von der Hauptaufgabe als Gemeinde ablenkt? Im Gegenteil, zeigt Jesus uns nicht, dass es ein Kernstück dieser Hauptsache ist? Es ist Teil von »allem … was ich euch geboten habe«.

Somit erfüllen wir Christi Missionsbefehl *nicht*, wenn wir es unterlassen, in seinem Namen für die Bedürftigen zu sorgen und die anderen zu lehren, ihm gehorsam zu sein.

Wenn die Gemeinde das Evangelium weit und breit verkündigt, aber nicht zugunsten der ungeborenen Kinder und deren Mütter einschreitet, und wenn wir unsere Leute nicht lehren, ihnen zu helfen, dann erfüllen wir den großen Missionsauftrag nur zum Teil.

Die Gemeinden sollten das Rückgrat des göttlichen Werkes für die Notleidenden sein. Und wenn Ihre Gemeinde nicht genügend für die Ungeborenen und deren Mütter tut, dann ruft Gott vielleicht Sie, erste Schritte zu gehen, um Ihrer Gemeinde und deren Leitern zu helfen, diesen lebenswichtigen Dienst aufzunehmen.

---

345 Hervorhebung durch den Autor.

Vom barmherzigen Samariter lernen

Als letztes Beispiel sei an Lukas 10,25-37 gedacht, wo Christus einem Mann das Wort »Nächster« erklärt. Dieser Mann hätte gern einige Gruppen von Bedürftigen davon ausgeschlossen. So erzählte ihm der Herr die Geschichte vom barmherzigen Samariter und schloss mit den Worten: »Geh hin und tu du ebenso.«

Ein eiliger Reisender wich von seinem Weg ab, um einem, der im Dreck lag, medizinisch zu helfen. Im Unterschied dazu blickten ein Priester und ein Levit, die beide anerkannte Stellungen im gottesdienstlichen Leben ihres Volkes einnahmen, absichtlich weg, weil sie wichtigere »geistliche« Dinge zu erledigen hatten.

Wir als bibelgläubige Christen der heutigen Zeit gleichen in vielerlei Hinsicht den Priestern und Leviten von damals. Achten wir auf die im Dreck liegenden, hungrigen Leute, auf die Opfer von sexueller Misshandlung und auf missbrauchte sowie abgetriebene Kinder?

War es eine *Ablenkung* von der Hauptaufgabe, das Leben dessen zu retten, der im Dreck lag? Oder war es *Teil* der Hauptsache? Einem Priester und einem Leviten erschien es wie eine Ablenkung. Sie hatten Predigten zu halten, Geld einzusammeln und Synagogen zu bauen. Aber Christus verurteilte sie, weil sie es versäumten, dem Schwachen, Verwundeten und Bedürftigen zu helfen. Und er lobte den Samariter, dass er sich in den Dreck begab, wo das Problem lag, und dem Todgeweihten wirklich half.

Wenn Sie der Mensch gewesen wären, dessen Leben gerettet wurde, und Sie hörten jemanden von Gott reden, wem hätten Sie zugehört – dem geistlich klingenden, theologisch korrekten Priester, der Sie aber ignorierte, oder dem Samariter, der Ihnen wirklich half?

Was wir tatsächlich brauchen, sind Christen, die wie Jesus voller Gnade und Wahrheit sind. Es geht um Leute, die sowohl gesunde Lehre weitergeben als auch warmherzig sind und die sich im Namen Christi um alle Bedürftigen kümmern – nicht nur um die Ungeborenen und ihre Mütter, aber eben auch um sie.

Kapitel 21
Wie kann ich Ungeborenen und ihren Müttern helfen?

Es gibt viele ausgezeichnete Pro-Life-Organisationen überall in den USA und weltweit. Sie haben sich auf viele unterschiedliche Tätigkeiten spezialisiert. Dazu gehören die Erziehung zur sexuellen Enthaltsamkeit vor der Ehe, Aufklärung über die Entwicklung des Fötus, die Beratung schwangerer Frauen, die Einflussnahme auf die Gesetzgebung, das Angebot von Adoptionen, der Kampf gegen die Gleichgültigkeit in Bezug auf den pränatalen Holocaust in unserer Gesellschaft und gegen dessen Tolerierung, Mahnwachen vor Abtreibungskliniken, die Verbreitung naturwissenschaftlicher und psychologischer Studien, Gebete, Bürgersteig-Beratungen draußen vor den Abtreibungskliniken und die Hilfen für Frauen und Männer nach einer Abtreibung. Es gibt gut ausgebildete Berater, die kostenfreie telefonische Beratungen anbieten und rund um die Uhr E-Mails zu diesen Fragen beantworten.[346]

Ein Plädoyer für die Einheit von Pro-Life

Dies ist bereits das vierte Jahrzehnt, in dem ich das Privileg habe, bei Pro-Life mitzuarbeiten und einen weiten Bereich seiner Dienste zu beobachten. Ich habe die große Kraft unterschiedlicher Vorgehensweisen gesehen, durch die unterschiedliche Hörer erreicht und verschiedene Helfer sowie Unterstützer angezogen wurden.

---

346 Die Nummer der von Care Net eingerichteten Hotline ist 1-800-395-HELP (4357). Im Internet finden sich außerdem Informationen über Hilfsmöglichkeiten unter: http://www.optionline.org (abgerufen am 25.9.2014).

Pro-Life-Leute kämpfen verständlicherweise leidenschaftlich für ihre Sache. Manchmal meinen sie, dass der spezielle Dienst, den sie für Pro-Life tun, der wichtigste, der eigentliche oder sogar der *einzig* richtige sei. Das ist ebenso kurzsichtig, wie wenn ein Matrose sagen würde, dass alle der Spezialtruppe der Marine beitreten sollten, weil die Arbeit der Spezialtruppe des Heeres unwichtig sei. Die Aufgabe von Pro-Life ist riesig sowie sehr facettenreich und erfordert unterschiedlichste Strategien. Wir sollten *nicht* bestrebt sein, alle das Gleiche zu tun.

Unser Befehl lautet: »Seid alle gleich gesinnt, mitleidig, voll brüderlicher Liebe, barmherzig, demütig« (1Petr 3,8). Wie man sich durch eine demütige Gesinnung und ein mitfühlendes Herz auszeichnet, kann man schnell lernen, wenn man mit anderen zusammenarbeitet, die von ihrer Persönlichkeit her jeweils anders sind und andere Gaben, Leidenschaften und Strategien haben. Wir brauchen das, was Gottes Geist schenkt – Freundlichkeit, Geduld, Liebe, Frieden und Einheit (vgl. Eph 4,1-6).

Jahrelang habe ich ein zweimonatlich stattfindendes Treffen von Pro-Life-Führern aus einem weiten Spektrum von Gruppen geleitet. Wir lernten uns kennen und verstehen und waren imstande, voneinander zu lernen. Wir fanden auch heraus, bei welchen Aktivitäten wir zusammenarbeiten konnten, und entdeckten, dass wir dabei waren, das Rad wieder neu zu erfinden, indem wir Materialien und Programme entwickelten, die bei anderen Gruppen bereits vorhanden waren. Viele bekannten mir, sie hätten einige der anderen Gruppen bisher nie richtig verstanden und ihrer Vorgehensweise misstraut. Sie hatten sich sogar als Konkurrenten gesehen. Aber sobald sie diese Leute kennenlernten, erkannten sie, was ihnen ein Herzensanliegen war, und begriffen ihre Ziele. So entstanden von echter Liebe geprägte Beziehungen, wobei sie sich als Brüder und Schwestern schätzen lernten, die Gott für unterschiedliche Aspekte der Pro-Life-Dienste berufen hatte.

Sehen Sie sich nach derjenigen Organisation um, die am besten für Sie geeignet ist und die Ihren Gegebenheiten, Ihrer Persönlichkeit und Ihrer Begabung am besten entspricht und wo man so ähnlich über Gottes Berufung denkt wie Sie.[347] Wenn Sie Hilfe brauchen, eine Pro-Life-Gruppe oder eine andere Initiative in Ihrer Gegend zu finden, treten Sie bitte mit unserem Büro in Verbindung.[348]

Was könnten Sie tun?

Wenn Sie zu einer bibeltreuen Gemeinde gehören, bei der Christus im Mittelpunkt steht, sollten Sie sich bei den verantwortlichen Brüdern nach dem Pro-Life-Dienst in Ihrer Gemeinde oder am Ort erkundigen. (Falls Sie nicht zu einer solchen Gemeinde gehören, suchen Sie eine.) Wir müssen Ansichten wie der folgenden widerstehen: »Ich bin nur ein Einzelner, und meine Gemeinde ist klein. Wir können doch nichts ausrichten.« Sie können nicht alle Nöte beseitigen, aber Sie können von Gott gebraucht werden, auf erstaunliche Weise Nöten zu begegnen. Wie hilft man Millionen

---

347 Entsprechende englischsprachige Informationen finden Sie unter: http://liveaction.org/get-involved (abgerufen am 25.9.2014); ebenso: http://www.prolifeunity.com/index.php/C134/ (abgerufen am 25.9.2014).
348 Eternal Perspective Ministries (http://www.epm.org [abgerufen am 25.9.2014]). Die Anschrift ist wie folgt: Eternal Perspective Ministries · 39085 Pioneer Blvd., Suite 206 Sandy, OR 97055 · USA · Tel.:001 503-668-5200 · E-Mail: info@epm.org. A.d.H.: Im deutschsprachigen Raum stehen hilfreiche Informationen online zur Verfügung unter: http://www.prolifeaktion.eu/wir-koumlnnen-helfen.html (abgerufen am 13.10.2014 [siehe auch den Hinweis am Schluss des Buches]).

von bedürftigen Menschen? Immer einem Menschen nach dem anderen.

Das Folgende umfasst nicht Dinge, die jeder tun sollte, sondern nur ein Menü, aus dem Sie aussuchen können, was zu Ihren Begabungen und Möglichkeiten am besten passt:

1. Öffnen Sie Ihr Haus. Helfen Sie einem schwangeren Mädchen, das einen Ort zum Wohnen benötigt, oder heißen Sie ein »unwillkommenes« Kind als Pflege- bzw. Adoptivkind willkommen. Oder stellen Sie sich für einen Tag pro Woche als Babysitter bei einer alleinerziehenden Mutter zur Verfügung.

2. Stellen Sie Ihre Zeit, Ihre Talente und Ihre Dienste zur Verfügung. Sorgen Sie persönlich für Schwangere, Neugeborene, Drogenbabys, Waisen, Behinderte, alte Leute, Obdachlose und andere Bedürftige. Investieren Sie einen Teil Ihrer Zeit in die ehrenamtliche Mitarbeit in Schwangerschaftszentren oder bei Adoptionsdiensten und in Frauenhäusern. Stellen Sie diesen Einrichtungen Ausrüstung, Möbel, Kleidung und Geld zur Verfügung. Auch bei Entziehungskuren kann Ihr Engagement gefragt sein. Außerdem gibt es Häuser, in denen Drogenabhängige wieder an ein richtiges Leben herangeführt werden, oder gemeinnützige Organisationen und andere Pro-Life-Gruppen, die Aufklärungsarbeit betreiben. Mähen Sie dort den Rasen, putzen Sie dort oder erledigen Sie notwendige Reparaturen. Da können Sie auch die Website gestalten oder Computerprobleme beheben.

3. Seien Sie ein Initiator oder ein Aktivist. Gibt es in Ihrer Nähe keinen Pro-Life-Dienst, dann überlegen Sie, ob Sie einen solchen gründen können. Suchen Sie Gleichgesinnte. Überlegen Sie, ob Sie einen Platz in der Nähe einer Abtreibungsklinik oder eines Büros von Pro Familia (Deutschland)[349] mieten können. Richten Sie eine Schwangerschaftsberatung oder ein Pro-Life-Informationszentrum ein. Gewinnen Sie Freiwillige. Hilfreich ist auch ein Ort des Gedenkens für Ungeborene, vielleicht in Form eines Rosengartens auf dem Gemeindegelände oder in Ihrem Ort.[350]

4. Lassen Sie sich genau informieren. Wenn Sie die Fakten kennen, sind Sie imstande, Antworten auf die Pro-Choice-Argumente vorzubereiten.[351] Besuchen Sie eines der ausgezeichneten englischsprachigen Seminare, bei denen man sich schulen lassen kann, was das engagierte Auftreten in der Öffentlichkeit betrifft.[352] Es gibt viele ausgezeichnete Pro-Life-Websites[353] wie auch Bücher, Tonträger, Videos und (gewöhnlich kostenlose) Pro-Life-Rundbriefe.

Während chirurgische Abtreibungen nicht mehr so häufig vorgenommen werden, nimmt die Zahl chemischer Abtreibungen zu. Erkundigen Sie sich über die entsprechenden chemischen Präparate. Dazu gehören auch

---

349 A.d.H.: Diese Organisation ist ein Gründungsmitglied der International Planned Parenthood Federation (IPPF) und kann damit auch in dieser Beziehung als deutsches Pendant zur Planned Parenthood Federation in den USA gelten. In den anderen deutschsprachigen Ländern gibt es ebenfalls Organisationen und Einrichtungen, die im Sinne von Pro-Choice aktiv sind.

350 In Bezug auf Informationen über das Nationale Mahnmal für die Ungeborenen in den USA siehe Leslie T. Dean, RN, »The Gift of Closure«, *At the Center* (Herbst 2000); http://www.atcmag.com/v1n4/article6.asp (abgerufen am 25.9.2014); Kathy Norquist, »Memorial Rose Garden«, Eternal Perspective Ministries; http://www.epm.org/resources/1997/May/11/memorial-rose-garden/ (abgerufen am 25.9.2014).

351 Mein Buch *ProLife Answers to ProChoice Arguments* ist eine ausführliche Stellungnahme zu Behauptungen der Pro-Choice-Seite. Etwa 800 Zitate unterstützen die Beweisführung dieses Buches.

352 So bietet u.a. Justice for All derartige Seminare an. URL: http://www.jfaweb.org/Join_Us.html (abgerufen am 25.9.2014).

353 Siehe Randy Alcorn, *ProLife Answers to ProChoice Arguments,* Appendix K: Prolife Resources (A.d.H.: svw. »Anhang K: Informationsmaterial von Pro-Life«), S. 381-404; siehe http://www.epm.org/resources/2010/Apr/14/prolife-resource-list/ (abgerufen am 25.9.2014).

die Abtreibungspille RU-486 (Mifegyne®) und die »Pille danach« (PiDaNa®, ellaOne®). Informieren Sie sich über den NuvaRing, über Implanon, Norplant, Depo-Provera und die »Pille«. Erkundigen Sie sich nach dem Schwangerschaftsprozess und danach, wie sich diese Produkte auf das neu empfangene menschliche Wesen auswirken oder wie sie es an der Einnistung in die Gebärmutterschleimhaut hindern.[354] Dann werden Sie in der Lage sein, für Ungeborene in jedem Entwicklungsstadium die richtigen Hilfen zu bieten. Lernen Sie auch die Methoden kennen, durch die sie gewöhnlich getötet werden, sei es operativ oder durch Abtreibungspräparate. Informieren Sie sich so umfassend, dass Sie Ihre eigenen Schlüsse ziehen können.

5. Sprechen Sie mit Ihren Freunden, Nachbarn und Kollegen. Fordern Sie diese in freundlicher Weise heraus, ihre Vorstellungen zu überdenken. Geben Sie ihnen dieses Buch zu lesen, indem Sie durch Markierungen auf einige Seiten besonders hinweisen. Studieren Sie die Einzelheiten genauer in meinem Buch *ProLife Answers to ProChoice Arguments*, in dem ich noch umfassender auf dieses Thema eingehe. Verschenken Sie Bücher mit Pro-Life-Themen, wie z. B. *Der die Schuld vergibt* von Francine Rivers oder *Tears in the Bottle* von Sylvia Bambola und mein Buch *Deadline*. Weisen Sie Ihre Gesprächspartner auch auf jene ausgezeichnete Website von Pro-Life hin, die viele Fakten vermittelt und wertvolle Aufklärungsarbeit leistet.[355]

6. Unterstützen Sie Diskussionen über Abtreibung. Teilen Sie den Sites von sozialen Medien die Ansichten von Pro-Life mit. (Wir tun das regelmäßig über Facebook und

---

354 Randy Alcorn, »Does the Birth Control Pill Cause Abortions?«, Eternal Perspective Ministries, 15. März 2010; http://www.epm.org/bcp (abgerufen am 25. 9. 2014).
355 URL: http://www.Abort73.com (abgerufen am 25. 9. 2014).

Twitter, und Sie können gern alles, was wir dort posten, wiederverwenden.[356]) Erwägen Sie die Gestaltung Ihrer eigenen Pro-Life-Website.

Rufen Sie in Talkshows an und sprechen Sie dort. Bitten Sie um gleich lange Zeiten im Fernsehen und bei Rundfunksendern, wie sie den Pro-Choice-Vertretern eingeräumt werden. Bestellen und verbreiten Sie Pro-Life-Literatur. Seien Sie mutig, damit die Propaganda von Pro-Choice nicht unwidersprochen bleibt.

Wie ich in meinem Buch … *voller Gnade und Wahrheit*[357] gesagt habe, ist es von entscheidender Bedeutung, dass wir solchen Inhalten wie der Abtreibung auf christliche Weise begegnen. Jesus kam voller Gnade und Wahrheit (Joh 1,14). Wenn die Leute das Wesen Jesu in uns erblicken sollen, müssen wir die Wahrheit bekannt machen und zugleich voller Gnade sein.

7. Schreiben Sie Briefe. Seien Sie höflich, fassen Sie sich kurz. Erkundigen Sie sich vorher gut und bringen Sie zum Nachdenken. Zitieren Sie kurze Passagen aus diesem Buch oder aus meinem größeren Band *ProLife Answers to ProChoice Arguments* (die Sie natürlich im Deutschen wiedergeben dürfen). Wenn Sie an die Herausgeber eines landesweit gelesenen Magazins oder an eine größere Zeitung schreiben, wird Ihr Artikel von Hunderttausenden gelesen.

8. Ermutigen Sie zum Boykott von Abtreibungskliniken. Nehmen Sie Kontakt zu einflussreichen Leuten auf, wie etwa zu Geschäftsleuten, Versicherungsvertretern und Krankenhausbetreibern. Teilen Sie ihnen freundlich mit, dass Sie nicht weiter mit gutem Gewissen deren Dienste

356 Siehe http://www.facebook.com/randyalcorn und
   http://www.twitter.com/randyalcorn (jeweils abgerufen am 25. 9. 2014).
357 Randy Alcorn, … *voller Gnade und Wahrheit*, Bielefeld: CLV, 2006 (insbesondere S. 26ff.).

in Anspruch nehmen können, wenn dabei auch kleine Kinder umgebracht werden. Falls Sie selbst ein Unternehmen leiten und gebeten werden, Aufträge für eine Abtreibungsklinik zu übernehmen, dann erklären Sie mit respektvollen Worten, dass Sie für kein Geld der Welt dazu gebracht werden könnten, eine Einrichtung zu unterstützen, die vom Geschäft mit der Abtreibung profitiert.

9. Beten Sie für die Politiker auf Bundes-, Landes- und kommunaler Ebene. Informieren Sie die Abgeordneten Ihres Wahlkreises darüber, wie Sie die Abtreibung einschätzen. Entwerfen, verbreiten und unterschreiben Sie Petitionen, damit Stimmen für das Anliegen von Pro-Life gewonnen werden. Engagieren Sie sich in Ihrer Kommune oder im Elternbeirat. Stehen Sie Kandidaten bei, die pro-life eingestellt sind. Setzen Sie Zeit und Geld dafür ein.

10. Organisieren Sie eine Pro-Life-Arbeitsgruppe in Ihrer Gemeinde. Bitten Sie höflich um ein Gespräch mit den verantwortlichen Brüdern Ihrer Gemeinde. Sagen Sie ihnen, dass Sie sich von Gott gedrängt fühlen, sich für ungeborene Kinder einzusetzen. Erwarten Sie nicht, dass diese alles tun sollen, sondern sagen Sie ihnen, dass es Ihnen darum geht, ihnen und der Gemeinde insgesamt zu helfen. Machen Sie deutlich, dass Sie auch gern hinter den Kulissen eifrig tätig sein möchten und dies nicht tun wollen, um bei Menschen angesehen zu sein. Geben Sie ihnen Literatur und bitten Sie sie, sich entsprechende Videos anzusehen.[358] Überreichen Sie ihnen die deutsche Fassung der Erklärung über Abtreibung, die ich für unsere Gemeinde geschrieben habe und in der es um die Unantastbarkeit des menschlichen Lebens geht.

---

358 Alexander Tsiaras, »Conception to Birth – Visualized«, Dezember 2010;
http://www.ted.com/talks/alexander_tsiaras_conception_to_birth_visualized.html
(abgerufen am 25.9.2014).

Sagen Sie ihnen, dass sie diese Erklärung ohne Weiteres weiterverbreiten oder anderweitig nutzen können.[359]

Gewinnen Sie positiv eingestellte Leute, die auch andere gemeindliche Dienste unterstützen und Ihnen bei der Formulierung und Umsetzung eines Aktionsplanes helfen, damit Sie effektiv Aufklärungsarbeit betreiben können. Fordern Sie die speziellen Publikationen von Pro-Life an. Sorgen Sie dafür, dass am »Schwarzen Brett« Ihrer Gemeinde das Anliegen von Pro-Life bekannt gemacht wird und dass entsprechende Literatur vorhanden ist, die von den Gemeindegliedern verteilt werden kann.[360] Treten Sie mit Eternal Perspective Ministries in Verbindung. Dort erhalten Sie Prospekte, Flyer und Web-Adressen.

11. Fordern Sie *Pro-Life* in ausreichender Menge an, um jeder Familie in Ihrer Gemeinde ein Exemplar geben zu können.[361] Falls die verantwortlichen Brüder Ihrer Gemeinde Ideen für die Vorbereitung ihrer Predigten benötigen, sollten Sie ihnen einige unserer zahlreichen Materialien, die auch Predigtentwürfe enthalten, anbieten bzw. zur Verfügung stellen.[362]

---

359 URL: http://www.epm.org/unbornhandout (abgerufen am 25.9.2014).

360 Vgl. *The Advocate*, eine Veröffentlichung von Live Action; http://www.liveaction.org/Advocate/ (abgerufen am 25.9.2014).

361 Vgl. dazu die Website von Eternal Perspective Ministries: http://www.epm.org (abgerufen am 25.9.2014). A.d.H.: Dort finden Sie außerdem englischsprachige Verständnisfragen zu den einzelnen Kapiteln des Buches.

362 Ein großer Teil des Informationsmaterials von Pro-Life steht online zur Verfügung, darunter auch dasjenige, das von Eternal Perspective Ministries kommt. Es findet sich unter: http://www.epm.org/resources/2010/Apr/14/prolife-resource-list (abgerufen am 25.9.2014). Alle Artikel, die ich geschrieben habe, und das gesamte Material auf unserer Website stehen für den gemeindlichen und evangelistischen Gebrauch zur freien Verfügung. Dazu gehört auch das Material für eine Bibelarbeit, die sich für Kleingruppen eignet. Es ist zu finden unter: http://www.epm.org/resources/2009/Dec/22/choosing-and-defending-life/ abgerufen am 25.9.2014). Anregungen und Material für einen Gemeindegottesdienst im Sinne von Pro-Life und die entsprechende biblische Botschaft finden Sie unter: http://www.epm.org/resources/2010/Mar/21/rose-ceremony-remember-unborn/ (abgerufen am 25.9.2014).

12. Benutzen Sie selbst einige der vielen ausgezeichneten Pro-Life-Materialien. Zeigen Sie in den Gottesdiensten oder in anderen Veranstaltungen Pro-Life-Videos, wie etwa die DVD »180«, die ihre Botschaft überzeugend vermittelt, und andere DVDs, die von Abtreibung und vorgeburtlichem Leben handeln.[363] Beten Sie, während Sie Ihrer Gemeinde oder einer kleinen Gruppe ein Video zeigen, das Abtreibungen darstellt.[364] (Bereiten Sie die Leute vor, und sagen Sie vorher, dass dies nichts für Kinder ist.) Verbreiten Sie Kontaktinformationen, die verschiedene Pro-Life-Gruppen in Ihrer Umgebung betreffen. Hängen Sie an einer gut sichtbaren Stelle eine Anschlagtafel auf, die eine Telefonnummer zeigt, bei der Hilfe suchende schwangere Frauen anrufen können. Nehmen Sie Verbindung zu anderen Pro-Life-Gruppen in Ihrer Umgebung auf. Deren Mitarbeiter wissen manches, was Sie noch nicht wissen, und möchten Ihnen gern eine Hilfe sein.

13. Benutzen Sie den ausgezeichneten Pro-Life-Lehrplan »Bei Abtreibung geht es um Gott«. Er wurde von der Bethlehem Baptist Church entwickelt.[365]

14. Beten Sie täglich für die Pro-Life-Dienste, für Gemeinden, für Leiter christlicher Werke und Gemeinden, für Mütter und für Babys. Organisieren Sie Gebetsgruppen. Wenn die Finsternis des Mordens an Kindern vom Licht der Wahrheit und des Mitleids überwunden wer-

---

363 »180«; http://www.180movie.com (abgerufen am 25.9.2014); Alexander Tsiaras, »Conception to Birth – Visualized«;
http://www.ted.com/talks/alexander_tsiaras_conception_to_birth_visualized.html (abgerufen am 25.9.2014). Weiteres Material ist erhältlich bei Heritage House: http://www.heritagehousechristian.com (abgerufen am 25.9.2014).

364 *This Is Abortion*; http://www.abort73.com/videos/this_is_abortion/ (abgerufen am 25.9.2014). Sie können auch folgende Website einsehen, um weiteres Material zu nutzen: http://abortionno.org/audio-videos/ (abgerufen am 25.9.2014).

365 Siehe http://www.bcspress.org/abortion (abgerufen am 25.9.2014).

den soll, so müssen wir diesbezüglich einen geistlichen Kampf ausfechten, indem wir demütig und anhaltend beten (Eph 6,10-20).

15. Spenden Sie für Pro-Life-Organisationen. Ich habe verschiedene Pro-Life-Dienste persönlich kennengelernt. In fast allen Fällen war ich tief beeindruckt von dem Guten, was da bewirkt wurde. Darum ermutige ich Sie und Ihre Gemeinde, mit einigen Pro-Life-Organisationen in Ihrer Region oder auf nationaler und internationaler Ebene in Verbindung zu treten und sie großzügig zu unterstützen.

Fragen Sie sich selbst, was Sie fünf Minuten nach Ihrem Tod gern für die Hilflosen getan oder gegeben hätten, solange Sie die Möglichkeit dazu hatten. Warum sollten wir den Rest unseres Lebens nicht dazu verwenden, die Lücke zwischen dem, was wir gern gegeben hätten, und dem, was wir tatsächlich geben, zu schließen?

Wir haben nur eine kurzzeitige Möglichkeit – unsere Lebenszeit auf Erden –, um mit unseren Mitteln etwas zu bewirken, was Auswirkungen bis in die Ewigkeit hat. Stellen Sie sich den Augenblick vor, wenn Sie in den Himmel kommen. Welch ein Gefühl, wenn jemand mit fröhlichem Gesicht auf Sie zukommt und sagt: »Danke! Deine Gabe half, mein Leben zu retten ... und das meines Kindes« (oder »meiner Mutter«).

Anhänge

Anhang 1
Abtreibung in der Bibel und in der Kirchengeschichte

Es gibt einen kleinen, aber einflussreichen Kreis von Pro-Choice-Verfechtern, die behaupten, ihre Ansichten seien durch die Bibel begründet. So sagen sie: »Nirgends in der Bibel wird Abtreibung verboten.«[366] Aber die Bibel verbietet sehr deutlich das Umbringen unschuldiger Menschen (2Mo 20,13). Man braucht nur den Beweis liefern, dass die Bibel sehr wohl Abtreibung verbietet, indem man zeigt, dass sie Ungeborene als menschliche Wesen betrachtet.

Personalität und Menschsein in der Bibel

In einer Reihe antiker Zivilisationen wurde Abtreibung abgelehnt,[367] doch hatte das Volk Israel bereits vor über 3000 Jahren die klarsten Verhaltensvorgaben, weil sie sich auf die Bibel gründeten. Die Bibel liefert theologische Gewissheit für die biologischen Beweise. Sie lehrt, dass Mann und Frau nach dem Ebenbild Gottes geschaffen wurden (1Mo 1,27). Als Krone der göttlichen Schöpfung hat der Mensch als solcher einen weitaus höheren Wert als das Tierreich, das seiner Obhut übergeben wurde. In der gesamten Bibel wird das Menschsein niemals an Alter und Entwicklungsstand oder an mentalen, körperlichen und sozialen

---

366 Virginia Ramey Mollenkott, »Reproductive Choice: Basic to Justice for Women«, *Christian Scholar's Review* (März 1988), S. 291.

367 James Hoffmeier, *Abortion: A Christian Understanding and Response*, Grand Rapids: Baker Book House, 1987, S. 46, 50; Eugene Quay, »Abortion: Medical and Legal Foundations«, *Georgetown Law Review* (1967), S. 395, 420; Meredith G. Kline, »*Lex Talionis* and the Human Fetus«, *Journal of the Evangelical Theological Society* (September 1977), S. 200-201.

Fähigkeiten gemessen. Menschsein wird dem Betreffenden von Gott im Augenblick der Erschaffung gegeben – vorher war er kein menschliches Wesen, und danach ist er genau das. Und der Augenblick der Erschaffung kann kein anderer als die Empfängnis sein.

Das hebräische Wort, mit dem im Alten Testament die Ungeborenen bezeichnet werden (2Mo 21,22-25) ist *jelet*. Dieses Wort bezeichnet »ganz allgemein kleine Kinder, es kann aber auch auf größere Kinder oder sogar junge Erwachsene angewendet werden«[368]. Im Hebräischen war kein besonderes Wort zur Bezeichnung ungeborener Kinder erforderlich. Sie waren – genau wie alle anderen – einfach Kinder, nur jünger. In der Bibel wird von geborenen und von ungeborenen Kindern gesprochen, aber nirgends ist die Rede von so etwas wie einem »potenziellen« oder »beginnenden« bzw. einem »Beinahe-Kind«.

Hiob beschreibt sehr plastisch, wie Gott ihn erschaffen hatte, bevor er geboren wurde (Hi 10,8-12). Auch in seinem Fall gilt: Der Embryo im Mutterleib war nicht etwas, was einmal Hiob werden sollte, sondern er war Hiob von Anfang an, nur dass er jünger und kleiner war. Gott stellt sich im Buch Jesaja vor als derjenige, »der dich gemacht und dich von Mutterleib an gebildet hat« (Jes 44,2). Was jede Person ist (und nicht nur das, was sie einmal werden könnte), war schon im Leib der Mutter gegenwärtig.

Psalm 139,13-16 malt uns ein anschauliches Bild von der vertrauten Beziehung zwischen Gott und einer vorgeburtlichen Person. Gott schuf Davids »Keim« nicht erst bei der Geburt, sondern bereits vor der Geburt. David sagt zu Gott: »Du wobst *mich* im Leib meiner Mutter.« Jede einzelne

---

368 Lawrence O. Richards, *Expository Dictionary of Bible Words*, Grand Rapids: Zondervan, 1985, S. 156-157.

Person wurde – ungeachtet ihrer Herkunft oder ihrer Behinderungen – nicht auf einem kosmischen Fließband zusammengesetzt, sondern persönlich von Gott zusammengefügt. Alle Tage des Lebens eines jeden Menschen waren bereits von Gott im Voraus geplant, »als nicht einer von ihnen war« (Ps 139,16).

Die Menschheit in ihrer Gesamtheit hat Gott verworfen, und daher hat jeder Mensch »in Adam« gesündigt und ist von Anfang an ein Sünder (Röm 5,12-19). David sagt: »Siehe, in Ungerechtigkeit bin ich geboren.« Dann geht er noch weiter zurück bis zu der Zeit vor seiner Geburt, zum tatsächlichen Beginn seines Lebens. Er sagt: »In Sünde hat mich meine Mutter empfangen« (vgl. jeweils Ps 51,7). Jede Person hat vom Augenblick der Empfängnis an eine sündige Natur. Wer außer einer tatsächlichen Person könnte ein moralisch verantwortliches Geschöpf sein? Felsen und Bäume sowie Tiere und menschliche Organe können in diesem Sinne nicht nach moralischen Grundsätzen handeln, seien sie gut oder böse.

Jakob wurde seinem Zwillingsbruder Esau vorgezogen, als die Zwillinge »noch nicht geboren waren« (Röm 9,11). Als Rebekka mit Jakob und Esau schwanger war, sagt die Bibel: »Und die Kinder stießen sich in ihr …« (1Mo 25,22). Die Ungeborenen wurden als »Kinder« im vollen Sinn des Wortes angesehen. Gott sagte zu Jeremia: »Bevor ich dich im Mutterleib bildete, habe ich dich erkannt« (Jer 1,5). Gott hätte Jeremia nicht im Leib seiner Mutter erkennen können, wenn Jeremia nicht als Person da gewesen wäre. Hinsichtlich der Beziehung des Schöpfers nicht nur zu den geborenen, sondern auch zu den ungeborenen Menschen gilt: Er kennt alle ganz genau.

In Lukas 1,41.44 wird auf Johannes den Täufer vor seiner Geburt Bezug genommen, der zu diesem Zeitpunkt fast sechs Monate im Leib seiner Mutter war. Das griechische, mit »Kind« übersetze Wort lautet *brephos* und ist dasselbe Wort, das in Lukas 2,12.16 für den bereits geborenen Jesus verwendet wird, ebenso wie für die zu Jesus gebrachten »Kinder«, die er aufnahm und segnete (Lk 18,15.17). Es ist auch dasselbe Wort, das in Apostelgeschichte 7,19 für diejenigen Kinder verwendet wird, deren Ermordung der Pharao befahl. Die Schreiber des Neuen wie auch des Alten Testaments bezeichnen ein solches menschliches Wesen übereinstimmend als »Kind« – einerlei, ob es bereits geboren ist oder noch nicht.

Der Engel Gabriel sagte zu Maria: »Du wirst im Leib empfangen und einen Sohn gebären« (Lk 1,31). Im ersten Jahrhundert und auch in all den folgenden Jahrhunderten bedeutete Schwangerschaft, ein *Kind* auszutragen. Dabei ging es nicht um etwas, was einmal ein Kind werden könnte. Die Bibel lehrt die Einheit der Person, bestehend aus Körper (Leib), Seele und Geist (1Thes 5,23). Überall, wo ein lebendiges, genetisch eigenständiges menschliches Wesen ist, da sind auch eine lebendige Seele und ein menschlicher Geist zu finden.

Der Status des Ungeborenen

Ein Gelehrter stellte fest: »Betrachtet man das Gesetz des Alten Testaments im richtigen kulturellen und historischen Kontext, so wird deutlich, dass die Ungeborenen auf die gleiche Stufe gestellt werden wie jede Person außerhalb des Mutterleibes.«[369] Weil manche 2. Mose 21,22-25 als Hinweis auf eine Fehlgeburt ansehen, hat man das manchmal

---

369 James Hoffmeier, *Abortion: A Christian Understanding and Response*, a. a. O., S. 62.

als Beweis dafür angesehen, dass Ungeborene weniger wert seien als Menschen nach der Geburt. Aber ein richtiges Verständnis dieser Stelle zeigt, dass es sich hier nicht um eine Fehlgeburt handelt, sondern um eine Frühgeburt. Außerdem wird deutlich, dass der dort erwähnte »Schaden«, der wie alle anderen Schäden ausgeglichen werden sollte, sich sowohl auf das Kind als auch auf die Mutter bezieht. Dies bedeutet Folgendes: »Fern von jeglicher Rechtfertigung für eine absichtliche Abtreibung wird in Wirklichkeit dem ungeborenen Kind in den Augen des Gesetzes der gleiche Status wie der Mutter zuerkannt.«[370]

Meredith Kline stellt fest: »Das Bedeutsamste, das wir über die Erlaubnis zur Abtreibung im Gesetz der Bibel finden, ist dies: Es gibt überhaupt keine. Für israelitische Frauen war es dermaßen undenkbar, eine Abtreibung zu wünschen, dass es keinen Grund dafür gab, dieses Verbrechen im Strafgesetzbuch zu erwähnen.«[371] Alles, was nötig war, Abtreibungen zu unterbinden, war das Gebot: »Du sollst nicht töten«[372] (2Mo 20,13). Jeder Israelit wusste in der Tat, dass ein Ungeborenes ein wirkliches Kind war. Darum wurde eine Fehlgeburt als Verlust des Kindes und eine Abtreibung als Kindesmord angesehen.

In 4. Mose 5,11-31 finden wir eine ungewöhnliche Bibelstelle, die als zentrales Argument in dem Buch *A Prochoice Bible Study* verwendet wird. Das Buch kam bei den Episcopalians for Religious Freedom heraus.[373] Dort wird

---

370 John Jefferson Davis, *Abortion and the Christian*, Phillipsburg, NJ: Presbyterian & Reformed, 1984, S. 52.

371 Meredith G. Kline, »*Lex Talionis* and the Human Fetus«, a. a. O., S. 193.

372 A. d. Ü.: Das Verb unterscheidet sich von dem sonst üblichen Wort für »töten« und bedeutet eigentlich »morden«.

373 *A Pro-choice Bible Study*, Seattle, WA: Episcopalians for Religious Freedom, 1989. A. d. H.: Der Name dieser Organisation bedeutet svw. »Episkopale für religiöse Freiheit«.

die an dieser Stelle eigentümliche Übertragung der New English Bible (NEB) zitiert, die durch ihre Wortwahl den Eindruck erweckt, als würde Gott bei einer Frau, die ihrem Mann untreu geworden war, eine Fehlgeburt auslösen. Andere Bibelübersetzungen sprechen von einem Schwellen des Bauches und einem Schwinden der Hüften, wenden das aber nicht auf eine Schwangerschaft an, die doch wahrscheinlich auch als solche erwähnt worden wäre, wenn sie vorgelegen hätte.

Es hat den Anschein, als habe man von Gott erwartet, er werde durch das bittere Wasser irgendein Wunder bewirken, indem er im Falle des Ehebruchs eine auffällige körperliche Reaktion hervorrufen würde. Aber der Text gibt keine Hinweise auf eine Schwangerschaft oder auf eine Abtreibung. Ja, bei der Mehrzahl der vermuteten Ehebruchsfälle, käme es gar nicht zur Schwangerschaft, und darum bestand auch für kein Kind irgendeine Gefahr.

Das Buch *A Pro-choice Bible Study*, das diese eigentümliche Übersetzung der NEB zitiert, legt Folgendes nahe: Wenn Gott tatsächlich eine Fehlgeburt bewirkt, kommt dies der Billigung des Verhaltens von Menschen gleich, die Abtreibungen bewirken. Das aber ist eine sehr gewagte Auslegung, weil weder die Frau noch der Mann oder der Priester eine Entscheidung fällen, eine Abtreibung einzuleiten. Und außerdem fehlt ihnen das Recht, dies zu tun. Die Stelle befasst sich höchstwahrscheinlich überhaupt nicht mit einer Fehlgeburt. Und selbst wenn dies der Fall wäre, steht sicherlich nichts darin, was das Verhalten von Menschen billigen würde, die eine Abtreibung einleiten.

Kinderopfer

Kinderopfer werden an vielen Stellen in der Bibel verurteilt. Nur die verkommensten Gesellschaften duldeten dieses Übel, wobei es in den allerschlimmsten sogar als Tugend galt. Auf antiken Schutt- und Abfallhalden hat man die Gebeine Hunderter Kinder gefunden, die zerstückelt worden waren. Das gleicht auffallend der Entdeckung von Tausenden toter Babys, die von modernen Abtreibungskliniken fortgeworfen wurden. Ein Forscher, der sich mit dem antiken Nahen Osten befasst, nannte die Kinderopfer das »kanaanitische Gegenstück zur Abtreibung«[374].

Die Bibel verurteilt das Vergießen von unschuldigem Blut (5Mo 19,10; Spr 6,17; Jes 1,15; Jer 22,17). Während der Mord an allen unschuldigen Menschen verabscheuungswürdig ist, betrachtet die Bibel den Mord an Kindern als besonders heimtückisch (3Mo 18,21; 20,1-5; 5Mo 12,31). Die Propheten Israels waren schockiert, als sie von den Kinderopfern bei einigen Juden hörten. Sie warnten eindringlich vor dem verwüstenden Gericht Gottes, das angesichts dieser Gräuel über das ganze Volk kommen würde (Jer 7,30-34; Hes 16,20-21.36-38; 20,31; vgl. dazu 2Kö 21,2-6 und Jer 15,3-4).

Abtreibung und Kirchengeschichte

Christen haben in allen Jahrhunderten der Kirchengeschichte einstimmig das Menschsein ungeborener Kinder bestätigt.[375] Der *Barnabasbrief* aus dem zweiten Jahrhundert spricht von Kindesmördern, die das Ebenbild Gottes abtreiben. Er behandelt das ungeborene Kind wie jeden

---

374 James Hoffmeier, *Abortion: A Christian Understanding and Response*, a. a. O., S. 53.
375 Siehe George Grant, *Grand Illusions: The Legacy of Planned Parenthood*, Brentwood, TN: Wolgemuth & Hyatt, 1988, S. 190-191.

anderen menschlichen »Nächsten«, indem er sagt: »Liebe deinen Nächsten mehr als deine eigene Seele! Töte das Kind nicht durch Abtreibung, noch auch töte das Neugeborene!«[376]

Die *Didache*, ein vermutlich aus dem zweiten Jahrhundert stammender Katechismus für Jungbekehrte, sagt: »Du sollst nicht ein Kind durch Abtreibung morden, und du sollst das Neugeborene nicht töten.«[377] Clemens von Alexandria sprach von solchen, die »mit den Mitteln einer frevelhaften Kunst das durch Gottes Vorsehung entstehende neue Menschenleben töten«. Dann führte er weiter aus: »… denn solche Frauen verwenden, um ihre Unzucht nicht offenbar werden zu lassen, zu völligem Verderben führende Abtreibmittel und machen zugleich mit der Leibesfrucht auch alle Menschlichkeit zunichte.«[378]

Als Athenagoras im Jahr 177 n. Chr. vor dem Kaiser Mark Aurel die Christen verteidigte, argumentierte er so: »Wie sollten wir [Christen] Menschen umbringen können, die wir doch erklären, dass jene Frauen, die zur Herbeiführung einer Abtreibung Medikamente verwenden, Menschenmörderinnen sind und sich einst bei Gott darüber zu verantworten haben? … Der Embryo … [ist] schon Mensch und Gottes Fürsorge anvertraut.«[379]

Tertullian sagte: »Wir aber dürfen, da der Mord uns ein für alle Mal verboten ist, auch den Fötus im Mutterleibe … nicht zerstören. Die Geburt verhindern ist nur eine

---

376 *Barnabasbrief* 19.5. Deutscher Text verfügbar unter: http://www.unifr.ch/bkv/kapitel5-18.htm (abgerufen am 15. 10. 2014).
377 *Didache* 2.2. Deutscher Text verfügbar unter: http://kreuzgang.org/pdf/didache.pdf (abgerufen am 15. 10. 2014).
378 Beide Zitate sind entnommen aus: *Paidagogos (Paedagogus)*, 2. Buch, X. Kapitel, 96.1. Deutscher Text verfügbar unter: http://www.unifr.ch/bkv/kapitel2281-13.htm (abgerufen am 15. 10. 2014).
379 *Die Bittschrift für die Christen (Supplicatio pro Christianis)*, 35.6. Deutscher Text verfügbar unter: http://www.teol.de/mat-pp.pdf (abgerufen am 15. 10. 2014).

Beschleunigung des Mordes, und es verschlägt nichts, ob man ein schon geborenes Leben entreißt oder ein in der Geburt begriffenes zerstört.«[380] Basilius der Große bestätigte: »Auch diejenigen [sind] Mörderinnen, die Arzneien zur Abtreibung der Leibesfrucht geben wie auch die, welche das embryotötende Gift nehmen.«[381] Hieronymus nannte Abtreibung »Tötung des noch nicht geborenen Kindes«[382].

Augustinus warnte vor dem schrecklichen Verbrechen, den »Fötus … zu töten, bevor er geboren wird«[383]. Origenes, Cyprian und Johannes Chrysostomos gehören zu den vielen weiteren herausragenden Theologen und führenden Persönlichkeiten der Kirche, die Abtreibungen als Kindesmord verurteilten. Der Neutestamentler Bruce Metzger sagt dazu: »Es ist tatsächlich bemerkenswert, wie einhellig und nachdrücklich die frühe Christenheit die Abtreibung ablehnte.«[384]

In all den Jahrhunderten haben die führenden Vertreter der römisch-katholischen Kirche beständig die Unantastbarkeit des menschlichen Lebens hochgehalten. Im 16. Jahrhundert folgte der protestantische Reformator Johannes Calvin in dieser Frage sowohl der Bibel als auch der Haltung der Kirche, die in all den Jahrhunderten allgemein anerkannt war. Er bekräftigte dazu Folgendes:

380 *Apologeticum*, 9. Kapitel. Deutscher Text verfügbar unter: http://www.unifr.ch/bkv/kapitel92-8.htm (abgerufen am 15.10.2014).
381 *An Amphilochius über Kanones (Kanonischer Brief I)*, 8. Kanon. Deutscher Text verfügbar unter: http://www.unifr.ch/bkv/kapitel2557.htm (abgerufen am 15.10.2014).
382 *Brief an Eustochium*, Kap. 13. Deutscher Text verfügbar unter: http://www.unifr.ch/bkv/kapitel3098-13.htm (abgerufen am 15.10.2014).
383 Vgl. sein Werk *De Nuptius et Concupiscus*. Der deutsche Text des Zitats findet sich unter: http://www.youthforlife.net/detail.php?id=401 (abgerufen am 15.10.2014).
384 Zitiert in: Michael Gorman, *Abortion and the Early Church*, Downers Grove, IL: InterVarsity, 1982, S. 9.

Obwohl vom Leib seiner Mutter umschlossen, ist der Fötus bereits ein menschliches Wesen, und es ist ein ganz furchtbares Verbrechen, ihm ein Leben zu rauben, das er noch gar nicht zu genießen begonnen hat. Wenn es für schrecklicher gehalten wird, einen Menschen in seinem eigenen Haus zu töten als auf dem Feld, weil das Haus des Menschen sein sicherster Zufluchtsort ist, so sollte es uns auch besonders schändlich erscheinen, einen Fötus im Mutterleib zu töten, bevor er das Licht der Welt erblickt hat.[385]

Moderne Theologen mit streng biblischer Ausrichtung haben normalerweise immer damit übereingestimmt, dass Abtreibung die Tötung eines Menschen bedeutet. Auch Dietrich Bonhoeffer, der sein Leben verlor, weil er sich gegen den Mord an den Unschuldigen in Deutschland stellte, nannte Abtreibung »nichts anderes als Mord«[386].

Karl Barth sprach davon, dass das ungeborene Kind vom ersten Augenblick an ein Kind sei. Er sagte, es sei ein Mensch und keine Sache. Man könne es nicht als Teil des mütterlichen Körpers betrachten. Alle, die in der Barmherzigkeit leben, so Barth, würden immer darauf bedacht sein, Barmherzigkeit zu üben, besonders einem menschlichen Wesen gegenüber, das so auf die Barmherzigkeit anderer angewiesen sei wie ein ungeborenes Kind.[387]

In den letzten Jahrzehnten ist es für gewisse Theologen und Pastoren üblich geworden, Abtreibungen zu

---

385 Johannes Calvin, *Commentary on Pentateuch*, zitiert in: *Crisis Pregnancy Center Volunteer Training Manual*, Washington, DC: Christian Action Council, 1984, S. 7.

386 Dietrich Bonhoeffer, *Ethik*, München: Christian Kaiser Verlag, 8. Auflage 1975, S. 187.

387 Vgl. Karl Barth, *Church Dogmatics*, Hrsg. Geoffrey Bromiley, Edinburgh: T. & T. Clark, 1961, Bd. 3, S. 415 und 418.

befürworten. Die Religious Coalition for Abortion Rights[388] hat z. B. das Motto übernommen: »Betend für Pro-Choice«, und Pro-Choice-Verfechter weisen auf dieses Motto hin, um zu belegen, dass verantwortungsbewusste Christen pro-choice sein können. Doch die von diesen Aktivisten vorgebrachten Argumente sind nicht fundiert und widersprüchlich. Außerdem verletzen sie die Grundprinzipien biblischer Auslegung. Ihre Argumente sind ganz deutlich in die Bibel hineingelesen und nicht aus ihr entnommen.[389]

Die »christliche« Pro-Choice-Haltung ist nichts weiter als eine Anpassung an moderne säkulare Überzeugungen und schlägt sowohl der biblischen Haltung als auch derjenigen Position ins Gesicht, die in der Kirche jahrhundertelang Konsens war. Wenn die Kirche wirklich Kirche sein will, so muss sie herausfordern und Richtlinien für die Moral der Gesellschaft geben, statt säkulare ethische Maßstäbe einfach widerzuspiegeln.

Die Bibel und die Kinder

Selbst wenn die Kirchengeschichte in dieser Angelegenheit unklar wäre, ist doch die Bibel äußerst klar. Jedes Kind im Mutterleib wurde von Gott erschaffen, und er hat einen Plan für dessen Leben vorbereitet. Außerdem liebt Christus das Kind und bewies es dadurch, dass er während seines Erdenlebens zunächst ein Kind war. Er verbrachte neun Monate

---

388 A. d. H.: Svw. »Religiöse Koalition für das Recht auf Abtreibung«.

389 Eine hervorragende Widerlegung der verschiedenen »christlichen« Pro-Choice-Argumente liefert der Philosophieprofessor Francis Beckwith in »A Critical Appraisal of Theological Arguments for Abortion Rights« (A. d. H.: svw. »Eine kritische Beurteilung der theologischen Argumente seitens der Abtreibungsbefürworter«), *Bibliotheca Sacra* (Juli – September 1991), S. 337-355.

im Leib seiner Mutter, und schließlich starb Christus für dieses Kind. Damit zeigte er, wie kostbar es für ihn ist.

Christi Jünger begriffen nicht, wie kostbar Kinder für ihn sind, und sie wiesen diejenigen ab, die sie zu ihm bringen wollten (Lk 18,15-17). Aber Jesus rief die Kinder zu sich und sagte: »Lasst die Kinder zu mir kommen.« Er meinte nicht, dass die Beschäftigung mit den Kindern ihn von seiner Himmelreichsarbeit abhielt, vielmehr war sie für ihn ein integraler Bestandteil davon.

Wenn wir fragen, wie die Bibel Kinder sieht, dann sagt sie uns, dass sie ein Segen und eine Gabe Gottes sind (Ps 127,3-5). Die Gesellschaft behandelt Kinder immer häufiger wie eine Belastung. Wir müssen lernen, sie so zu sehen, wie Gott sie betrachtet: »... der Recht verschafft der Waise und der Witwe und den Fremden liebt, sodass er ihm Brot und Kleider gibt« (5Mo 10,18). Außerdem müssen wir ihnen gegenüber so handeln, wie er es uns aufgetragen hat:

»Verschafft Recht dem Geringen und der Waise;
dem Elenden und dem Armen lasst Gerechtigkeit
widerfahren!
Befreit den Geringen und den Armen;
errettet ihn aus der Hand der Gottlosen!« (Ps 82,4-4).

Wenn wir uns für die kleinsten Kinder einsetzen, dann sollten wir daran denken, dass wir es für Christus selbst getan haben (Mt 25,40).

Anhang 2
Bibelstellen, die das Thema
»menschliches Leben« aufgreifen

Beachten Sie, dass die Hervorhebungen vom Autor hinzugefügt wurden (vgl. auch Impressumsseite).

1. Das Leben beginnt im Mutterleib.

»Und die Kinder [Jakob und Esau] stießen sich in ihr
[Rebekka]« (1Mo 25,22).

> »*Deine Hände haben mich ganz gebildet und gestaltet
> um und um,*
> und du verschlingst mich!
> Gedenke doch, *dass du mich wie Ton gestaltet hast* –
> und zum Staub willst du mich zurückkehren lassen!
> Hast du mich nicht hingegossen wie Milch,
> und wie Käse mich gerinnen lassen?
> *Mit Haut und Fleisch hast du mich bekleidet
> und mit Knochen und Sehnen mich durchflochten.*
> Leben und Huld hast du mir gewährt,
> und *deine Obhut bewahrte meinen Geist*« (Hi 10,8-12).

> »Denn du besaßest meine Nieren;
> *du wobst mich im Leib meiner Mutter.*
> Ich preise dich dafür, dass ich auf eine erstaunliche,
> ausgezeichnete Weise gemacht bin …
> Mein Gebein war nicht vor dir verborgen,
> als ich gemacht wurde im Geheimen,
> gewirkt wie ein Stickwerk in den untersten Örtern
> der Erde.

Meinen Keim sahen deine Augen,
und in dein Buch waren sie alle eingeschrieben,
die Tage, die entworfen wurden,
als nicht einer von ihnen war« (Ps 139,13-16).

»Siehe, in Ungerechtigkeit bin ich geboren,
und in Sünde hat mich meine Mutter empfangen« (Ps 51,7).

Beachten Sie: Nur eine Person kann sündigen. So zeigt Davids Aussage ganz klar, dass er vom Augenblick der Empfängnis an eine Person war.

»*Bevor ich dich im Mutterleib bildete, habe ich dich erkannt*, und bevor du aus dem Mutterschoß hervorkamst, habe ich dich geheiligt: Zum Propheten an die Nationen habe ich dich bestellt« (Jer 1,5).

»Als Maria, seine Mutter, mit Joseph verlobt war, fand es sich … dass sie schwanger war von dem Heiligen Geist … [Der Engel sprach:] ›*Das in ihr Gezeugte ist von dem Heiligen Geist*‹« (Mt 1,18-20).

»Und der Engel sprach zu ihr [Maria]: … ›Du wirst im Leib empfangen und einen Sohn gebären, und du sollst seinen Namen Jesus nennen.‹ … ›Der Heilige Geist wird auf dich kommen, und Kraft des Höchsten wird dich überschatten; darum wird auch das Heilige, das geboren werden wird, Sohn Gottes genannt werden‹« (Lk 1,30-31,35).

Die Zusammenfassung des entsprechenden Textes im Evangelium nach Lukas (Lk 1,39-44): Nachdem der Engel fort war, ging Maria »mit Eile« (V. 39) zu Elisabeth. Wir lesen davon, dass der noch nicht geborene Johannes der Täufer (mit dem Elisabeth zu diesem Zeitpunkt etwa sechs Monate schwanger war) im Leib der Mutter hüpfte, als Maria zu Elisabeth kam und sie begrüßte. Damit reagierte er auf die Fleischwerdung Jesu, obwohl dieser gerade erst empfangen worden war. Auch wenn man für Marias Reise einige Tage ansetzt, waren bei ihrem Eintreffen doch nicht mehr als acht Tage seit der Empfängnis vergangen. Implantationen beginnen nicht vor dem sechsten Tag nach der Empfängnis und sind am zwölften Tag noch nicht abgeschlossen. *Höchstwahrscheinlich hatte sich das Jesuskind noch nicht einmal vollständig in den Leib seiner Mutter eingenistet, als der ungeborene Johannes auf seine Gegenwart reagierte.*

»Und das Wort wurde Fleisch und wohnte unter uns (und wir haben seine Herrlichkeit angeschaut, eine Herrlichkeit als eines Eingeborenen vom Vater) voller Gnade und Wahrheit« (Joh 1,14).

Wann hat Gottes Sohn den Himmel verlassen, um auf die Erde zu kommen? Wann und wo wurde »das Wort« Fleisch? 99 Prozent aller Christen werden sagen: »In Bethlehem!« Aber das ist falsch. Christus wurde Fleisch, als der Heilige Geist ein Kind im Leib der Maria zeugte – in Nazareth, etwa neun Monate, bevor sie nach Bethlehem reiste. Es gehört zu den Grundwahrheiten der christlichen Lehre, dass Christus in dem Augenblick »Fleisch« wurde, als der Heilige Geist Maria überschattete, also im Augenblick der Befruchtung. Er wurde in genau demselben Augenblick ein Mensch wie jeder andere auch – bei der Befruchtung.

2. Gott ist der Schöpfer – ihm allein gehören alle Menschen, ihm allein, sonst keinem.

»Und Gott schuf den Menschen in seinem Bild, im Bild Gottes schuf er ihn; Mann und Frau schuf er sie« (1Mo 1,27).

»Erkennt, dass der HERR Gott ist!
Er hat uns gemacht und nicht wir selbst –
sein Volk und die Herde seiner Weide« (Ps 100,3).

»Siehe, alle Seelen sind mein; wie die Seele des Vaters, so auch die Seele des Sohnes« (Hes 18,4).

»Oder wisst ihr nicht, dass euer Leib der Tempel des Heiligen Geistes ist, der in euch wohnt, den ihr von Gott habt, und dass ihr nicht euer selbst seid? Denn ihr seid um einen Preis erkauft worden; verherrlicht nun Gott in eurem Leib« (1Kor 6,19-20).

3. Gott hat die Hoheitsrechte
über Leben und Tod des Menschen.

»Seht nun, dass ich bin, der da ist, und kein Gott neben mir! *Ich töte, und ich mache lebendig*, ich zerschlage, und ich heile; und niemand ist da, der aus meiner Hand errettet!« (5Mo 32,39).

»Der HERR tötet und macht lebendig; er führt in den Scheol hinab und führt herauf« (1Sam 2,6).

»Du sollst nicht töten [eigentlich: morden]« (2Mo 20,13). (Anmerkung: Morden ist ein ungerechtfertigtes Töten; in einigen Fällen erlaubt Gott das Töten: Todesstrafe, Selbstverteidigung, aufgezwungener Krieg.)

»Und wahrlich, euer Blut, nach euren Seelen, werde ich fordern … von der Hand des Menschen, *von der Hand eines jeden, seines Bruders, werde ich die Seele des Menschen fordern*« (1Mo 9,5).

»Wenn Männer sich streiten und eine schwangere Frau stoßen, sodass eine Frühgeburt eintritt, aber sonst kein

Schaden entsteht, so muss [dem Schuldigen] eine Geld-
strafe auferlegt werden, wie sie der Ehemann der Frau fest-
setzt; und er soll sie auf richterliche Entscheidung hin geben.
Wenn aber ein Schaden entsteht, so sollst du geben: Leben
um Leben, Auge um Auge, Zahn um Zahn, Hand um Hand,
Fuß um Fuß, Brandmal um Brandmal, Wunde um Wunde,
Beule um Beule.« (2Mo 21,22-25; Schlachter 2000).

»Und kein Geschöpf ist vor ihm unsichtbar, sondern alles
ist bloß und aufgedeckt vor den Augen dessen, mit dem wir
es zu tun haben« (Hebr 4,13).

4. Gott hasst das Vergießen unschuldigen Blutes.

»*Und von deinen Nachkommen sollst du keinen hingeben*, um
ihn dem Molech durchs Feuer gehen zu lassen, und du sollst
den Namen des HERRN, deines Gottes, nicht entweihen.
Ich bin der HERR« (3Mo 18,21).

»Und der HERR … sprach: … Jedermann von den Kindern Israel und von den Fremden, die in Israel weilen, der
von seinen Nachkommen dem Molech gibt, soll gewiss getötet werden; das Volk des Landes soll ihn steinigen … *weil
er von seinen Nachkommen dem Molech gegeben hat, mein
Heiligtum zu verunreinigen und meinen heiligen Namen
zu entweihen. Und wenn das Volk des Landes seine Augen
irgend verhüllt* vor diesem Mann, wenn er von seinen Nachkommen dem Molech gibt … so werde ich mein Angesicht
gegen diesen Mann richten und gegen seine Familie und
werde ihn und alle, die ihm nachhuren … ausrotten aus der
Mitte ihres Volkes« (3Mo 20,1-5).

»*… damit nicht unschuldiges Blut vergossen werde in-
mitten deines Landes*, das der HERR, dein Gott, dir als Erbteil gibt, und *Blutschuld auf dir sei*« (5Mo 19,10).

»Ja, nach dem Befehl des HERRN geschah dies gegen Juda, um es vor seinem Angesicht wegzutun, wegen der Sünden Manasses, nach allem, was er getan hatte; *und auch wegen des unschuldigen Blutes, das er vergossen hatte, denn er hatte Jerusalem mit unschuldigem Blut erfüllt.* Und der HERR wollte nicht vergeben« (2Kö 24,3-4).

»Und er sprach: ›Was hast du getan! Horch! *Das Blut deines Bruders schreit zu mir von dem Erdboden her*‹« (1Mo 4,10).

»Denn erretten wird er den Armen, der um Hilfe ruft,
und den Elenden, der keinen Helfer hat;
er wird sich des Geringen und des Armen erbarmen,
und die Seelen der Armen wird er retten.
Von Bedrückung und Gewalttat wird er ihre Seele erlösen,
und ihr Blut wird teuer sein in seinen Augen«
(Ps 72,12-14).

»Sechs sind es, die der HERR hasst,
und sieben sind seiner Seele ein Gräuel:
hohe Augen, eine Lügenzunge
und Hände, die unschuldiges Blut vergießen«
(Spr 6,16-17).

»Darum, so wahr ich lebe, spricht der Herr, HERR, werde ich dich zu Blut machen, und Blut wird dich verfolgen; *weil du Blut nicht gehasst hast, soll Blut dich verfolgen*« (Hes 35,6).

5. Gott liebt Kinder in besonderem Maße.

»Gebt acht, dass ihr nicht *eins* dieser Kleinen verachtet; denn ich sage euch, dass ihre Engel in den Himmeln allezeit das Angesicht meines Vaters schauen, der in den Himmeln ist« (Mt 18,10).

»Jesus aber rief sie [die kleinen Kinder] zu sich und sprach: ›Lasst die Kinder zu mir kommen und wehrt ihnen nicht, denn solcher ist das Reich Gottes‹« (Lk 18,16).

»Ebenso ist es nicht der Wille eures Vaters, der in den Himmeln ist, dass *eins* dieser Kleinen verlorengehe« (Mt 18,14).

»Siehe, ein Erbteil des HERRN sind Söhne,
eine Belohnung die Leibesfrucht« (Ps 127,3).

Anhang 3
Tipps, um über die Botschaft von Pro-Life ins Gespräch zu kommen

Verstehen Sie Ihre Hörerschaft und seien Sie vorbereitet

Gestalten Sie Ihre Ansprache oder Präsentation so, dass Sie zu den Anwesenden reden. Nicht Sie stehen im Mittelpunkt, sondern die Zuhörer.

Rechnen Sie damit, dass es bei diesem Thema auch um handfeste Interessen geht, dass man Sie ablehnen und mit Ihnen diskutieren wird. Viele Leute, mit denen Sie sprechen, haben Abtreibungen hinter sich, oder sie haben sie empfohlen und Geld dafür bekommen. Andere haben vielleicht ihre Freundin, Ehefrau oder Tochter dazu genötigt. Somit haben sie ein persönliches Interesse daran, nicht glauben zu müssen, dass es Kindesmord ist.

Machen Sie sich klar, dass die Menschen im Allgemeinen durch die Medien indoktriniert und einer fortwährenden Reizüberflutung ausgesetzt sind. Man hat sie so weit gebracht, dass sie glauben, die Leute von Pro-Life seien frauenfeindlich, gegen freie Entscheidung und nichts als religiöse Fanatiker.

Machen Sie also Ihre Hausaufgaben. Ob die Pro-Choice-Haltung Erfolg hat, hängt davon ab, ob es ihr gelingt, *von den zentralen Fakten abzulenken*. Sie hingegen haben Erfolg, wenn Sie die Aufmerksamkeit gerade *auf diese Sachverhalte hinlenken*. Darum *müssen* Sie wissen, wovon Sie sprechen.

Präsentieren Sie die Fakten logisch, klar sowie kurz und bündig. Zitieren Sie glaubhafte Quellen (möglichst säkulare). In Bezug auf detailliertere Widerlegungen der Pro-

Choice-Position verweise ich auf mein Buch *ProLife Answers to ProChoice Arguments*.

Vertreten Sie das Anliegen von Pro-Life deutlich, bedachtsam und präzise

Wecken Sie die Neugier der Zuhörer und appellieren Sie an ihre Vorurteilsfreiheit, einen unterdrückten und politisch inkorrekten Standpunkt anzuhören. (Pro-Choice ist der Status quo des Establishments; Pro-Life gilt als radikale Gegenposition.)

Überraschen Sie Ihre Zuhörerschaft. Vermeiden Sie Verhaltensweisen, die den von den Massenmedien verbreiteten Stereotypen in Bezug auf Abtreibungsgegner entsprechen. Vermeiden Sie eine negative Grundhaltung, und gehen Sie nicht gleich in Abwehrstellung. Bestehen Sie darauf, dass die Wahrheit für sich selbst spricht. Die Beweise sind auf Ihrer Seite. Machen Sie deren Überzeugungskraft nicht dadurch zunichte, dass Sie sich wie ein Narr benehmen.

Bleiben Sie sachlich und ruhig. Lassen Sie die Tatsachen reden und geben Sie den Zuhörern selbst die Möglichkeit, gefühlsmäßig darauf zu reagieren. (Bedrängen Sie die Leute nicht durch *Ihre* Gefühle. Lassen Sie sich durch keine Debatte in Rage bringen, wie es auf der anderen Seite oft geschieht. Die Zuhörer werden selbst sehen, welche Seite wütend und irrational reagiert und welche ruhig und vernünftig bleibt.)

Seien Sie auf Scheinargumente und persönliche Angriffe gefasst, verwenden Sie diese aber nicht selbst. Wenn Menschen die Fakten ausgehen, bleibt ihnen nichts, als vom Thema abzuweichen oder den anderen zu beleidigen. Das ist unpassend und lieblos, und es ist außerordentlich ineffektiv.

Achten Sie auf die geistlichen Nöte Ihrer Zuhörer. Beten Sie darum, dass die Herzen und nicht nur die Köpfe verändert werden, und halten Sie nach entsprechenden Möglichkeiten Ausschau. (Allerdings können sich auch die Gedanken verändern – man *kann* seine Einstellung zu Abtreibung, Sklaverei und anderen moralischen und sozialen Missständen ändern, ohne Christus als Retter anzunehmen.)

Überraschen Sie Ihre Zuhörer und wecken Sie ihre Aufmerksamkeit

»Pro-Choice ist ein bedeutungsloser Begriff. Der Beweis: Ich bin pro-choice. Und Sie sind es nicht. Ich bin pro-choice, wenn es um Berufe, Kleidung, Autos, Schulen, Sitzgurte, Rauchen usw. geht. Sie sind anti-choice, wenn wir von Vergewaltigung, Kindesraub, Überfällen, Diebstahl und Kindesmissbrauch sprechen (vielleicht sogar von Sitzgurten und vom Rauchen). Oder etwa nicht?«

»Wir sollten nicht über ›Choice‹, d. h. über Wahlfreiheit, reden, als ginge es darum. Lassen Sie uns über Abtreibung sprechen. Dann können wir herausfinden, ob wir das Menschenrecht auf Abtreibung verteidigen sollten oder nicht (etwa wie Essgewohnheiten und Modefragen), oder ob wir dem öffentlichen Recht auf Abtreibung widerstehen sollten (wie bei Vergewaltigung und Kindesmissbrauch).«

»Ich glaube nicht wirklich, dass es unerwünschte Kinder gibt. Ich glaube, die Lösung besteht darin, sie zu wünschen, nicht sie umzubringen.«

»Ich fühle mich den Frauenrechten verpflichtet, wie dies auch Susan B. Anthony und andere Feministinnen taten, die Bahnbrechendes auf ihrem Gebiet geleistet haben. Ich glaube, dass Abtreibung gefährlich und demütigend für Frauen ist.

Tatsache ist, dass Abtreibung zur wichtigsten Methode rund um den Globus geworden ist, unerwünschte Mädchen zu beseitigen. Abtreibung ist ein Mittel für verantwortungslose Männer geworden, die Frauen auszubeuten, indem man sie sexuell ausnutzt und sie danach mit den verheerenden physischen und seelischen Konsequenzen alleinlässt.«

Stellen Sie ihnen Fragen, die sie zum Nachdenken bringen (vielleicht zum ersten Mal)

»Sie sagen, sie wollten als ›Pro-Choice‹ und nicht als ›Pro-Abtreibungsvertreter‹ bezeichnet werden. Warum? Was stimmt mit der Abtreibung nicht?« (Es gibt nur einen guten Grund, sich bei Abtreibungen schlecht zu fühlen – ein unschuldiges Kind wird umgebracht. Dies sollte Sie drängen, auch dagegen zu sein, wenn *andere* eine Abtreibung vornehmen lassen. Entweder sagen Sie, dass sie in Ordnung ist, oder Sie sagen, dass Sie dagegen sind; aber beides zu tun, ist eine logische Unmöglichkeit.)

»Sehen Sie sich dieses Ultraschallbild eines lebendigen, acht Wochen alten Kindes in der Gebärmutter an! (Das ist der Zeitpunkt einer frühen Abtreibung.) Wie sieht das aus? (Auge.) Das? (Finger.) Das? (Mund.) Das? (Nase.)« Sagen Sie es nicht vor, lassen Sie die Zuhörer es selbst aussprechen. Zeigen Sie dann auf das, was sie gesagt haben.

»Dieses Baby hat mit 21 Tagen einen messbaren Herzschlag und mit 40 Tagen Gehirnströme, also noch vor der frühesten Abtreibung. Wie nennen Sie es, wenn keine Herzschläge und keine Gehirnströme mehr vorhanden sind? (Tod.) Was sagen Sie, wenn Herzschläge und Gehirnströme *da sind*? (Leben.) Was geschieht also bei einer Abtreibung? (Ein lebendes Baby wird getötet.)«

»Dieses ungeborene Baby verhält sich zu einem Neugeborenen wie ein Neugeborenes zu einem Kleinkind (es ist jünger und kleiner). Meinen Sie, es wäre im Vergleich zu einem Kleinkind legitimer, ein unerwünschtes Neugeborenes umzubringen, nur weil es jünger und kleiner ist?«

»Wenn Abtreibung sich grundlegend von anderen chirurgischen Eingriffen wie einer Zahnwurzelbehandlung oder einer Mandeloperation unterscheidet, erhebt sich die Frage: Warum gibt es so viele Selbsthilfegruppen von Abtreibungsgeschädigten und Hunderttausende von Frauen, die Beratungs- und Therapieangebote suchen, nachdem sie ihr Kind abtreiben ließen? Kennen Sie Selbsthilfegruppen für Menschen, die eine Zahnwurzelbehandlung hinter sich haben?«

»Wieso stört es Sie, wenn man Ihnen Abtreibungsbilder zeigt? Ist das schlimmer, als Bilder von einer Zahnwurzelbehandlung oder einer Operation am offenen Herzen anzuschauen? Worin besteht der Unterschied?«

»Welche Seite finden Sie grausamer? Diejenige, die Ihnen Bilder von toten Babys zeigt und dabei das Töten bekämpft, oder diejenige, die das Zeigen solcher Bilder bekämpft, aber das Töten verteidigt?«

»Sie sagen, das Ungeborene sei Teil des mütterlichen Körpers. Wenn das stimmte, hätte jede schwangere Frau zwei Herzen, zwei Gehirne, zwei unterschiedliche genetische Codes, vier Hände mit jeweils fünf Fingern und unterschiedlichen Fingerabdrücken, zwei Köpfe, zwei Nasen, vier Augen, zwei Blutgruppen, zwei Skelette, und die Hälfte von ihnen hätte auch Hoden und einen Penis.«

»Sie wissen *ganz genau*: Dieser Fötus ist ein Kind. Oder? Wenn Ihre Freundin sagt, sie trüge ein Kind in sich, werden Sie dem nicht widersprechen, oder etwa doch?«

»Sie sagen, Abtreibungen seien legal, daher sollten wir uns nicht dagegen auflehnen. Wissen Sie nicht, dass die Menschen genau dasselbe von der Sklaverei und von der Misshandlung der Juden in Nazideutschland gesagt haben?«

»Abtreibung im Falle von Fehlbildungen? Nachdem sie geboren sind, finden wir sie niedlich, und die Familien lernen sehr viel von ihnen. Wir jubeln ihnen bei den Paralympics zu. Warum sagen wir dann vor ihrer Geburt: ›Die wollen wir nicht; lasst sie uns umbringen, solange das noch geht‹? Ist das nicht ein Ausdruck von Heuchelei, Vorurteilen und Intoleranz?«

»Abtreibung im Falle von Vergewaltigung? Eine Vergewaltigung ist niemals die Schuld des Kindes – warum sollte *es* bestraft werden? Meinen Sie nicht auch, dass ein Kind ein Kind ist, völlig unabhängig davon, welche Schlechtigkeit der Vater irgendjemandem zugefügt hat? Im Übrigen ist eine Abtreibung keine Therapie, sondern eine seelischen Erschütterung für die Frau, die bereits das Trauma der Vergewaltigung erlitten hat. Wenn Sie herausfänden, Ihre beste Freundin sei ›das Produkt einer Vergewaltigung‹, würden Sie dann meinen, sie hätte den Tod verdient?«

»Sagen Sie vielleicht, Pro-Life-Leute kümmerten sich nicht wirklich um die Frauen oder um die von ihnen geborenen Kinder? In Wirklichkeit bieten Pro-Life-Schwangerschaftszentren kostenfreie Tests an. Sie kümmern sich um Fürsorgemöglichkeiten, um Ausbildung, Beratung, Materialien und Unterkünfte. In ihrer Gesamtheit bilden sie die weitaus größte Basisorganisation von Freiwilligen, die es in der neueren Geschichte je gegeben hat. Unzählige Pro-Life-Leute adoptieren Kinder, öffnen ihre Häuser und helfen freiwillig den Kindern, nachdem sie zur Welt gekommen sind. Dagegen wird die andere Seite durch Abtreibungen reich. Wessen Motive sollte man beargwöhnen?«

»Möchten Sie dieses sorgfältig recherchierte Buch lesen oder dieser Präsentation zuhören? Möchten Sie unverfälschte Ultraschallbilder von noch ungeborenen lebendigen Kindern anschauen, oder betrachten Sie lieber Fotos und Videos von Abtreibungen? Wenn nicht, warum nicht? Möchten Sie diese Seite der Debatte aus eigener Anschauung beurteilen können? Ich würde mich freuen, wenn Sie mir von der anderen Seite etwas zu lesen geben könnten. Wir sollten uns gegenseitig unser Material austauschen und dann ehrlich darüber reden. Können wir uns darauf verständigen, den Beweisen zu folgen, wohin sie uns auch führen mögen?«

Randy Alcorn ist Gründer der Eternal Perspective Ministries (EPM). Dies ist ein gemeinnütziger Verein zur Ausbreitung von Grundsätzen, die auf Gottes Wort gegründet sind. Der Verein hilft den Gemeinden, den bisher unerreichten, hungernden, ungeborenen, nicht ausgebildeten und unversorgten Menschen überall auf der Welt zu dienen und sich um jene zu kümmern, die in seelischen Konflikten alleingelassen worden sind. Dabei geht es dem Verein vor allem darum, das Verständnis dafür zu wecken, wie wichtig und bedeutsam es ist, unsere irdische Zeit, unser Geld und Vermögen sowie alle Möglichkeiten für ewigkeitsrelevante Dienste einzusetzen, mit denen Nöte gewendet werden. Randy Alcorn versucht das alles, indem er biblische Wahrheiten analysiert, lehrt und praktisch anwendet.

Bevor Randy Alcorn im Jahr 1990 mit EPM begann, diente er vierzehn Jahre lang als Pastor. Er hat Hochschulabschlüsse in Theologie und Bibelkunde und unterrichtete an Fakultäten, die der Multnomah University und dem Western Seminary in Portland (Oregon) angegliedert sind.

Randy Alcorn hat mehr als vierzig Bücher geschrieben. Dazu gehören die Bestseller *Courageous*, *Heaven*, *The Treasure Principle* und *Safely Home* – ein Werk, das 2003 den Gold Medallion Book Award erhielt. Mehr als sieben Millionen Exemplare wurden von seinen Büchern gedruckt. In über 30 Sprachen erschienen bisher Ausgaben seiner Bücher. Er hat Beiträge für viele Zeitschriften geschrieben, darunter für *Eternal Perspectives*, die Vierteljahresschrift von EPM, in der es um entsprechende Themen geht. Er tauscht sich täglich auf Facebook und Twitter aus und war Gast in mehr als 700 Radio-, Fernseh- und Online-Programmen, wozu auch

Focus on Family, FamilyLife Today, Revive Our Hearts, The Bible Answer Man und *The Resurgence* gehören.

Randy Alcorn wohnt mit seiner Frau Nanci und dem Golden Retriever Maggy Grace in Gresham (Oregon). Sie haben zwei verheiratete Töchter, Karina und Angela, und sind stolze Großeltern von fünf Enkeln: Jake, Matthew, Ty, Jack und David. Randy verbringt gerne Zeit mit seiner Familie. Zu seinen Hobbys zählen Radfahren, Tennis, das Durchführen von Experimenten, Lesen und Reisen.

So können Sie mit Randy Alcorn online in Verbindung treten

Facebook: http://www.facebook.com/randyalcorn
Twitter: http://www.twitter.com/randyalcorn
Blog: http://www.epm.org/blog

Eternal Perspective Ministries

Eternal Perspective Ministries
39085 Pioneer Blvd., Suite 206
Sandy, OR 97055
USA

Tel.: 001 503-668-5200
Gebührenfrei: 001-877-376-4567
E-Mail: info@epm.org
Website: http://www.epm.org
Facebook: http://www.facebook.com/EPMinistries
Twitter: http://www.twitter.com/epmorg

Hinweis auf Organisationen und Einrichtungen
im deutschsprachigen Raum

Wenn Sie die Website der Pro-Life Aktionsliga aufrufen,[390] finden Sie eine Zusammenstellung von Links zum Thema Lebensschutz sowie diverse Hotline-Links für Betroffene.

---

390 URL: http://www.prolifeaktion.eu/wir-koumlnnen-helfen.html (abgerufen am 23.10.2014).

Abkürzungen

a. a. O.	am angeführten Ort
A. d. H.	Anmerkung des Herausgebers
A. d. Ü.	Anmerkung des Übersetzers
n. d.	no date (svw. »ohne Jahreszahl« [bei bibliografischen Angaben])
S.	Seite/Spalte (dies betrifft insbesondere Quellenangaben in den Fußnoten)
Schlachter 2000	*Die Bibel*, übersetzt von F. E. Schlachter (Version 2000), Genf.
SSW	Schwangerschaftswoche
svw.	so viel wie
u. a.	und andere (Autoren), unter anderem

Randy Alcorn

... voller Gnade und Wahrheit

128 Seiten, Hardcover
ISBN 978-3-89397-679-9

Von Johannes 1,14 ausgehend, bietet Randy Alcorn dem Leser dieses Buches eine aus zwei Punkten bestehende Checkliste für Christusähnlichkeit an. Die Schwierigkeit besteht darin, Gnade und Wahrheit gleichermaßen widerzuspiegeln. Gnade ohne Wahrheit führt Menschen in die Irre und hört auf, Gnade zu sein. Wahrheit ohne Gnade zerstört Menschen und hört auf, Wahrheit zu sein. Alcorn zeigt dem Leser, wie er der Welt Jesus nahebringen kann, indem er Gnade und Wahrheit vorlebt – im Gegensatz zur Apathie und Toleranz sowie zum Relativismus und Betrug der Welt.

Dieses Buch gibt es auch als **Hörbuch**:
2 CDs mit einer Laufzeit von ca. 156 Minuten
ISBN 978-3-86699-907-7

Randy Alcorn
Behüte dein Herz

**Warum es wichtig ist,
mit Sexualität richtig
umzugehen**

96 Seiten, Taschenbuch
ISBN 978-3-86699-153-8

Es gab eine Zeit, in der sexuelle Reinheit das anerkannte Ziel vieler Menschen war. Aber mittlerweile haben etliche es aufgegeben, sexuell rein bleiben zu wollen. Andere haben es nie versucht.
Randy Alcorn zeigt in diesem wichtigen Buch
auf, warum es in unserer sexualisierten Umwelt
immer schwieriger wird, rein zu leben. Er zeigt
aber auch, wie es trotz aller Versuchungen gelingen kann. Unreinheit wird uns immer zerstören –
Reinheit dagegen schützen und bewahren. Unreinheit bedeutet letzten Endes schmerzlichen Verlust – Reinheit dagegen auf lange Sicht Segen und
Gewinn.

Dieses Buch gibt es auch als **Hörbuch**:
1 MP3-CD, Laufzeit ca. 135 Minuten
ISBN 978-3-86699-932-9